2017年国家司法考试
名师课堂

李佳行政法

李 佳 编著

真 题 篇

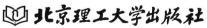

版权专有　侵权必究

图书在版编目(CIP)数据

李佳行政法．真题篇／李佳编著．—北京：北京理工大学出版社，2017.2
ISBN 978-7-5682-3536-5

Ⅰ．①李⋯　Ⅱ．①李⋯　Ⅲ．①行政法－中国－资格考试－习题集　Ⅳ．①D922.1

中国版本图书馆 CIP 数据核字(2016)第 325048 号

出版发行 /	北京理工大学出版社有限责任公司
社　　址 /	北京市海淀区中关村南大街 5 号
邮　　编 /	100081
电　　话 /	(010)68914775(总编室)
	(010)82562903(教材售后服务热线)
	(010)68948351(其他图书服务热线)
网　　址 /	http：//www.bitpress.com.cn
经　　销 /	全国各地新华书店
印　　刷 /	北京富泰印刷有限责任公司
开　　本 /	787 毫米 × 1092 毫米　1/16
印　　张 /	13
字　　数 /	305 千字
版　　次 /	2017 年 2 月第 1 版　2017 年 2 月第 1 次印刷
定　　价 /	28.00 元

责任编辑 / 张慧峰
文案编辑 / 张慧峰
责任校对 / 周瑞红
责任印制 / 边心超

图书出现印装质量问题，请拨打售后服务热线，本社负责调换

逆向思维下的真题使用

1. 《真题篇》和《知识篇》相辅相成,考生应当在完成了《知识篇》的学习后再来学习《真题篇》,盲目做题对于全面系统地掌握知识没有助益。

2. 本书收录了2009年-2016年的全部真题,以及2004年-2008年延期卷的绝大部分真题。2009年以前的真题由于命题人不同,在命题角度和难度、甚至题干的长短上,和现在的真题存在较大差别,但考生考生千万不要忽略2009年之前试题的价值,有些重点知识有可能在试题中再现,比如2016年第99题和2005年第85题是高度相像的。

3. 学习真题要将以知识点为核心的正向思维和以方法为核心的逆向思维结合起来。以知识点为核心的正向思维侧重于知识本身的学习,关注重点在于知识点的是非对错,但这里的"是非对错"不应局限于是否能够选对答案,考生只有在做到知其然,且知其所以然之后才真正达到了考试要求,本书【设题陷阱与常见错误分析】部分旨在提示考生错要知道为什么错,对要知道为什么对,只有对于命题陷阱有深刻的把握,才能在2017年考试中处于不败的地位。

以方法为核心的逆向思维侧重于引导考生像"命题人一样去思考",每道真题背后必然有相应的命题规律。不知考生是否思考过这样一个问题:"在浩如烟海的法条中,命题人为什么会考察A法条而不考察B法条?为什么考察C字眼而不考察B字眼?"其实,每道真题背后必然有法条,每个法条必然有命题规律,比如,一些看似不起眼的字眼,"或者"、"不得"、"也可以"、"但是"、"视为"等,反而会成为命题人的设题重点,而只有精准找出命题人的命题规律,实现有的放矢的复习,才是最高效的学习方法,而这种方法就是逆向思维学习法,本书【技术流】、【设题陷阱与常见错误分析】和【归纳总结】等部分均贯穿了逆向思维的学习方法,这可能是本书的最大突破之处吧。

最后用一句泰戈尔的话送给大家,明天的你会感激今天的自己,你受的苦会照亮你的路。

李 佳

2017年1月19日于北京

目 录

第一章 行政法概述 ………………………………………………………………………… 1

第二章 行政主体 …………………………………………………………………………… 9

第三章 公务员法 …………………………………………………………………………… 15

第四章 抽象行政行为 ……………………………………………………………………… 25

第五章 具体行政行为一般原理 …………………………………………………………… 35

第六章 行政许可 …………………………………………………………………………… 41

第七章 行政处罚 …………………………………………………………………………… 55

第八章 行政强制 …………………………………………………………………………… 69

第九章 政府信息公开及信息公开诉讼 …………………………………………………… 83

第十章 行政争议总论 ……………………………………………………………………… 91

第十一章 行政诉讼参加人 ………………………………………………………………… 95

第十二章 行政诉讼的管辖 ………………………………………………………………… 112

第十三章 行政诉讼的受案范围 …………………………………………………………… 118

第十四章 行政诉讼程序 …………………………………………………………………… 125

第十五章 行政诉讼证据 …………………………………………………………………… 137

第十六章 行政诉讼的法律适用 …………………………………………………………… 148

第十七章 行政诉讼的裁判和执行 ………………………………………………………… 149

第十八章 行政复议制度 …………………………………………………………………… 156

第十九章 国家赔偿 ………………………………………………………………………… 169

第二十章 主观题专项训练 ………………………………………………………………… 182

 第一节 行政法主观题的应试策略 …………………………………………………… 182

 第二节 2009—2016年主观题分析 …………………………………………………… 184

第一章 行政法概述

命题规律

命题人在行政法的基本概念及体系中,较少直接命题,但这部分内容是后续知识的基础,考生一定要遵守循序渐进的规律,将其认真学好。

在2015年前,由于中央政法委要求各学科要和社会主义法治理念结合考查,于是基本原则成了命题考查的切入口,平均每年有3道题目。但从2015年开始,命题时不再有这方面的要求,所以基本原则考查的试题数量收缩为了1道题目。如果考查选择题,从下方真题分布规律中就可以发现,考点较为分散,并没有明确的出题规律。如果考查论述题,一般情况下,考查内容会与当年政治热点有关,比如2014年的简政放权、2016年的信息公开。笔者认为,应对论述题最好用的原则是"高效便民",可以说该原则是论述题的"万能答案",因为"为民"是我们应讲的最大的政治。

真题分布情况

合法行政	2013-2-76,2011-2-78
合理行政	2014-2-78,2012-2-78,2014-4-7
程序正当	2014-2-77,2012-2-77,2016-4-7
高效便民	2014-2-76,2012-2-76,2012-2-77,2014-4-7,2016-4-7
权责统一	2013-2-77,2011-2-76

1. 关于合理行政原则,下列哪一选项是正确的?(2008-2-46,单)

A. 遵循合理行政原则是行政活动区别于民事活动的主要标志

B. 合理行政原则属实质行政法治范畴

C. 合理行政原则是一项独立的原则,与合法行政原则无关

D. 行政机关发布的信息应准确是合理行政原则的要求之一

答案(①)

【解析】(1)行政法的制度精髓在于控权,合法行政是最主要的控权方式。民法的制度精髓在于自由,意思自治是民法最核心的原则。所以,合法行政是行政活动区别于民事活动的主要标志,故A项错误。

参考答案:①B

(2)合理行政属于实质行政法治的范畴,实质法治是指没有通过文本的形式确立下来的法律精神、价值与理念,合理行政中的公平正义、比例原则等内容均为实质法治的体现。形式法治是指成文法律规则,形式法治主要体现为合法行政原则,合法行政要求行政机关必须遵守现行有效的法律,并应当依照法律授权活动,而这里的"法律"均指的是"白纸黑字"的成文法。B 选项正确。

(3)合法行政是行政法的首要原则,其他原则可以理解为这一原则的延伸。所以,合理原则和合法原则不可能没有任何关联。C 选项错误。

(4)行政机关公布的信息应当全面、准确、真实是诚实守信原则的要求之一,而非合理行政原则的要求,故 D 选项错误。

2. 关于行政法的比例原则,下列哪一说法是正确的?(2010-2-39,单)

A. 是权责统一原则的基本内容之一　　B. 主要适用于羁束行政行为
C. 是合法行政的必然要求　　　　　　D. 属于实质行政法治范畴

答案( )①

【解析】(1)比例原则属于合理原则的一部分,主要是对行政机关行使裁量权的原则要求,包括合目的性、适当性和损害最小。比例原则与权责统一原则是两个各自独立的基本原则,所以,A 选项错误。

(2)合理原则(包含比例原则)主要适用于裁量行政行为。羁束行政行为是立法对行政行为的范围、方法、手段等条件作出严格规定,法律规范为同一事实只设定一种法律后果,行政机关采取时基本没有选择的余地的行政行为,比如,《律师法》第 49 条规定:"律师因故意犯罪受到刑事处罚的,由省、自治区、直辖市人民政府司法行政部门吊销其律师执业证书。"因此,律师王某因故意犯罪被判处刑罚后,该省司法厅就必须吊销其律师执业证书,如果出于同情等原因没有吊销,则构成违法行为。而裁量行政行为是立法对行政行为的范围、方法、手段等方面给予行政机关根据实际情况裁量余地的行政行为,通俗地说,如果法律规范对行政机关限制得很宽松,让行政机关具有很大的选择空间,则是裁量行政行为,比如,《治安管理处罚法》第 61 条规定:"协助组织或者运送他人偷越国(边)境的,处 10 日以上 15 日以下拘留,并处 1000 元以上 5000 元以下罚款。"对应的,对运送他人偷越国境的违法行为人,公安局在作出处罚时有很大的选择空间,无论如何选均不违反法律规定。

羁束行政行为只有合法性评价标准,因为法律限制得如此严格,已然不需要用"理性"去控制行政机关了,例如,在征税的问题上,只需要严格按照相关法律确定的税率征收即可。这里不存在比例原则的适用空间。而裁量行政行为才既有合法性,又有合理性评价,比如,上面例子中,行政机关不能超越法律范围,同时,在范围内进行具体处罚幅度选择的时候,还要符合正常人正常的理性。所以,B 选项错误。

(3)比例原则所隶属的合理原则与合法行政是互补的两项独立的原则,不能抹杀合理原则的独立性,认为是合法行政的必然要求。从逻辑关系上分析,合理原则、比例原则虽与合法行政原则密切有关,但只能说合理原则、比例原则是合法行政原则的延伸,而不能说它们是合法行政原则的必然要求,选项 C 错误。

(4)对于 D 项,比例原则属于合理原则,如我们在 2008 年第 46 题中分析的,合理原则是实质法治的体现,所以,比例原则自然也是实质法治的体现,D 选项正确。

【设题陷阱与常见错误分析】本题中认为选项 C"是合法行政的必然要求"正确的考生较多,说

参考答案:①D

第一章 行政法概述

明考生的词汇适用严谨性不够,合法行政和比例原则是两项独立的原则,所以,只能说其他原则是合法行政的延伸,而不可说是合法行政的必要要求,或者说合法原则的一部分。

3. 行政机关公开的信息应当准确,是下列哪一项行政法原则的要求?(2015-2-43,单)
  A. 合理行政　　　　B. 高效便民　　　　C. 诚实守信　　　　D. 程序正当

答案(①)

【解析】行政机关公开的信息应当准确,是诚实守信原则中诚实原则的要求,与合理行政、高效便民以及程序正当原则并无本质的内在关联。A、B、D 项错误,C 项正确。诚实守信原则包括以下两个方面:(1)行政信息真实原则。行政机关发布的行政信息应当全面、准确、真实,不得捏造。(2)保护公民信赖利益原则。非因法定事由并经法定程序,不得撤销、变更已经生效的行政决定;确因国家利益、公共利益或者其他法定事由需要撤销或者变更的,应当依法进行,并对行政相对人的相应财产损失予以补偿。

【设题陷阱与常见错误分析】此题易混淆的是选项 C 和 D。有考生认为,选项 D 也是正确的,因为程序正当原则包括行政公开。考生要善于从题干中提取有效信息,题干中的"行政机关公开的信息应当准确",强调点在于"准确"二字,体现了对于诚实守信原则的信息真实的要求。本题的易错点在于考生审题不仔细,认为体现的是程序正当原则。题干里如果落脚点在于"公开",那的确是程序正当的体现,但本题的落脚点却在于"准确"二字,那就是诚实守信了。行政公开作为一原则更为强调行政过程的开放。所以,本题中更为恰当的选择还是选项 C。

4. 高效便民是行政管理的基本要求,是服务型政府的具体体现。下列哪些选项体现了这一要求?(2014-2-76,多)
  A. 简化行政机关内部办理行政许可流程
  B. 非因法定事由并经法定程序,行政机关不得撤回和变更已生效的行政许可
  C. 对办理行政许可的当事人提出的问题给予及时、耐心的答复
  D. 对违法实施行政许可给当事人造成侵害的执法人员予以责任追究

答案(②)

【解析】高效便民原则分为两个方面:第一是行政效率原则。基本内容有二:首先是积极履行法定职责,禁止不作为或者不完全作为;其次是遵守法定时限,禁止超越法定时限或者不合理延迟。延迟是行政不公和行政侵权的表现。第二是便利当事人原则。在行政活动中增加当事人程序负担,是法律禁止的行政侵权行为。A 项体现了行政效率原则,C 项体现了便利当事人原则,当选。B 项体现的是诚实守信的信赖利益保护原则,不当选。D 项体现的是权责一致,行政权力和法律责任的统一,即执法有保障、有权必有责、用权受监督、违法受追究、侵权须赔偿,所以,D 项不当选。

【归纳总结】司法考试题目中常见的责任表现有:1. 对因违法行政给当事人造成的损失主动进行赔偿;2. 对违法实施行政行为给当事人造成侵害的主要负责人和直接责任人员予以责任追究;3. 行政机关行使权力应当依法接受监督。

5. 程序正当是当代行政法的基本原则,遵守程序是行政行为合法的要求之一。下列哪些做法违背了这一要求?(2014-2-77,多)
  A. 某环保局对当事人的处罚听证,由本案的调查人员担任听证主持人
  B. 某县政府自行决定征收基本农田 35 公顷

参考答案:①C ②AC

C. 某公安局拟给予甲拘留10日的治安处罚,告知其可以申请听证
D. 乙违反治安管理的事实清楚,某公安派出所当场对其作出罚款500元的处罚决定

答案(　　)①

【解析】(1)在听证前已经参与处罚案件调查的工作人员不能担任听证主持人,因为参与处罚案件调查的工作人员已经了解该案的初步事实,并很可能已对此形成了某些固定看法。为了避免因观念上的"先入为主"而造成行政处罚决定的不公,不能由其担任听证主持人。

(2)按照《土地管理法》第45条的规定,征基本农田超过35公顷的应当由国务院批准,B项是主体违法,而非程序违法,本题要求选择程序违法的内容,所以B选项不选。

(3)C项做法并未违反《治安管理处罚法》。《治安管理处罚法》并没有强制要求公安机关必须告知被行政拘留处罚人有申请听证的权利,公安机关自愿告知被处罚人举行听证的,并不违法。

(4)违反治安管理的行为事实清楚,证据确凿,处警告或者200元以下罚款的,可以当场作出治安管理处罚决定。可知,派出所不得当场作出罚款500元的处罚决定。

【设题陷阱与常见错误分析】本题考查内容综合性很强,考生需要结合后续章节的知识点才可以解出答案,而且本题命题角度较为刁钻,特别是C选项专门针对考生的知识盲点予以设题,令当年的考生错得人仰马翻。拘留虽然是侵害性最强的行政行为,但并不属于应当听证的范围。但拘留不属于应当听证的范围,并不意味着某个行政机关对当事人的拘留听证是违法行为。听证是正式化的听取公民意见的方式,应当予以鼓励。应当听证的为"吊责大款",说明这三个事项对行政机关有强行要求;而其他事项,比如拘留5日、罚款1000元,均属于可以听证(自然也可以不听证)的范围,法律没有强行要求而已。除此以外,还有不少考生因为不熟悉B选项背后的《土地管理法》而丢分,《土地管理法》为行政法的部门行政法领域,行政法原则上不涉及土地、文化、环保和卫生等具体部门法领域,但也有少量例外,近些年行政法的真题中偶尔会出现《土地管理法》的题目,不过,考生也不需要专门准备,因为该法律为商经法必考内容之一。

> **【技术流】**考生如果要对B、D选项能够选择正确,不仅要掌握知识点,还需要具备充分的应试技巧。在题干或选项中出现"直接""自行"和"当场"等修饰意义的词汇,背后一定有相应的考点,否则B选项为什么不直接表达为"某县政府决定征收基本农田35公顷",D选项为什么不直接表达为"某公安派出所对其作出罚款500元的处罚决定"呢?B选项的"自行"(自我行动)就是在暗示考生县政府因自己擅作主张,超越职权而违法,违反的是合法行政原则,而不是程序正当原则,但如果B选项表达为"直接决定",说明命题人命题时在考查县政府在程序上未经批准而作出决定,那就是在考查程序违法了,所以,揣摩命题人的命题意图是很重要的,但这样的能力需要多做真题才可以形成。同理,对于D选项,派出所有权罚款500元,但无权"当场"罚款500元,因为法律对当场处罚的要求更高,需要200元以下罚款才可以,如果考生对"当场"二字不敏感,很容易陷入命题人所设置的陷阱中。

6. 廖某在某镇沿街路边搭建小棚经营杂货,县建设局下发限期拆除通知后强制拆除,并对廖某作出罚款2万元的处罚。廖某起诉,法院审理认为廖某所建小棚未占用主干道,其违法行为没有严重到既需要拆除又需要实施顶格处罚的程度,判决将罚款改为1000元。法院判决适用了下列哪些原则?

参考答案:①AD

第一章 行政法概述

(2014-2-78,多)

A. 行政公开　　　　B. 比例原则　　　　C. 合理行政　　　　D. 诚实守信

答案( )①

【解析】比例原则要求行政机关在可以采用多种方式实现某一行政目的的情况下,应当采用对当事人权益损害最小的方式,即行政机关能用轻微的方式实现行政目的的,就不能选择使用手段更激烈的方式。本题当事人的违法行为没有严重到既需要拆除又需要实施顶格处罚的程度,而行政机关不当地扩大处罚程度,违反了最小侵害的要求,所以,违背了比例原则,进而违背了合理原则。

【技术流】和上一题的解题技巧一样,考生应重点关注题干或选项中的小的修饰词汇,本题题干中"顶格处罚"的"顶格"二字就是暗示本题应当适用比例原则的最关键性的词眼。

【归纳总结】《行政处罚法》中的比例原则主要体现为"过罚相当",《行政许可法》中的比例原则主要体现为许可制度精简化、许可停止实施等制度,《行政强制法》中的比例原则有较多体现,比如执行协议、禁止夜间和节假日执法、禁止断水和断电等方式执法等。

7. 权责一致是行政法的基本要求。下列哪些选项符合权责一致的要求?（2013-2-77,多）
  A. 行政机关有权力必有责任
  B. 行政机关作出决定时不得考虑不相关因素
  C. 行政机关行使权力应当依法接受监督
  D. 行政机关依法履行职责,法律、法规应赋予其相应的执法手段

答案( )②

【解析】权责一致原则由两个方面的内涵构成:(1)行政效能。为了保证行政目标的顺利实现,法律法规应当赋予行政机关以一定的执法手段,并通过这些手段的运用排除其在职能实现过程中遇到的障碍。(2)行政责任,指的是当行政机关违法或者不当行使职权时,应当依法承担法律责任,从而实现权力和责任的统一。权责统一原则的内涵可以被概括为:执法有保障、有权必有责、用权受监督、违法受追究、侵权须赔偿。据此,A、C、D项正确,B项错误,选项B是合理行政的要求之一。

【设题陷阱与常见错误分析】因考生对命题人在三大本中的观点不了解,误以为"用权受监督"不是权责一致的体现。

8. 某县政府发布通知,对直接介绍外地企业到本县投资的单位和个人按照投资项目实际到位资金金额的千分之一奖励。经张某引荐,某外地企业到该县投资500万元,但县政府拒绝支付奖励金。县政府的行为不违反下列哪些原则或要求?（2013-2-78,多）
  A. 比例原则
  B. 行政公开
  C. 程序正当
  D. 权责一致

答案( )③

【解析】题干中行政机关朝令夕改、出尔反尔的行为是违反了诚实守信原则的表现,根据诚实

参考答案：①BC　②ACD　③ABCD

守信原则中的信赖保护原则,非因法定事由并经法定程序,行政机关不得撤销、变更已经生效的行政决定。因此,这种做法违背了信赖保护原则。该行为与其他原则没有关系。

【设题陷阱与常见错误分析】 揣摩命题人的命题本意是同学们解真题的核心训练任务之一,这道题目有较强的示范意义。本题有考生会选择 D 选项,认为县政府拒绝支付奖励金,应当承担赔偿责任,这是权责一致的体现。在应试时,添加题干没有的信息是做题的大忌,如果命题人想表达权责一致,会在题干字眼中明确给出相关的关键词"责任""赔偿"或"追究"等词眼。还有同学认为应该选择 C 选项,认为县政府拒绝兑付奖励金时没有遵照合法程序,这也是添加了命题人没有给予的信息而导致的错误。

9. 程序正当是行政法的基本原则。下列哪些选项是程序正当要求的体现?(2012 - 2 - 77,多)

A. 实施行政管理活动,注意听取公民、法人或其他组织的意见
B. 对因违法行政给当事人造成的损失主动进行赔偿
C. 严格在法律授权的范围内实施行政管理活动
D. 行政执法中要求与其管理事项有利害关系的公务员回避

答案(   )①

【解析】 程序正当的具体内容包括:(1)行政公开。行政活动应当公开,涉及国家秘密和依法受到保护的商业秘密、个人隐私的除外。(2)公众参与。公众参与指的是行政机关作出重要的规定或者决定时,应当听取公众意见,尤其是应当听取直接相对人与其他利害关系人的陈述或者申辩。提出的陈述申辩成立的,行政机关应当予以考虑、采纳。(3)回避。行政机关工作人员履行职责,与行政管理相对人存在利害关系时,应当回避。本题中,A 选项是正当程序原则中公众参与的体现,而 D 选项是正当程序中回避的体现。B 选项中的"赔偿"是典型的行政机关承担责任的体现,体现了权责统一原则。C 选项是合法行政原则的体现,我国合法行政原则在结构上包括对现行法律的遵守(法律优先)和依照法律授权活动(法律保留),C 选项典型地体现了"无授权,则无行政;有授权,才有行政"的法律保留原则。

10. 合理行政是依法行政的基本要求之一。下列哪些做法体现了合理行政的要求?(2012 - 2 - 78,多)

A. 行政机关在作出重要决定时充分听取公众的意见
B. 行政机关要平等对待行政管理相对人
C. 行政机关行使裁量权所采取的措施符合法律目的
D. 非因法定事由并经法定程序,行政机关不得撤销已生效的行政决定

答案(   )②

【解析】 合理行政原则指的是所有行政活动,尤其是行政机关根据其裁量权做出的活动,都必须符合合理性。它包括几个方面的具体内容:(1)公平公正对待,行政主体要平等对待当事人,不偏私,不歧视;(2)考虑相关因素,即行政机关在实施其活动时,必须考虑也只能考虑符合立法授权目的的各种因素,不得考虑无关因素而影响其决定;(3)符合适当比例,即行政机关要为实现正当的行政目的而采取手段;某一行政目标而采取的手段,应以对行政目的实现有利和必要为限度,在可以实现行政目的的各种手段中,应当选择对当事人权利影响最小的手段。

本题 B 选项是公平公正对待原则的体现,而 C 选项则是考虑相关因素要求的体现。而 A 选项,是

参考答案:①AD ②BC

程序正当原则中公众参与要求的体现,D选项是诚实守信原则中信赖利益保护原则的体现,A、D选项均非合理原则的体现。

11. 权责一致是社会主义法治理念的要求,也是行政法的基本原则。下列哪些做法是权责一致的直接体现?(2011-2-76,多)

A. 某建设局发现所作出的行政决定违法后,主动纠正错误并赔偿当事人损失
B. 某镇政府定期向公众公布本镇公款接待费用情况
C. 某国土资源局局长因违规征地受到行政记过处分
D. 某政府召开座谈会听取群众对政府的意见

答案(①)

【解析】 A选项,主动纠正错误并赔偿当事人损失,是承担法律责任的表现,应选。B选项,某镇政府定期向公众公布本镇公款接待费用情况,是行政公开原则的体现,不选。C选项,给予局长记过处分,是追究责任的表现,应选。D选项,某政府召开座谈会听取群众对政府的意见是正当程序原则中的公众参与原则,不选。

12. 高效便民是社会主义法治理念的要求,也是行政法的基本原则。关于高效便民,下列哪些说法是正确的?(2011-2-77,多)

A. 是依法行政的重要补充
B. 要求行政机关积极履行法定职责
C. 要求行政机关提高办事效率
D. 要求行政机关在实施行政管理时排除不相关因素的干扰

答案(②)

【解析】(1)合法行政和依法行政的概念是不等同的,依法行政的概念更广泛,根据国务院《全面推进依法行政实施纲要》的规定,合法行政、合理行政、程序正当、诚实守信、高效便民和权责一致六大原则均为依法行政的基本要求。A选项表达的高效便民是依法行政原则的重要补充是错误的,因为高效便民是依法行政原则的一部分,不可能自己是自己的补充,就好像我们能说李佳的胳膊是李佳重要的补充吗?

(2)高效便民原则是针对行政活动的效率提出的要求,具体包括两个方面:第一,行政效率。即行政机关应当积极、迅速、及时地履行其职责、实现其职能,严格遵守法定的时限规定。第二,便利当事人。即行政机关应当尽可能减少当事人的程序性负担,节约当事人的办事成本。所以,B和C选项均正确。

(3)D选项的要求行政机关在实施行政管理时排除不相关因素的干扰,这属于合理行政原则的要求,D选项错误。

13. 依法行政是法治国家对政府行政活动提出的基本要求,而合法行政则是依法行政的根本。下列哪些做法违反合法行政的要求?(2011-2-78,多)

A. 因蔬菜价格上涨销路看好,某镇政府要求村民拔掉麦子改种蔬菜
B. 为解决残疾人就业难,某市政府发布《促进残疾人就业指导意见》,对录用残疾人达一定数量的企业予以奖励
C. 孙某受他人胁迫而殴打他人致轻微伤,某公安局决定对孙某从轻处罚

参考答案:①AC ②BC

D. 某市政府发布文件规定,外地物流公司到本地运输货物,应事前得到当地交通管理部门的准许,并缴纳道路特别通行费

答案(①)

【解析】(1)行政机关要求村民拔掉麦子改种蔬菜,违背了法律保留的原则。"无授权,则无行政",在行政管理过程中,对于没有法律性文件授权的行政活动,即使政府出于良好的目的,也不能擅自为当事人增设义务或减损权利。

(2)选项B中某市政府为解决残疾人就业难发布《促进残疾人就业指导意见》,对录用残疾人达一定数量的企业予以奖励,是运用行政奖励手段进行管理,并没有为当事人增加新的义务或减损原有权利,因此不违背合法行政的原则。

(3)C项中,孙某受他人胁迫而殴打他人致轻微伤,属于违反治安的行为,应当适用《治安管理处罚法》。按照《治安管理处罚法》第19条的规定,违反治安管理有下列情形之一的,减轻处罚或者不予处罚:(1)情节特别轻微的;(2)主动消除或者减轻违法后果,并取得被侵害人谅解的;(3)出于他人胁迫或者诱骗的;(4)主动投案,向公安机关如实陈述自己的违法行为的;(5)有立功表现的。所以,孙某受他人胁迫而殴打他人致轻微伤,某公安局决定对孙某从轻处罚是违背《治安管理处罚法》的,在这种情况下公安局只能减轻或不予处罚,而不能从轻处罚。有人对司法部官方答案存有异议,原因是:《行政处罚法》第27条规定:"当事人有下列情形之一的,应当依法从轻或者减轻行政处罚:(1)主动消除或者减轻违法行为危害后果的;(2)受他人胁迫有违法行为的……"这种观点没有区分清楚特别法和一般法的关系,《治安管理处罚法》是《行政处罚法》的特别法,应当优先适用《治安管理处罚法》。

(4)根据《行政许可法》第15条的规定,地方性法规和省、自治区、直辖市人民政府规章,不得设定应当由国家统一确定的公民、法人或者其他组织的资格、资质的行政许可;不得设定企业或者其他组织的设立登记及其前置性行政许可。其设定的行政许可,不得限制其他地区的个人或者企业到本地区从事生产经营和提供服务,不得限制其他地区的商品进入本地区市场。D选项中的某市政府发布文件规定,外地物流公司到本地运输货物,应事前得到当地交通管理部门的准许,这是地方保护主义的行为,违背了行政许可法的规定。同时,根据《行政许可法》第58条第1款的规定,行政机关实施行政许可和对行政许可事项进行监督检查,不得收取任何费用。但是,法律、行政法规另有规定的,依照其规定。只有法律、行政法规才有对实施行政许可监督检查进行收费的资格,该市政府的文件没有资格设定许可收费。

【设题陷阱与常见错误分析】本题难度很大,需要结合后续知识点才可以解出答案,特别是C选项,如果对《行政处罚法》和《治安管理处罚》中的从轻处罚、减轻处罚与不予处罚没有充分掌握,很难解答正确。

参考答案:①ACD

第二章　行政主体

命题规律

行政主体的判定,是行政法知识点的逻辑起点,与后续的被告、管辖法院、第三人、审理对象和判决对象等内容之间具有密切关系。命题人在命题时,也会将这些知识结合起来综合命题。

机构设置和编制管理内容抽象,考生学习起来会感觉较为吃力,同时,该部分内容考点较为分散,没有明确的出题规律。我们发现,国务院机构设置考查内容较多,但偶尔也会考查地方机构设置与编制管理,本书建议考生将本章内容后置,在其他知识点均掌握的情况下,再来死记硬背这1~2分的内容。

真题分布情况

国务院机构设置和编制管理	2014-2-43,2013-2-44,2011-2-40
地方政府机构设置和编制管理	2012-2-44,2011-2-98,2016-2-43

一、国务院机构设置和编制管理

1. 下列哪些事项属于国务院行政机构编制管理的内容?(2009-2-83,多)

A. 机构的名称

B. 机构的职能

C. 机构人员的数量定额

D. 机构的领导职数

答案(　　)①

【解析】编制是指机构编制管理机关核定的行政机构和事业单位的人员数额和领导职数。通俗来说,编制就是管"人"的,故C、D项正确。A、B项属于行政机构设置管理的内容,而不是编制管理。机构设置的对象是没有生命的机构,比如国务院成立主管食品安全问题的国家食品药品监督管理局就属于机构设置的内容,而针对"活人"的事项,比如,国家食药局有多少位领导、有多少名公务员等才属于编制管理的内容。

2. 国家税务总局为国务院直属机构,就其设置及编制,下列哪一说法是正确的?(2014-2-43,单)

参考答案:①CD

A. 设立由全国人大及其常委会最终决定
B. 合并由国务院最终决定
C. 编制的增加由国务院机构编制管理机关最终决定
D. 依法履行国务院基本的行政管理职能

答案（　①　）

【解析】（1）在国务院的机构设置中，考生只需要记住两个特例即可，"一高"，是国务院"子孙"中地位最高的组成部门，它的设立、撤销等事项，由全国人大常委会批准，"一低"是部委中的处级内设机构，它的设立动静不需要特别大，只需要该部委自己决定即可。除了这两个特例之外的国务院的"子孙"，都由国务院批准或决定，中间的机构甚至名字没记住都无所谓，只要不是最高，不是最低，就交给国务院。国家税务总局的性质为国务院直属机构，既非"一高"，又非"一低"，所以，它的设立应当由国务院最终决定。所以，A 选项错误，B 选项正确。

（2）国务院下属行政机构的编制增减，均由国务院批准。所以，C 项错误。

（3）依法履行国务院基本的行政管理职能的是国务院的组成部门，而不是国务院直属机构。D 选项错误。

【技术流】D 选项的错误较为隐蔽，但借助应试技巧很容易发现其中的错误，在真题中，修饰限定词汇往往都会有考点，比如本题的"基本"，再比如"口头""当场"和"直接"，等等，而且当考题出现这些字眼时，该选项的错误率会比较高。试想，本来没有必要出现的字眼，在题干中出现便必然有价值，否则，就像这道题 D 选项只需要表达"依法履行国务院行政管理职能"即可，为何非要加上限定用语"基本"呢？猜也能猜出该选项必然错误。

【归纳总结】国务院的机构设置和编制管理

	事项	决定权归属
机构设置	国务院组成部门	**由国务院总理**提请全国人大或常委会决定
	国务院直属机构、办事机构和部管局	由国务院机构编制管理机关提出方案，报**国务院**决定
	国务院议事协调机构	由国务院机构编制管理机关提出方案，报**国务院**决定
	国务院行政机构的司级内设机构	经国务院机构编制管理机关审核方案，报**国务院**批准
	国务院行政机构的处级内设机构	由国务院行政机构根据国家有关规定决定，按年度报**国务院机构编制管理机关备案**
编制管理	国务院行政机构增加或者减少编制	由国务院机构编制管理机关审核方案，报**国务院**批准
	国务院议事协调机构不单独确定编制	所需要的编制由承担具体工作的国务院行政机构解决

参考答案：①B

3. 国务院某部拟合并处级内设机构。关于机构合并,下列哪一说法是正确的?(2010-2-40,单)

A. 该部决定,报国务院机构编制管理机关备案

B. 该部提出方案,报国务院机构编制管理机关批准

C. 国务院机构编制管理机关决定,报国务院备案

D. 国务院机构编制管理机关提出方案,报国务院决定

答案( )①

【解析】 国务院行政机构的处级内设机构属于国务院行政机构中的"一低",它的设立、撤销或者合并,由国务院行政机构决定,按年度报国务院机构编制管理机关备案。本题中,国务院某部拟合并处级内设机构,因此应当由该部决定,报国务院机构编制管理机关备案。故 A 项正确,B、C、D 选项错误。

4. 国家海洋局为国务院组成部门管理的国家局。关于国家海洋局,下列哪一说法是正确的?(2013-2-44,单)

A. 有权制定规章

B. 主管国务院的某项专门业务,具有独立的行政管理职能

C. 该局的设立由国务院编制管理机关提出方案,报国务院决定

D. 该局增设司级内设机构,由国务院编制管理机关审核批准

答案( )②

【解析】 (1)国家海洋局的性质为国务院组成部门管理的国家局,既非"一高",又非"一低",所以,它的设立应当由国务院最终决定。C 项正确。

(2)司级内设机构既非"一高",又非"一低",所以,它的设立也应当由国务院最终决定。D 项错误。

(3)《立法法》第71条规定:"国务院各部、委员会、中国人民银行、审计署和具有行政管理职能的直属机构,可以制定规章。"可知,有权制定部门规章的主体为国务院组成部门和国务院直属行政机构。而国家海洋局是国土资源部管理的国家局,实践中俗称为部管局,部管局的级别层级较低,无权制定规章,若需要制定规章,只能提请国土资源部制定。故 A 项错误。

(4)国务院直属机构主管国务院的某项专门业务,具有独立的行政管理职能。国务院组成部门管理的国家行政机构由国务院组成部门管理,主管特定业务,行使行政管理职能。可知,国家海洋局主管特定业务,而非专门业务。专门业务和特定业务是有区别的,主要在于范围不一样,专门业务范围较广,是一个专业领域的事情,而特定业务范围较窄。故 B 项错误。

5. 国家禁毒委员会为国务院议事协调机构。关于该机构,下列哪一说法是正确的?(2011-2-40,单)

A. 撤销由国务院机构编制管理机关决定

B. 可以规定行政措施

C. 议定事项经国务院同意,由有关的行政机构按各自的职责负责办理

D. 可以设立司、处两级内设机构

答案( )③

【解析】 (1)在国务院的机构设置中,除了"一高"(国务院组成部门)、"一低"(处级内设机

参考答案:①A ②C ③C

构)外,其他的行政机构的设立、撤销或者合并均由国务院决定或批准,国家禁毒委员会为国务院议事协调机构,既非"一高",又非"一低",所以,它的设立应当由国务院最终决定。A选项错误。

(2)议事协调机构是负责在各部门之间牵线搭桥的机构,比如国家禁毒委员会就负责外交部、公安部、司法部、民政部、教育部等各部门之间的禁毒问题的协调工作。议事协调机构的职能在于内部协调,所以,一般不对外独立开展行政活动,对外进行行政管理的依然是公安部、司法部等部门。B选项错误,C选项正确。当然,如果将B选项改为"不能规定行政措施",也是错的,因为忽略了特别情形。在特殊或者紧急的情况下,经国务院同意,议事协调机构可以承担"临时性"的对外管理职能。

(3)《国务院行政机构设置和编制管理条例》第13条规定:"国务院办公厅、国务院组成部门、国务院直属机构、国务院办事机构在职能分解的基础上设立司、处两级内设机构;国务院组成部门管理的国家行政机构根据工作需要可以设立司、处两级内设机构,也可以只设立处级内设机构。"从法条我们可以看出议事协调机构不可以设立司、处两级内设机构。实际上,考生如果了解议事协调机构的性质,并不难推断出本题的答案。国务院议事协调机构是负责各部门之间牵线搭桥、组织协调的机构,本身不是一个独立的实体,在实践中发生了需要协调的管理事项时,教育部派几个自己的人,公安部派几个自己的人,外交部派几个自己的人临时组成一个"草台班子","协调"这出戏唱完散场后,也就各自回到自己的单位了。所以,既然议事协调的职能是非常设性的,人员也是流动的,自然没有必要设立实体性的两级内设机构,D选项错误。

二、地方政府机构设置和编制管理

1. 甲市为乙省政府所在地的市。关于甲市政府行政机构设置和编制管理,下列说法正确的是:(2011-2-98,任)

A. 在一届政府任期内,甲市政府的工作部门应保持相对稳定

B. 乙省机构编制管理机关与甲市机构编制管理机关为上下级领导关系

C. 甲市政府的行政编制总额,由甲市政府提出,报乙省政府批准

D. 甲市政府根据调整职责的需要,可以在行政编制总额内调整市政府有关部门的行政编制

答案(　　)①

【解析】(1)地方各级人民政府行政机构应当根据履行职责的需要,适时调整。但是,在一届政府任期内,地方各级人民政府的工作部门应保持相对稳定。A选项正确。本题可以完全依据生活常理推断出答案,每个地方政府都希望自己手底下的人手越多越好,但每增加一个政府编制,就意味着人民要多为一名公务员负担一份税负,所以国家用编制制度控制行政机关的人员数量,以尽量减轻人民的税收负担,实现精兵简政的目的。如果行政机关的编制可以随意调整,想增就增,想减就减,那么设置编制的意义何在呢?

(2)上级机构编制管理机关和下级机构编制管理机关之间的关系是指导关系,而非领导关系。故B选项错误。

(3)如前所述,编制是国家对地方政府进行人员控制,防止地方人浮于事、机构臃肿的有效办法,所以,地方各级人民政府的行政编制总额,最初的方案可以由省级政府根据本地情况提出,但是,最终还是由国务院批准的。故C选项错误。

(4)地方各级人民政府根据调整职责的需要,可以在行政编制总额内调整本级人民政府有关部门的行政编制。故D选项正确。另外需要注意的是,前述的是"同区域同级部门之间调整编制",如果是"同区域不同层级部门之间调配行政编制",即在同一个行政区域不同层级之间调配使用行政编制的,

参考答案:①AD

应当由省、自治区、直辖市人民政府机构编制管理机关报国务院机构编制管理机关审批。

【归纳总结】地方各级人民政府机构的编制管理

事项	批准(审批)	特别程序
1. 地方各级政府编制总额	国务院	省级政府提出，国编办审核
2. 特定机构编制专项管理		国编办管理
3. 同区不同级部门之间调配行政编	国编办审批	省编办报
4. 地方事业编制管理办法	国编办审核	省编办拟定，省级政府发布
5. 地方政府机构的立、撤、并、改	上一级政府	县以上人常委备案
6. 议事协调机构的立、撤、并、改	本级政府	—
7. 同区同级部门之间调编		—
8. 机构职责冲突	协商未果，本级政府协商一致，编委备案	—
9. 政府机构的内设机构的立、撤、并、改	本级编委	该机构报

2. 关于地方政府机构设置和编制管理，下列哪一选项是正确的？（2009－2－50，单）
A. 政府机构编制管理机关实行省以下垂直管理体制
B. 地方政府在设置机构时应当充分考虑财政的供养能力
C. 县级以上政府的行政机构可以要求下级政府设立与其业务对口的行政机构
D. 地方事业单位机构设置和编制管理办法，由国务院机构编制管理机关审核发布

答案（　　）①

【解析】（1）地方各级人民政府的机构编制工作，实行中央统一领导、地方分级管理的体制。中央把控大方向，比如地方各级政府的编制管理总额由国务院批准；地方因地制宜，地方根据地方政府的事权范围和财政供养能力进行编制的部门间调整。

（2）地方政府在设置机构、核定编制时，应当充分考虑财政的供养能力。故 B 项正确。

（3）法律要求县级以上各级政府行政机构不得干预下级政府行政机构的设置和编制管理工作，不得要求下级政府设立与其业务对口的行政机构。故 C 项错误。国家机关需要 20 个机构才能完成的管理任务，到了地方由于管理地域有限，管理事项复杂性降低，也许只需要将 20 个机构合并为 10 个机构就可以顺利地完成管理任务了，这还有利于减轻国家财政负担，所以，上级不可要求下级设立对口的行政机构。例如，国务院下设外交部，但陕西省政府显然没有下设外交厅的必要性。

（4）不同于行政机关，实践中，医院、学校、文工团之类的事业单位在各地机构编制管理中的具体审批程序和管理方式等方面都不尽一致，加之考虑到今后的事业单位改革，《地方政府机构设置和编制管理条例》对事业单位的机构设置和编制管理进行了授权性的规定。② 地方的事业单位机构和编制管理办法是地方事务，所以国务院机构编制管理机关主要是从形式上进行"审核"，然后由地方的最高行政机关——省级政府对外发布。故 D 项所称由国务院机构编制管理机关审核发布的说法错误。

参考答案：①B
②曹康泰主编：《地方各级人民政府机构设置和编制管理条例解读》，中国法制出版社 2008 年版，第 47 页。

3. 根据规定,地方的事业单位机构和编制管理办法由省、自治区、直辖市人民政府机构编制管理机关拟定,报国务院机构编制管理机关审核后,由下列哪一机关发布?(2016-2-43,单)

A. 国务院
B. 省、自治区、直辖市人民政府
C. 国务院机构编制管理机关
D. 省、自治区、直辖市人民政府机构编制管理机关

答案( )①

【解析】 参见上述的2009年第50题D选项的解析。编制管理部分的内容抽象而琐碎,但只要将历年真题考过的知识重复重复再重复地记住后,会发现颠来倒去的也就这几个考点了,真题重现概率较大。

4. 甲市某县环保局与水利局对职责划分有异议,双方协商无法达成一致意见。关于异议的处理,下列哪一说法是正确的?(2015-2-45,单)

A. 提请双方各自上一级主管机关协商确定
B. 提请县政府机构编制管理机关决定
C. 提请县政府机构编制管理机关提出协调意见,并由该机构编制管理机关报县政府决定
D. 提请县政府提出处理方案,经甲市政府机构编制管理机关审核后报甲市政府批准

答案( )②

【解析】 行政机构之间对职责划分有异议的,应当主动协商解决。协商一致的,报本级人民政府机构编制管理机关备案;协商不一致的,应当提请本级人民政府机构编制管理机关提出协调意见,由机构编制管理机关报本级人民政府决定。我们再次类比一下,戴某的两个儿子戴耳环和戴项链就某一问题产生了异议,如果耳环和项链之间能够"相视一笑泯恩仇",就不需要请家长出面了;如果他们之间确实协商不了的,才会烦请家长戴某来做最终决定。综上,本题A、B、D项错误。

5. 根据行政法规规定,县级以上地方各级政府机构编制管理机关应当评估行政机构和编制的执行情况。关于此评估,下列哪一说法是正确的?(2012-2-44,单)

A. 评估应当定期进行
B. 评估具体办法由国务院制定
C. 评估结果是调整机构编制的直接依据
D. 评估同样适用于国务院行政机构和编制的调整

答案( )③

【解析】(1)编制执行情况评估是为了确保机构编制设置的科学性和合理性,定期检查地方政府的编制情况是否存在人浮于事或人员不足的情况,并根据评估结果动态调整编制情况。可见,评估制度是非常有必要的,评估应当定期进行,故A选项正确

(2)评估的具体办法由国务院机构编制管理机关制定,故B选项错误,国务院原则上只负责大方向,而题目中暗示的"具体"工作一般是由国务院下属的部门来完成的。比如,对于评估这种专业性比较强的工作,哪里人多了,哪里人少了,日理万机的总理无暇顾及,还是交给国务院专门负责编制管理的部门比较好。故B选项错误。道理类似的,起草行政法规和审查行政法规的都是国务院下属的具体部门,比如国务院法制办,而国务院只需要把控最终结果即可。

(3)评估结果是调整机构编制的参考依据而非直接依据,因为调整编制还需要考虑国家财政负担、未来预判等多重因素,编制的执行情况只是调整机构编制需要考虑的因素之一,并非全部因素,故C选项错误。

(4)从常识出发,国务院也不可能依据地方政府机构和编制的评估办法,地方的评估办法怎么可能会约束到中央的头上呢,这不是本末倒置吗?所以,D选项错误。

参考答案:① ②C ③A

第三章 公务员法

命题规律

公务员法每年考查1~2道题目,考点较为杂乱,但命题人在命题时是手下留情的,处分制度是2008年以前命题人首选的公务员法考点,从2009年开始命题的侧重点有所转移,2009年后最重要的考点是公务员的"进转出"制度,2009年到2012年公务员法一共考查了12道题目,其中,8道题目为公务员的"进转出"制度(公职取得、交流和辞退、辞职等)。其次,公务员法较为重要的为公务员管理制度,公务员的处分制度也有较高的考查频度,除此以外考生还应关注回避制度和任职禁止制度等内容。

真题分布情况

公务员的进转出制度	2014-2-85,2013-2-79,2012-2-43,2011-2-39,2010-2-98
公务员管理制度	2016-2-76,2015-2-44,2010-2-41

一、公务员的进、转、出制度

1. 关于公务员录用的做法,下列哪一选项是正确的?(2012-2-43,单)

A. 县公安局经市公安局批准,简化程序录用一名特殊职位的公务员

B. 区财政局录用一名曾被开除过公职但业务和能力优秀的人为公务员

C. 市环保局以新录用的公务员李某试用期满不合格为由,决定取消录用

D. 国务院卫生行政部门规定公务员录用体检项目和标准,报中央公务员主管部门备案

答案(①　　)

【解析】(1)因为简化程序或者采用其他测评方法有可能影响到竞争的公平性,越到基层,越容易因为程序的简化出现黑幕,所以,简化程序必须由省级以上公务员主管部门批准做出。A选项错误。

(2)只要受过刑事处罚或开除公职就不得被录用,没有时间限制,刑事处罚包括故意犯罪,也包括过失犯罪。即使过失犯罪,那也说明其过于自信或疏忽大意,怎么敢把又红又专的社会主义事业交给这样的人呢?所以,法律规定,曾因犯罪受过刑事处罚和曾被开除公职的人不得被录用为公务员,故B选项错误。

(3)新录用的公务员试用期为1年。适用期满合格的,予以任职;不合格的,取消录用。故C选项正确。

(4)公务员录用体检项目和标准具体办法由中央公务员主管部门会同国务院卫生行政部门规定。

参考答案:①C

事实上,虽然本选项内容较为偏僻,但考生可以借助一般法理猜出答案来,卫生部和人事部是平级单位,而且公务员录用体检项目和标准是两个机关的交叉权力领域,没有谁主谁辅的关系,即使备案也不会找平级备案的。再类比个例子,山西省政府制定的规章,选项说应当向河北省政府备案,大家觉得正确吗?故D选项错误。

【归纳总结1】 未录用前→不予录用,录用后试用期考核不合格→取消录用,试用期合格后→开除或辞退。

【归纳总结2】 涉及公务员变通制度的三个事项应当经过省级以上的公务员主管部门批准:简化录用程序、聘任制和变通任职回避。

2. 对具有职位特殊性的公务员需要单独管理的,可以增设《公务员法》明确规定的职位之外的职位类别。下列哪一机关享有此增设权?(2011-2-39,单)

A. 全国人大常委会　　　　　　　　B. 国务院
C. 中央公务员主管部门　　　　　　D. 省级公务员主管部门

答案（　①　）

【解析】 本题选项较为偏僻,但按照命题人的出题习惯,考过的真题是很可能再考查的,所以,考生需要特别记忆。国家实行公务员职位分类制度。公务员职位类别按照公务员职位的性质、特点和管理需要,划分为综合管理类、专业技术类和行政执法类等类别。国务院根据本法,对于具有职位特殊性,需要单独管理的,可以增设其他职位类别。按照法律规定,其他类别职位的新设是由国务院决定的,所以本题答案为B选项。

3. 孙某为某行政机关的聘任制公务员,双方签订聘任合同。下列哪些说法是正确的?(2013-2-79,多)

A. 对孙某的聘任须按照公务员考试录用程序进行公开招聘
B. 该机关应按照《公务员法》和聘任合同对孙某进行管理
C. 对孙某的工资可以按照国家规定实行协议工资
D. 如孙某与该机关因履行聘任合同发生争议,可以向人事争议仲裁委员会申请仲裁

答案（　②　）

【解析】 "聘任制"的本质就是国家机关和公民签订一份聘任劳动合同,劳动者提供劳动服务,国家机关给钱,理解了聘任制就是"花钱买人办事",很多相应的知识点可以迎刃而解。

(1)聘任制是"录用——委任制"的补充方式,设立聘任制的原因是有些技术性、辅助性的岗位,需要以灵活、机动的方式选拔公务员,所以,聘任制方式的要求往往没有那么高。法律没有要求,国家机关必须按照严格的公务员考试录用程序予以招聘,而且对于专业性比较强的岗位,严格按照公务员考试录用程序反而可能招聘不到那些具有专业技术的人员,所以才使聘任制将程序约束予以软化。根据《公务员法》第96条的规定,机关聘任公务员可以参照公务员考试录用的程序进行公开招聘,也可以从符合条件的人员中直接选聘。可以看出,聘任制的公务员并不是按照公务员考试录用程序进行公开招聘,而是要么"参照"该程序,要么直接选聘。故A选项表述错误。

(2)聘任制也是公务员,自然要按照《公务员法》进行管理;另外,除了不能违背《公务员法》的一般规定外,为了突出聘任制的灵活性,聘任制的管理内容往往需要通过聘任合同约定以明确,同时也要按照聘任合同进行管理,比如聘任制公务员实行协议工资制,钱多钱少取决于双方的谈判能力,聘任制

参考答案:①B　②BCD

公务员的试用期也不是死死的1年,而是灵活的1~6个月,聘期也不是固定的,而是灵活的1~5年。综上,B选项正确,应选。

(3)聘任制公务员按照国家规定实行协议工资制,具体办法由中央公务员主管部门规定。聘任制公务员之所以实行协议工资制,是因为一些辅助性的岗位,其工资待遇可以灵活地低于普通公务员;而一些专业技术性较强的职位,如果使用普通公务员的工资待遇可能无法吸引需要的人才。故C选项应选。

(4)聘任制公务员的纠纷解决也是遵照普通劳动合同的方式,聘任制公务员与所在机关之间因履行聘任合同发生争议的,可以自争议发生之日起60日内向人事争议仲裁委员会申请仲裁。当事人不服仲裁裁决的,可在15日内向法院提起民事诉讼,仲裁裁决可以申请法院强制执行。故D选项应选。

4. 关于聘任制公务员,下列做法正确的是:(2010-2-98,任)
A. 某县保密局聘任两名负责保密工作的计算机程序员
B. 某县财政局与所聘任的一名精算师实行协议工资制
C. 某市林业局聘任公务员的合同期限为10年
D. 某县公安局聘任网络管理员的合同需经上级公安机关批准

答案(①)

【解析】涉及国家秘密的职位,不实行聘任制。花钱买过来的人,国家是不放心的,他们是为金钱服务的,而不是为社会主义理想服务的,A项说法错误。聘任制公务员具有合同的灵活性,实行协议工资制,聘任制公务员的试用期是灵活的1~6个月,聘期是灵活的1~5年,B选项正确,C选项错误。聘任合同的签订、变更或者解除,应当报同级公务员主管部门备案,D项所称需经上级公安机关批准的说法错误。

【设题陷阱与常见错误】D选项为"主体化考查"的题目,命题人每年均会设题,考生应当区别聘任制中的两种制度,某个岗位可否实行聘任制,需要经过省公务员主管部门批准;经过批准,某个岗位可以采用这种灵活机动的方式,但和具体的人签订的合同还需要报同级公务员主管部门备案。

5. 下列哪一做法不属于公务员交流制度?(2009-2-42,单)
A. 沈某系某高校副校长,调入国务院某部任副司长
B. 刘某系某高校行政人员,被聘为某区法院书记员
C. 吴某系某国有企业经理,调入市国有资产管理委员会任处长
D. 郑某系某部人事司副处长,到某市挂职担任市委组织部副部长

答案(②)

【解析】(1)国有企业事业单位、人民团体和群众团体中从事公务的人员可以调入机关担任领导职务或者副调研员以上及其他相当职务层次的非领导职务。调任是"从外到内",A选项是"从外(事业单位)到内(国务院某部)",C选项是"从外(国有企业)到内(国有资产管理委员会)",符合公务员的调任情形。故A、C项不选。

(2)B项的"聘"字揭示了其聘任制的本质,同时,虽然B选项也是从外到内,但刘某被聘为的是某区法院书记员,不属于领导职务,也不属于副调研员以上的非领导职务,因此不属于公务员的调任。

(3)D项的情形属于公务员的挂职锻炼,"挂"为挂衣服的"挂",形象地记住挂职就像挂衣服,衣服

参考答案:①B ②B

可以挂得高点,也可以挂得低点,可以挂在屋子里,也可以挂在屋子外吹吹风。挂职也和挂衣服一般随意,可以挂职到下级机关(下挂),也可以挂职到上级机关(上挂),可以挂在行政机关里面(里挂),也可以挂在行政机关外面,比如挂职到高校、国企均可(外挂)。故 D 项不选。

6. 根据《公务员法》的规定,下列哪些选项属于公务员交流方式?(2014-2-85,多)
A. 调任
B. 转任
C. 挂职锻炼
D. 接受培训

答案(①　　)

【解析】公务员可以在公务员队伍内部交流,也可以与国有企业事业单位、人民团体和群众团体中从事公务的人员交流。交流的方式包括调任、转任和挂职锻炼。

【设题陷阱与常见错误】有同学一见到公务员法、编制管理、行政立法这三部分的题目,就顿时心生惶恐,闭着眼睛一通乱选。事实上,偏题反而不一定是难题,稍微借助点法律常识和生活常识就能选对,比如,接受培训无论如何也不会和岗位交流制度挂钩。

二、公务员管理制度

1. 根据《公务员法》规定,下列哪一选项不是公务员应当履行的义务?(2015-2-44,单)
A. 公道正派
B. 忠于职守
C. 恪守职业道德
D. 参加培训

答案(②　　)

【解析】本题看似考查较偏,但作为单选题完全可以用做题技巧予以攻克。《公务员法》第12条规定:"公务员应当履行下列义务:(一)模范遵守宪法和法律;(二)按照规定的权限和程序认真履行职责,努力提高工作效率;(三)全心全意为人民服务,接受人民监督;(四)维护国家的安全、荣誉和利益;(五)忠于职守,勤勉尽责,服从和执行上级依法作出的决定和命令;(六)保守国家秘密和工作秘密;(七)遵守纪律,恪守职业道德,模范遵守社会公德;(八)清正廉洁,公道正派;(九)法律规定的其他义务。"按照法律规定,D 选项不是公务员的义务,接受培训是提升自我的职业能力的良好机会,是公务员应当享受的权利而非义务,在八项规定出台前,有些地方政府都把培训当作一项员工福利了。

2. 下列哪些情形违反《公务员法》有关回避的规定?(2007-2-85,多)
A. 张某担任家乡所在县的县长
B. 刘某是工商局局长,其侄担任工商局人事处科员
C. 王某是税务局工作人员,参加调查一企业涉嫌偷漏税款案,其妻之弟任该企业的总经理助理
D. 李某是公安局局长,其妻在公安局所属派出所担任户籍警察

答案(③　　)

【解析】(1)公务员担任乡级机关、县级机关及其有关部门主要领导职务的,应当实行地域回避。法律另有规定的除外。由此可以知道 A 项违反了地域回避的规定,故 A 项应选。
(2)公务员之间有夫妻关系、直系血亲关系、三代以内旁系血亲关系以及近姻亲关系的,不得在同

参考答案:①ABC　②D　③ABC

一机关担任双方直接隶属于同一领导人员的职务或者有直接上下级领导关系的职务,也不得在其中一方担任领导职务的机关从事组织、人事、纪检、监察、审计和财务工作。本题中,刘某担任领导职务,他的侄子从事人事工作,违反了任职回避的要求,故B项应选。

(3)公务员执行公务时,涉及与本人有亲属关系人员的利害关系的,应当回避。本题中,王某的妻弟任该企业的总经理助理,他应当回避,故C项应选。

(4)D选项公安局局长和户籍警察之间并不是直接隶属关系,警察之上还有派出所所长,所长上面才是公安局局长,D选项只是间接隶属,并非直接隶属,并不违反回避的规定,所以D选项不选。同理,如果B选项中,刘某的侄子不是从事人事工作,则不违反回避规定,因为局长和普通科员之间并不是上下级的直属关系。

【设题陷阱与常见错误】 本题会有考生在D选项上犯错,这说明他在学习公务员回避部分时没有关注知识点的细节,《公务员法》要求回避范围内的人员,不得有直接上下级领导关系的职务,千万不要忽略了"直接上下级领导关系"这一条件。同时,还有考生会在C选项上犯错,那说明在学习回避时关注了难点"地域回避"与"任职回避",对于极端简单内容"执行回避"却没有印象。

3. 下列哪种做法符合《公务员法》的规定?(2006-2-49,单)
A. 某卫生局副处长李某因在定期考核中被确定为基本称职,被降低一个职务层次任职
B. 某市税务局干部沈某到该市某国有企业中挂职锻炼1年
C. 某市公安局与技术员田某签订的公务员聘任合同,应当报该市组织部门批准
D. 某地环保局办事员齐某对在定期考核中被定为基本称职不服,向有关部门提出申诉

答案( )①

【解析】 (1)公务员在定期考核中被确定为不称职的,降低一个职务层次任职,连续两年考核不称职,应当辞退。但是,公务员在定期考核中被确定为基本称职的,不能降低任职层次。因此,A项错误。

(2)根据培养锻炼公务员的需要,可以选派公务员到下级机关或者上级机关、其他地区机关以及国有企业事业单位挂职锻炼,上挂、下挂、里挂和外挂都可以。B选项是外挂到国有企业历练,符合法律规定。

(3)聘任制方式的采取,应当经过省级以上的公务员主管部门批准,聘任合同的签订、变更或者解除,应当报同级公务员主管部门备案。因此,C项中是应当报有关部门备案,而非批准,故C项错误。

(4)如果考核结果为不称职,公务员有权申诉,但本题中,考核结果为基本称职,那说明公务员的权利义务没有受到根本影响,法律不允许其提出申诉,故D项错误。

4. 下列哪些做法不符合有关公务员管理的法律法规规定?(2005-2-90,多)
A. 县公安局法制科科员李某因2002年和2004年年度考核不称职被辞退
B. 小王2004年7月通过公务员考试进入市法制办工作,因表现突出于2005年1月转正
C. 办事员张某辞职离开县政府,单位要求他在离职前办理公务交接手续
D. 县财政局办事员田某对单位的开除决定不服向县人事局申诉,在申诉期间财政局应当保留田某的工作

答案( )②

参考答案:①B ②ABD

【解析】(1)必须连续2年考核不合格,才可以辞退,而如果没有连续,单独1年考核不称职,只是降职而已,所以辞退李某不符合法律的规定。A项错误。

(2)新录用的公务员试用期为1年,不能缩短也不能延长,B项的做法不符合法律规定,错误。

(3)公务员辞职或者被辞退,离职前应当办理公务交接手续,必要时按照规定接受审计。C项正确。

(4)申诉不停止执行,在申诉期间县财政局不应保留田某的工作。故D项错误。

5. 财政局干部李某在机关外兼职。关于李某兼职,下列哪些说法是正确的?(2016-2-76,多)

A. 为发挥个人专长可在外兼职　　B. 兼职应经有关机关批准
C. 不得领取兼职报酬　　D. 兼职情况应向社会公示

答案(①　　)

【解析】公务员在机关外兼职有四个限制:一是因工作需要,二是经有关机关批准,三是不得领取兼职报酬,四是不得在营利组织中兼职。所以A项错误,B、C项正确;D项错误,因为于法无据,法律并没有如此规定,行政法中的"公告"情形中并没有兼职情况的公告。

【设题陷阱与常见错误】因为考生平时对于细节知识"公告问题"没有花时间记忆,所以,很容易想当然地认为D项是正确的。

【归纳总结】行政法中的公告问题

公务员	录用公务员,应当发布招考公告。
具体行政行为	具体行政行为依法通过公告形式告知受送达人的,自公告规定的期限届满之日起计算。
行政许可	委托机关应当将受委托行政机关和受委托实施行政许可的内容予以公告。
	涉及公共利益的重大行政许可事项,行政机关应向社会公告,并举行听证。
	行政机关应当于举行听证的七日前将举行听证的时间、地点通知申请人、利害关系人,必要时予以公告。
行政强制	对违法的建筑物、构筑物、设施等需要强制拆除的,应当由行政机关予以公告,限期当事人自行拆除。
行政诉讼	法院对被告经传票传唤无正当理由拒不到庭,或者未经法庭许可中途退庭的,可以将被告拒不到庭或者中途退庭的情况予以公告。
	行政机关拒绝履行判决、裁定、调解书的,第一审人民法院可以将行政机关拒绝履行的情况予以公告。
国家赔偿	赔偿委员会决定公开质证的,应当在质证三日前公告案由、赔偿请求人和赔偿义务机关的名称,以及质证的时间、地点。

6. 下列哪些选项属于对公务员的处分?(2009-2-82,多)

A. 降级　　B. 免职　　C. 撤职　　D. 责令辞职

答案(②　　)

【解析】公务员的处分分为:警告、记过、记大过、降级、撤职、开除。可知A、C项正确。引咎辞职、责令辞职和免职等制度虽然也是公务员的追责方式,但它们不满足处分前提条件是"公务员个人严

参考答案:①BC　②AC

重违法违纪",所以,从性质上并不属于行政处分。

第一,免职不属于处分,《公务员法》第40条规定:"委任制公务员遇有试用期满考核合格、职务发生变化、不再担任公务员职务以及其他情形需要任免职务的,应当按照管理权限和规定的程序任免其职务。"由此可见,公务员免职的原因有多种,职务需要变动,不再适合担任该项职务等均是可能。因此,免职并非因为公务员有严重违法违纪行为,因而免职不是处分。

第二,引咎辞职和责令辞职不属于处分,领导成员因工作严重失误、失职造成重大损失或者恶劣社会影响的,或者对重大事故负有领导责任的,应引咎辞职,本人不提出辞职的,应当责令其辞去领导职务。可见引咎辞职、责令辞职的原因在于工作失误或对重大事故负有领导责任,这种责任更多的是一种政治责任,而非法律责任。

第三,降职不属于处分,因为降职的适用情形为公务员年度考核不合格。

7. 关于国家机关公务员处分的做法或说法,下列哪一选项是正确的? (2010-2-41,单)
   A. 张某受记过处分期间,因表现突出被晋升一档工资
   B. 孙某撤职处分被解除后,虽不能恢复原职但应恢复原级别
   C. 童某受到记大过处分,处分期间为24个月
   D. 田某主动交代违纪行为,主动采取措施有效避免损失,应减轻处分

答案(①)

【解析】(1)处分期间,公务员应当低调行事,工资、级别和职务都不应有所增长,但有一个例外,警告处分期间可以涨工资。本题中张某受到的是记过处分,在处分期间不能晋升工资档次,故A项错误。

(2)《公务员法》第59条第2款规定:"解除处分后,晋升工资档次、级别和职务不再受原处分的影响。但是,解除降级、撤职处分的,不视为恢复原级别、原职务。"因此,处分解除后自动恢复原级别的说法错误,故B项错误。

(3)受处分的期间为:警告,6个月;记过,12个月;记大过,18个月;降级、撤职,24个月。因此,童某记大过处分的期间为18个月,而不是24个月,故C项说法错误。

(4)行政机关公务员主动交代违法违纪行为,并主动采取措施有效避免或者挽回损失的,应当减轻处分,故D项正确。公务员既说(主动交代)又做(有效避免),即应减轻处分,但如果只做不说,抑或只说不做,则为从轻处分。

【归纳总结】公务员行政处分的种类

	是否影响其现已经有的待遇	受处分期间待遇	受处分期间
警告	不影响其现有职务、级别和工资档次	不得晋升职务和级别	6个月
记过		不得晋升职务、级别和工资档次	12个月
记大过			18个月
降级	级别降低		24个月
撤职	撤去现职,同时按照规定降低级别		
开除	自处分生效之日起,解除其与单位的人事关系,并终生不得再担任公务员		

参考答案:①D

8. 关于行政机关公务员处分的说法，下列哪一选项是正确的？（2008-2-39，单）

A. 行政诉讼的生效判决撤销某行政机关所作的决定，即应给予该机关的负责人张某行政处分
B. 工商局干部李某主动交代自己的违法行为，即应减轻处分
C. 某环保局科长王某因涉嫌违纪被立案调查，即应暂停其履行职务
D. 财政局干部田某因涉嫌违纪被立案调查，即不应允许其挂职锻炼

答案（　①　）

【解析】（1）对公务员作出行政处分的前提是公务员个人严重违法、违纪。行政诉讼的生效判决撤销某行政机关所作的决定，是行政机关的行为违法，并不必然意味着该机关的负责人个人有违法违纪行为，因此 A 项错误。

（2）公务员既说（主动交代）又做（有效避免），即应减轻处分，但如果只做不说，抑或只说不做，则为从轻处分。选项 B 的表述为减轻处分，故错误。

（3）王某因涉嫌违纪被立案调查并不必然导致暂停其履行职务，只有其不宜继续履行职责（不适合从事该岗位工作）的情况下，才可以暂停履行，故 C 项遗漏了必然前提条件，错误。

（4）被调查的公务员在违法违纪案件立案调查期间，禁止办理交流手续，立法原因是公务员交流可能会发生处分管辖权的变动，比如，公安局将要处分小新，小新立即转任到税务局去，公安局还怎么处分呢？所以，D 项正确。同时需要注意的是，除交流外，被调查的公务员在违法违纪案件立案调查期间，还不得出境、辞去公职或者办理退休手续。

9. 某行政机关负责人孙某因同时违反财经纪律和玩忽职守被分别给予撤职和记过处分。下列说法正确的是：（2008-2-98，任）

A. 应只对孙某执行撤职处分
B. 应同时降低孙某的级别
C. 对孙某的处分期为 36 个月
D. 解除对孙某的处分后，即应恢复其原职务

答案（　②　）

【解析】（1）应当给予的处分种类不同的，执行其中最重的处分。这是由于处分存在明确的从轻到重的次序，所以，只要执行了重的处分，轻的处分自然包括在其中了。处分从轻到重依次为：警告、记过、记大过、降级、撤职、开除。在本案中，孙某因同时被分别给予撤职和记过处分，即给予的处分种类不同，故只应执行其中最重的处分，也就是撤职处分，故 A 项正确。

（2）受撤职处分的，应当按照规定降低级别，某人副省长的职务被撤职，不可能还继续给他副省长职务对应的级别，故 B 项正确。

（3）撤职的受处分的期间为 24 个月，故 C 项错误。

（4）解除处分后，晋升工资档次、级别和职务不再受原处分的影响。但是，解除降级、撤职处分的，不视为恢复原级别、原职务，故 D 项说法错误。

10. 关于对行政机关公务员的处分，下列哪些说法是正确的？（2008延-2-80，多）

A. 某公安局干部梁某违法虽应受到处分，但在作出处分决定之前其已办理退休手续，应不再给予处分
B. 某县政府办公室干部刘某的撤职处分 1 年后被撤销，应恢复其原职务、级别、工资档次

参考答案：①D　②AB

第三章 公务员法

C. 某县政府可以制定文件对本县行政机关公务员处分作出补充性规定
D. 某民政局应对因贪污被判处有期徒刑 3 年的干部何某给予开除处分

答案(①)

【解析】(1) 有违法违纪行为应当受到处分的行政机关公务员,在处分决定机关作出处分决定前已经退休的,因为退休后不再具有公务员的身份,所以,不再给予处分;但是,依法应当给予降级、撤职、开除处分的,应当按照规定相应降低或者取消其享受的待遇,故 A 项正确。

(2) 处分解除后,晋升职务、级别和工资档次不再受原处分影响;但解除降级、撤职处分的,不视为恢复原级别、原职务。处分决定被撤销的,按照撤销的法律规定,正常情况下,应当"一夜回到解放前",恢复该公务员的级别、工资档次,按照原职务安排相应的职务,并在适当范围内为其恢复名誉。处分撤销后,原职务有可能已经被他人占据,无法完全恢复了,只能按照原职务安排相应的职务,故 B 项错误。

(3) 法律、行政法规、国务院决定可以对行政机关公务员处分作规定;地方性法规、部门规章、地方政府规章可以对行政机关公务员处分作补充规定;除法律、法规、规章以及国务院决定外,行政机关不得以其他形式设定行政机关公务员处分事项。因此,县政府文件无权补充规定行政机关公务员处分事项,故 C 项错误。

(4) 行政机关公务员依法被判处刑罚的,应给予开除处分,故 D 项正确。

【技术流】B 选项之所以考查,关键词在于"视为",视为作为法律上的拟制制度,经常在各学科的题目中出现,考生应当引起关注。

【归纳总结】行政法中的"视为"问题

公务员	解除处分后,晋升工资档次、级别和职务不再受原处分的影响。但是,解除降级、撤职处分的,不视为恢复原级别、原职务。
行政许可	行政机关应当根据被许可人的申请,在该行政许可有效期届满前作出是否准予延续的决定;逾期未作决定的,视为准予延续。
行政复议	1. 被申请人不提出书面答复、提交当初作出行政行为的证据、依据和其他有关材料的,视为该行政行为没有证据、依据,决定撤销该行政行为。
	2. 行政机关作出行政行为,依法应当向有关公民、法人或者其他组织送达法律文书而未送达的,视为该公民、法人或者其他组织不知道该行政行为。
	3. 无正当理由逾期不补正复议申请材料,视为申请人放弃行政复议申请。
行政诉讼	1. 行政机关在没有法律、法规或者规章规定的情况下,授权其内设机构、派出机构或者其他组织行使行政职权的,应当视为委托。
	2. 有下列情形之一的,可以视为"被告改变其所作的行政行为":(一) 根据原告的请求依法履行法定职责;(二) 采取相应的补救、补偿等措施;(三) 在行政裁决案件中,书面认可原告与第三人达成的和解。
	3. 当事人委托诉讼代理人,被诉机关或者其他有义务协助的机关拒绝人民法院向被限制人身自由的公民核实的,视为委托成立。

参考答案:①AD

续表

行政诉讼	4. 被告不提供或者无正当理由逾期提供证据,视为没有相应证据。但是,被诉行政行为涉及第三人合法权益,第三人提供证据的除外。
	5. 原告或者第三人应当在开庭审理前或者人民法院指定的交换证据之日提供证据。因正当事由申请延期提供证据的,经人民法院准许,可以在法庭调查中提供。逾期提供证据的,视为放弃举证权利。
国家赔偿	1. 赔偿请求人、赔偿义务机关经通知无正当理由拒不参加质证或者未经许可中途退出质证的,视为放弃质证,赔偿委员会可以综合全案情况和对方意见认定案件事实。
	2. 赔偿请求人或者赔偿义务机关对对方主张的不利于自己的事实,既未表示承认也未否认,经审判员询问并释明法律后果后,其仍不作明确表示的,视为对该项事实的承认。
	3. 代理人超出代理权限范围的承认,参加质证的赔偿请求人、赔偿义务机关当场不作否认表示的,视为被代理人的承认。
	4. 赔偿请求人、赔偿义务机关经通知无正当理由拒不参加质证或者未经许可中途退出质证的,视为放弃质证。
	5. 有证据证明赔偿义务机关持有证据无正当理由拒不提供的,赔偿委员会可以就待证事实作出有利于赔偿请求人的推定。
	6. 按照国家规定的伤残等级确定公民为一级至四级伤残的,视为全部丧失劳动能力。
	7. 按照国家规定的伤残等级确定公民为五级至十级伤残的,视为部分丧失劳动能力。

第四章 抽象行政行为

命题规律

本章内容每年考查1~2道题目，没有明显的出题知识点分布规律，比如2014年考查的是行政法规的制定主体、规章的审议和公布程序，2015年《立法法》修改，结合《立法法》考查了本章内容，2016年考查的是规章的立项、起草和审查，以及行政法规的解释，可见，本章内容的命题知识点分布得较为随意。在学习本章时，考生需要结合真题重点掌握技术流，有技术流在身，即使命题人千变万化，考生也能从容应对。比如，2016年第77题A选项考查的"应先列入市政府年度规章制定工作计划中，未列入不得制定"，是考生在看书时较少注意的知识，老师上课也较少强调，但即使如此，只要知道应试规律含有绝对化选项"不得"的选项，"错的多，对的少"，也能猜出答案；又如，B选项考查的"起草该规章应广泛听取有关机关、组织和公民的意见"，我们在讲真题应试规律时，会强调"告知理由"、"听取意见"和"通知家属"等内容属于根正苗红的选项，怎么可能会出错呢？

真题分布情况

行政法规、规章制定机关及制定权限	2015-2-97,2014-2-46
行政法规、规章制定程序	2016-2-100,2015-2-97,2012-2-45,2011-2-85,2010-2-42

一、行政立法的主体

1. 2015年《立法法》修正后，关于地方政府规章，下列说法正确的是：（2015-2-97，不定）

A. 某省政府所在地的市针对城乡建设与管理、环境保护、历史文化保护等以外的事项已制定的规章，自动失效

B. 应制定地方性法规但条件尚不成熟的，因行政管理迫切需要，可先制定地方政府规章

C. 没有地方性法规的依据，地方政府规章不得设定减损公民、法人和其他组织权利或者增加其义务的规范

D. 地方政府规章签署公布后，应及时在中国政府法制信息网上刊载

 答案（ ）①

【解析】根据新法必考的规律，命题人出题考查了2015年修改的《立法法》的相关内容。

（1）在《立法法》中，虽然所有的设区的市政府均有权制定规章，但立法者还是对行政层级较低的

参考答案：①BD

设区保持一定的警惕,将其规章的制定范围限制在城乡建设与管理、环境保护、历史文化保护等三个具有明显地方特色事项之内。但法不溯及既往,已经制定的地方政府规章,涉及上述三个事项范围以外的,继续有效。如果对于过去的立法统一"一刀切",让其失效的话,那么基层就很可能会陷入一些事项无法可依的状态,所以,就按照"新人新办法,老人老办法"的逻辑予以处理,A选项认为旧规定自动失效,错误。

(2)制定地方性法规但条件尚不成熟的,因行政管理迫切需要,可以先制定地方政府规章。地方性法规的制定主体是人大,人大会期较短,立法周期较长,无法及时回应社会需求,所以可以让规章承担临时性的管理任务。但实施满两年需要继续实施规章所规定的行政措施的,应当提请本级人大会常委会制定地方性法规。B项符合法律的要求,正确。

(3)如果有法律、行政法规的依据,地方政府规章是可以设定减损公民、法人和其他组织权利或者增加其义务的规范的,所以,C项错误。也就是说,规章不仅可以对地方性法规做出具体规定,也可以对法律、行政法规做出具体规定,进行细化,如有法律、行政法规或者地方性法规三者中的一个作依据,地方政府规章有可能可以设定减损公民、法人和其他组织权利或者增加其义务的规范。

(4)地方政府规章签署公布后,应及时在本级人民政府公报、中国政府法制信息网、在本行政区域范围内发行的报纸上刊载。注意,网站是全国性的,因为网络传播范围广,而且全国性网站和地方性网站在发布成本上没有本质区别;但纸质材料公报和报纸都是地方性的,因为纸质材料传播范围较小,且制作成本较高,没有必要发布在全国性的公报和报纸上,一个河南老百姓需要知道海南政府制定了什么规章吗?所以,D选项正确。与地方规章不同,行政法规和部门规章的管理范围是全国,所以需要在国务院公报或部门公报、中国政府法制信息网、全国范围内发行的报纸上刊登。

【设题陷阱与常见错误分析】本题错误主要集中于选项C,同学们会选择错误,是因为遗忘了在中国立法层次中,在地方性法规之上还有法律和行政法规,法律和行政法规更有资格成为规章制定的依据。

2.《计算机信息网络国际联网安全保护管理办法》于1997年12月11日经国务院批准,由公安部于1997年12月30日以公安部部令发布。该办法属于哪一性质的规范?(2014-2-46,单)

A. 行政法规
B. 国务院的决定
C. 规章
D. 一般规范性文件

答案( )①

【解析】最高人民法院《关于审理行政案件适用法律规范问题的座谈会纪要》将现行有效的行政法规分为以下三种类型:一是国务院制定并公布的行政法规;二是《立法法》施行以前,按照当时有效的行政法规制定程序,经国务院批准、由国务院部门公布的行政法规。但在《立法法》施行以后,经国务院批准、由国务院部门公布的规范性文件,不再属于行政法规;三是在清理行政法规时由国务院确认的其他行政法规。最常见的行政法规是第一类情形,但由于历史原因,还存在二、三两种情形,所以,A项正确。本题知识极为冷僻,参考价值不大,未来可考性不强,考生浏览下即可。

二、行政法规和规章制定程序

1. 关于行政法规制定程序的说法,下列哪一选项是正确的?(2008-2-41,单)

参考答案:①A

A. 行政法规的制定程序包括起草、审查、决定和公布,立项不属于行政法规制定程序
B. 几个部门共同起草的行政法规送审稿报送国务院,应当由牵头部门主要负责人签署
C. 对重要的行政法规送审稿,国务院法制办经国务院同意后向社会公布
D. 行政法规应当在公布后30日内由国务院法制办报全国人大常委会备案

答案(　　)①

【解析】(1)国务院的立法资源是有限的,必须根据事情的轻重缓急来确定本年度制定哪些行政法规,因此立项就成为一个非常重要的环节。立项是行政法规制定程序的起点。故选项A错误。

(2)几个部门共同起草的行政法规送审稿,应当由这几个部门的主要负责人共同签署,而非"牵头部门主要负责人单独签署",故选项B错误。兄弟几个哼哧哼哧一起起草的送审稿,被别人单独签了名,谁会答应呢?

(3)重要的行政法规送审稿,应经报国务院同意,向社会公布,征求意见。据此,选项C正确。

(4)行政法规在应公布后的30日内由国务院办公厅报全国人民代表大会常务委员会备案。据此,报送机关应当是国务院办公厅,而非国务院法制办,故选项D错误。同时需要注意的是,规章是由法制机构报请的。

【归纳总结】行政法规在各阶段的名称:起草完毕,提交法制机构审查的是"送审稿";审查完毕,提交审议通过的是"草案稿";审查完毕,签署公布的是"草案修改稿"。

2. 下列哪一选项符合规章制定的要求?(2009-2-39,单)
A. 某省政府所在地的市政府将其制定的规章定名为"条例"
B. 某省政府在规章公布后60日向省人大常委会备案
C. 基于简化行政管理手续考虑,对涉及国务院甲乙两部委职权范围的事项,甲部单独制定规章加以规范
D. 某省政府制定的规章既规定行政机关必要的职权,又规定行使该职权应承担的责任

答案(　　)②

【解析】(1)规章一般称为"规定""办法",但不得称为"条例"。行政法规的名称可以是"规定""办法"也可以是"条例"。因此,A项不正确。

(2)规章应当自公布之日起30日内,由法制机构向有关机关备案。因此,B项所称60日不正确。

(3)涉及国务院两个以上部门职权范围的事项,制定行政法规条件尚不成熟,需要制定规章的,国务院有关部门应当联合制定规章。因此,不能由某一个部门单独制定规章,C项不正确。背后的法理并不难以理解,涉及甲、乙两部委的职权,如果甲部委单独制定规章加以规范,那让乙部委情何以堪,这是赤裸裸的跟我抢地盘啊。

(4)权责统一原则是行政法的基本原则之一,有权必有责的原则统摄行政活动的方方面面,当然也规范制定规章的活动,在赋予有关行政机关必要的职权的同时,应当规定其行使职权的条件、程序和应承担的责任。

【归纳总结】在《行政法规制定条例》和《规章制定条例》中的很多制度中出现了日期,但数值只有30日一个,如果像B选项这样的表达再次出现,必然错误。另外,行政法中60日这个数值大都和行政复议制度相关。

参考答案:①C ②D

> **【技术流】** 行政立法、编制管理和机构设置以及公务员法三部分内容的考点分散,体系性较弱,有时候真题会考查较偏僻的知识点,考生见到这种题目,不要慌张,因为往往偏题不难,在偏题中往往会有一个特别正确的选项,比如本题的D选项,以生活常识或法律常识都能够解出答案。

3. 下列有关行政法规和规章的哪一种说法是正确的?(2005-2-49,单)

A. 涉及两个以上国务院部门职权范围的事项,不得制定规章,应当由国务院制定行政法规

B. 行政机关对行政许可事项进行监督检查收取费用须由法规规章规定

C. 行政法规应由国务院起草、讨论和通过,国务院部门不能成为行政法规的起草单位

D. 有规章制定权的地方政府可以直接依据法律制定规章

答案(　　)①

【解析】(1)涉及两个以上国务院部门职权范围的事项,应当提请国务院制定行政法规或者由国务院有关部门联合制定规章,不可以由一个国务院部门单独制定规章。据此,选项A说法过于绝对,遗漏了联合制定规章的可能性,故而错误。

(2)实施行政许可和对行政许可事项进行监督检查收取费用,必须由法律、行政法规作特别规定,规章和地方性法规都无权规定。只有法律、行政法规有权规定行政许可实施和监督检查的收费,比如,车辆年检收费和排污费等。部门规章、地方性法规、地方政府规章等均无权规定行政许可的收费。这主要是为了防止地方为了地方私利,部门为了部门私利,巧立名目混乱收费。据此,选项B错误。

(3)行政法规可以由国务院的一个部门或者几个部门具体负责起草工作,也可以由国务院法制机构起草或者组织起草。据此,C选项中"行政法规应由国务院起草""国务院部门不能成为行政法规的起草单位"的说法错误,国务院总揽全局、工作繁重,怎么可能承担起草任务?

(4)省级政府和设区的市政府根据法律、行政法规和地方性法规制定规章。规范性法律文件是存在位阶的,如果有法律,优先依据法律;如果没有法律,优先依据行政法规;如果没有法律和行政法规,规章制定也可以依据地方性法规。所以,选项D正确。

4. 关于起草规章,下列哪一选项是正确的?(2008延-2-45,单)

A. 参加为起草规章举行的听证会的公民有权提问

B. 起草单位与其他部门经充分协商不能取得一致意见的,应上报国务院决定

C. 规章的起草可以直接委托有关组织,但不得委托专家起草

D. 起草规章举行听证会的,应当制作笔录,该笔录是规章起草的主要根据

答案(　　)②

【解析】(1)起草的规章直接涉及公民、法人或者其他组织切身利益,有关机关、组织或者公民对其有重大意见分歧的,起草单位也可以举行听证会;参加听证会的有关机关、组织和公民对起草的规章,有权提问和发表意见。让公民来参加听证会,却不给其发表意见的机会,从生活常理上也无法接受。A选项正确。

(2)起草单位与其他部门有不同意见的,应当充分协商;经过充分协商不能取得一致意见的,起草单位应当在上报规章草案送审稿时说明情况和理由,而无须上报国务院决定。故选项B说法错误。行

参考答案:①D　②A

政立法过程为"立项→起草→审查→审议→公布",起草阶段存在部门分歧,应当尽量在下一个国务院法制办的审查环节解决,而不会直接上报国务院予以决定。只要对于行政立法的步骤熟悉,本选项事实上难度不大。

(3)起草规章可以邀请有关专家、组织参加,也可以委托有关专家、组织起草。C选项错误,委托专家起草是规章起草程序的鲜明特色,不仅没有被禁止,反而因为开门立法的开放态度广受赞扬。

(4)法律没有规定行政立法听证会笔录的效力,立法过程既要民主,还要集中,听取意见是立法民主性的体现,但立法的最终内容,还需要在集中民意后,在审时度势的基础上予以决定。所以,听证笔录仅是规章起草的根据之一,而非主要证据。故选项D错误。

【归纳总结】 听证笔录是否会成为后续行政行为的依据呢?在四大听证程序中,只有《行政许可法》明确规定了听证笔录的效力,行政机关只能在听证笔录的记载范围内作出后续决定,而处罚听证、行政立法听证和复议听证均没有规定这方面的内容。

5. 关于规章制定,下列说法哪些是正确的?(2003-2-76,多)
A. 起草的规章直接涉及公民切身利益的,起草单位必须举行听证会
B. 部门规章送审稿,由国务院法制机构统一审查
C. 除特殊情况外,规章应当自公布之日起30日后施行
D. 规章应当自公布之日起30日内,由法制机构依法报有关机关备案

答案()

【解析】(1)起草的规章直接涉及公民、法人或者其他组织切身利益,有关机关、组织或者公民对其有重大意见分歧的,应当向社会公布,征求社会各界的意见;起草单位也可以举行听证会。可见,听证会并不是必须举行的,因此A选项是错误的。从做题技巧上来看,表达如此绝对化的选项,一般很难是正确的。

(2)规章送审稿由法制机构负责统一审查,这意味着,部门规章由各部门内设的法制机构审查,非由国务院法制机构统一审查。国务院法制办是国务院的内设机构,又不是农业部、教育部等部委的内设机构,不可能由国务院法制办承担如此繁重的审查义务,只有国务院制定的行政法规的审查义务是由国务院法制办承担。因此,B选项也是错误的。

(3)规章应当自公布之日起30日后施行;但是,涉及国家安全、外汇汇率、货币政策的确定以及公布后不立即施行将有碍规章施行的,可以自公布之日起施行。据此,C选项正确。一般情况公布后30天才生效,但涉及国家安全("军事战争")和金融("货币战争")的,如果再等很容易延误战机,所以,可以当天公布,当天施行。

(4)规章应当自公布之日起30日内由法制机构向有关机关备案。规章由法制机构负责报备,行政法规由国务院办公厅负责报备,故D选项正确。

【归纳总结】

规章与行政法规的区别

	规章	行政法规
制定机关	国务院部门、省政府、地级市政府	国务院
名称	办法、规定	条例、办法、规定

参考答案:①CD

续表

	规章	行政法规
报请立项	1. 部门规章为内设机构或其他机构 2. 地方规章为下级政府或所属部门	国务院部门
决定	1. 部门规章为部务会议或委员会会议 2. 地方规章为全体会议或常务会议	国务院常务会议或传批
公布载体	1. 部门规章在国务院公报或部门公报、中国政府法制信息网、全国范围内发行的报纸上 2. 地方规章在本级政府公报、中国政府法制信息网、本行政区域范围内发行的报纸上	在国务院公报、中国政府法制信息网、在全国范围内发行的报纸上
标准文本	1. 部门规章在部门公报或者国务院公报上刊登的规章文本为标准文本 2. 地方规章在地方政府公报刊登的规章文本为标准文本	在国务院公报上刊登的行政法规文本为标准文本
备案	由制定机关的法制机构报请备案	由国务院办公厅报请备案

6. 有关规章的决定和公布,下列说法正确的是:(2014-2-97,任)
A. 审议规章草案时须由起草单位作说明
B. 地方政府规章须经政府全体会议决定
C. 部门联合规章须由联合制定的部门首长共同署名公布,使用主办机关的命令序号
D. 规章公布后须及时在全国范围内发行的有关报纸上刊登

答案(　①　)

【解析】(1)审议规章草案时,由法制机构作说明,也可以由起草单位作说明。A项错误。为什么草案这么规定,而不那么规定,负责审议规章的大领导可能是不懂的,此时,就需要由起草单位或审议单位(法制机构)向领导阐明立法理由,解释立法必要性和可行性,为领导最终决断提供依据。

(2)地方政府规章应当经政府常务会议或者全体会议决定。所以,B项错误。对于A和B选项,命题人考查的法条细节为"或者"二字。

(3)部门联合规章由联合制定的部门首长共同署名公布,使用主办机关的命令序号。C项正确。联合起草的自然要共同署名,但是一个规章只有一个命令序号,所以只能使用主办机关的命令序号。命令序号的功能在于统计规章制定数量,便于公文的管理和查找;在引用公文时,可以作为规章的代号使用。比如《网络出版服务管理规定》的发文字号为"国家新闻出版广电总局、工业和信息化部令第5号",这一序列号透露了如下信息:第一,该规章的制定主体是国家新闻出版广电总局、工业和信息化部。第二,"令"字说明该文件为规章。国务院部委有权制定规章,也有权制定其他规范性文件,那如何识别文件的性质?如果文件序列号带有"令"字,该文件性质就是规章;如果该文件的序列号是"发""函"等,比如,林规发〔2016〕139号、旅发〔2016〕136号、质检监函〔2016〕104号,其性质一定不是规章。第三,国家新闻出版广电总局有自己规章的排列序号,工业和信息化部也有自己的序号,某个规章不可能同时具有两个编号,于是,就以主办机关序号的为准,比如《网络出版服务管理规定》就使用了国家新闻出版广电总局的命令序号"第5号"。

参考答案:①C

(4)部门规章签署公布后,部门公报或者国务院公报和全国范围内发行的有关报纸应当及时予以刊登。地方政府规章签署公布后,本级人民政府公报和本行政区域范围内发行的报纸应当及时刊登。D项错误。

国家新闻出版广电总局
中华人民共和国工业和信息化部 令

第5号

《网络出版服务管理规定》已经2015年8月20日国家新闻出版广电总局局务会议通过,并经工业和信息化部同意,现予公布,自2016年3月10日起施行。

国家新闻出版广电总局　局长　

工业和信息化部　部长　

2016年2月4日

【技术流】含有"或者""也可以"的法条备受命题人的青睐,一般命题方式为本题选项A和B的方式,通过将法条部分内容遗漏,将选项表达予以绝对化,对于这样的细节和应试技巧考生应当予以关注。

7. 起草部门将一部重要的行政法规送审稿报送国务院审查。该送审稿向社会公布,征求意见,应报经下列哪一机关同意?(2012-2-45,单)

A. 起草部门　　　B. 国务院办公厅　　　C. 国务院法制办　　　D. 国务院

答案(①)

【解析】重要的行政法规送审稿,应经报国务院同意,向社会公布,征求意见。故答案为D选项。既然行政法规是国务院制定的,起草单位只是负责事务性的执行工作,重大事项的公布自然应当经过国务院同意。

参考答案:①D

8. 国务院法制机构在审查起草部门报送的行政法规送审稿时认为,该送审稿规定的主要制度存在较大争议,且未与有关部门协商。对此,可以采取下列哪些处理措施?（2011-2-85,多）

A. 缓办
B. 移交其他部门起草
C. 退回起草部门
D. 向社会公布,公开征求意见

答案（ ① ）

【解析】 国务院法制机构（国务院法制办）负责审查行政法规送审稿,当它发现送审稿存在基本条件尚不成熟的,或者有关部门对送审稿规定的主要制度存在较大争议,起草部门未与有关部门协商等实体上或程序上的问题时,国务院法制机构可以缓办或者退回起草部门,因此,A、C项正确。B选项,国务院法制办的行政级别和其他部委相同,显然无权,因此另行指定起草机构。D选项迷惑性较强,一般而言,向社会公布、征求意见的前提是草案在行政机关内部已经基本成熟,在本题中,该送审稿规定的主要制度存在较大争议,且未与有关部门协商,公开征求意见的条件尚不成熟。故D项错误。

9. 某省会城市的市政府拟制定限制电动自行车通行的规章。关于此规章的制定,下列哪些说法是正确的?（2016-2-77,多）

A. 应先列入市政府年度规章制定工作计划中,未列入不得制定
B. 起草该规章应广泛听取有关机关、组织和公民的意见
C. 此规章送审稿的说明应对制定规章的必要性、规定的主要措施和有关方面的意见等情况作出说明
D. 市政府法制机构认为制定此规章基本条件尚不成熟,可将规章送审稿退回起草单位

答案（ ② ）

【解析】（1）年度规章制定工作计划在执行中,可以根据实际情况予以调整,对拟增加的规章项目应当进行补充论证,所以并非未列入工作计划的规章就不得制定,A选项表达过于绝对化,错误。

（2）听取民众意见是立法民主性的体现,B选项正确。

（3）起草单位完成起草环节后,会形成送审稿,报送审查单位审查,送审稿中应当含有制定规章的必要性、规定的主要措施和有关方面的意见等情况说明,以供审议者审查,否则审议者有可能无法理解某项条文的立法原意,进而无法科学地评价其可行性与必要性。可知,C选项正确。

（4）当审议单位发现送审稿存在基本条件尚不成熟时,既可以缓办,也可以将规章送审稿退回起草单位,以等待条件成熟,所以,D选项正确。

10. 关于行政法规的决定与公布,下列哪一说法是正确的?（2010-2-42,单）

A. 行政法规均应由国务院常务会议审议通过
B. 行政法规草案在国务院常务会议审议时,可由起草部门作说明
C. 行政法规草案经国务院审议报国务院总理签署前,不得再作修改
D. 行政法规公布后由国务院法制办报全国人大常委会备案

答案（ ③ ）

【解析】（1）行政法规的审议通过有两种方式:国务院常务会议审议或者国务院审批,大事开会,小事传批,所以,行政法规"均应"由国务院常务会议审议通过的说法以偏概全。故A项错误。本题的A、B选项命题人考查的法条关键词均为"或者"。

（2）国务院常务会议审议行政法规草案时,由国务院法制机构或者起草部门作说明。因此,行政法规草案在国务院常务会议审议时,由法制机构或者起草部门作说明都是符合法律要求的。故B项

参考答案: ①AC　②BCD　③B

正确。

(3)国务院法制机构应当根据国务院对行政法规草案的审议意见,对行政法规草案进行修改,形成草案修改稿,报请总理签署国务院令公布施行。因此,经过国务院常务会议审议后,对于领导审议提出来的修改意见,那能不改吗? 国务院法制机构应当根据审议意见进行修改,不得再作修改的说法是不正确的。故 C 项错误。

(4)行政法规在公布后的30日内由国务院办公厅报全国人民代表大会常务委员会备案。因此,行政法规由国务院办公厅报请备案,规章是由法制机构报请备案,所以,D 选项说法是不正确的。

11. 下列关于行政法规解释的哪种说法是正确的?(2006-2-39,单)
A. 国务院各部门可以根据国务院授权解释行政法规
B. 行政法规条文本身需要作出补充规定的,由国务院解释
C. 在审判活动中行政法规条文本身需要进一步明确界限的,由最高人民法院解释
D. 对具体应用行政法规的问题,各级政府可以请求国务院法制机构解释

答案( )①

【解析】 对于行政法规的解释分以下两种类型:

第一种类型:对于行政法规条文本身需要进一步明确界限或者作出补充规定的解释
(1)申请者:国务院各部门和省级政府
(2)解释者:国务院
(3)公布者:由国务院公布或者由国务院授权国务院有关部门公布
(4)解释效力:行政法规的解释与行政法规具有同等效力

【例1】 国务院某个行政法规中规定了甲、乙、丙三个事项,但随着社会的发展出现了丁事项,而行政法规中对其的规定为空白,此时某省政府不知道如何适用,于是报请国务院予以解释。之所以报请国务院,是因为甲、乙、丙三个事项都是国务院制定的,丁事项的解释相当于制定新的行政法规,自然应当是国务院出面进行解释。那谁来报请国务院呢? 根据对等原则,应当由省级政府,而不是省政府法制办报请。所以,该种解释的基本方式是"政府对政府"。

第二种类型:属于行政工作中具体应用行政法规的问题的解释
(1)申请者:省级政府法制机构以及国务院有关部门法制机构
(2)解释者:国务院法制办,其中涉及重大问题的,由国务院法制机构提出意见,报国务院同意后答复

【例2】 国务院某个行政法规中规定了甲、乙、丙三个事项,此时某政府对于丙事项不知道如何适用,于是报请国务院法制办予以解释。这里的解释只是对旧规则进行澄清和阐明,不是立新法,国务院法制办出面即可。根据对等原则,应当由省级政府法制办报请国务院法制办予以解释,所以,该种解释的基本方式是"法制办对法制办"。

综上可见,国务院各部门和法院没有对行政法规的解释权,A、C 选项错误;行政法规条文本身需要进一步明确界限或者作出补充规定的,由国务院解释,B 选项正确;对具体应用行政法规的问题,只有省级政府法制机构和国务院部门法制机构才有权请求国务院法制机构解释具体应用行政法规问题,"法制办对法制办",不是由各级政府请求解释,故选项 D 错误。

参考答案:①B

12. 行政法规条文本身需进一步明确界限或作出补充规定的,应对行政法规进行解释。关于行政法规的解释,下列说法正确的是?(2016-2-100,任)

A. 解释权属于国务院
B. 解释行政法规的程序,适用行政法规制定程序
C. 解释可由国务院授权国务院有关部门公布
D. 行政法规的解释与行政法规具有同等效力

答案( )①

【解析】行政法规条文本身需要进一步明确界限或者作出补充规定的,由国务院解释,且由国务院公布或者由国务院授权国务院有关部门公布。行政法规的解释与行政法规具有同等效力。A、C、D 选项正确。行政法规解释只需国务院各部门和省级政府向国务院提出行政法规的解释要求即可,程序上并没有行政法规制定程序需要经过"立项→起草→审查→审议→公布"的要求,所以,B 选项错误。

三、行政法规和规章的监督

某企业认为,甲省政府所在地的市政府制定的规章同某一行政法规相抵触,可以向下列哪些机关书面提出审查建议?(2010-2-80,多)

A. 国务院
B. 国务院法制办
C. 甲省政府
D. 全国人大常委会

答案( )②

【解析】《规章制定程序条例》第 35 条规定:"国家机关、社会团体、企业事业组织、公民认为规章同法律、行政法规相抵触的,可以向国务院书面提出审查的建议,由国务院法制机构研究处理。国家机关、社会团体、企业事业组织、公民认为较大的市的人民政府规章同法律、行政法规相抵触或者违反其他上位法的规定的,也可以向本省、自治区人民政府书面提出审查的建议,由省、自治区人民政府法制机构研究处理。"本题中,企业认为甲省政府所在地的市,即较大市的政府制定的规章违法,因此既可以向国务院申请审查,也可以向省政府申请审查。故 A、C 项正确,B、D 项错误。

【设题陷阱与常见错误分析】不少考生认为 B、D 项也是正确选项,即认为某企业也可以向全国人大常委会提出审查建议,国务院法制机构作为国务院负责法制问题的内设机构,只有细节事项的执行权,而没有终局性的处理权,最终决定还是由国务院作出。故 B 项错误。全国人大常委会都不处理规章的备案事宜,试想,全国人大常委会连规章的事后备案都不处理,怎么可能负责主动审查呢?D 项错误。

参考答案:①ACD ②AC

第五章 具体行政行为一般原理

命题规律

本章内容非常重要,本章知识既是行政实体法的总纲,也是后续行政诉讼法和行政复议法的基础。本书后面讲述行政诉讼法和复议法时,会大量用到本章中的知识,比如具体行政行为特征和受案范围、具体行政行为无效、可撤销理论和判决形式等,考生一定要认真复习。考点规律表现在,第一,关于具体行政行为和受案范围结合考查一般分数为5分左右,是案例题接近于必考的知识;第二,具体行政行为的成立、合法性判断和效力理论一般一年会考查1道理论性题目。

真题分布情况

具体行政行为的特征	2016-2-44,2016-2-83,2015-2-46,2015-2-98,2014-2-45,2013-2-98,2011-2-80,2011-2-97,2012-4-6,2011-4-5
具体行政行为的分类	2011-2-48,2011-2-49
具体行政行为的成立和效力	2013-2-85,2011-2-49,2014-2-99
具体行政行为违法要素	2014-2-99,2013-2-95,2011-2-81
无效、撤销和废止	2013-2-85

1. 某地连续发生数起以低价出售物品引诱当事人至屋内后实施抢劫的事件,当地公安局通过手机短信告知居民保持警惕以免上当受骗。公安局的行为属于下列哪一性质?(2015-2-46,单)

A. 履行行政职务的行为   B. 负担性的行为   C. 准备性行政行为   D. 强制行为

答案( )①

【解析】(1)本题考查的是行政行为的概念及分类。行政指导行为是行政机关以倡导、示范、建议、咨询等方式,引导公民自愿配合而达到行政管理目的的行为,属于非权力行政方式。其特点是自愿性、灵活性、简便性和经济性。"告知居民保持警惕以免上当受骗"完全体现了行政指导的特点,公民是否遵从行政指导,完全取决于自己的意愿,因此本行为的行为性质是行政指导。行政指导不具有强制性,所以,D项错误。

(2)行政指导是为了实现行政管理目的而采取的一种非强制行为,属于履行行政职务的一种新类型的行为。A项正确。

(3)"告知居民保持警惕以免上当受骗"并不产生确定性的权利义务的影响,为当事人设定义务或

参考答案:①A

者剥夺权益的具体行政行为是"负担性行为",为当事人授予权利、利益或者免除负担义务的具体行政行为是"授益性行为",而行政指导对当事人的权利义务不构成任何影响,所以,既不可能是授益行政行为,也不可能是负担行政行为,因而B项错误。

(4)准备性、部分性行政行为,是为最终作出权利义务安排进行的程序性、阶段性工作行为,比如行政强制执行的催告,行政许可的材料补正通知书等行为。本题中的行政指导是一项完整的行政行为,而非准备性行政行为。C项错误。

2. 有关具体行政行为的效力和合法性,下列说法正确的是:(2014-2-99,任)
   A. 具体行政行为一经成立即生效
   B. 具体行政行为违法是导致其效力终止的唯一原因
   C. 行政机关的职权主要源自行政组织法和授权法的规定
   D. 滥用职权是具体行政行为构成违法的独立理由

答案(①)

【解析】(1)虽然成立和生效在法律内涵上完全不同,但在时空顺序上,大部分行政行为是一经成立即生效的,比如,向当事人送达罚款200元的处罚决定书,该处罚即成立,只要该处罚没有明显且重大违法导致行政处罚自始无效,那么该处罚行为也同时对当事人产生法律上的约束力。即使有关当事人对该具体行政行为不服或者有合法性疑问,在有权国家机关作出最终裁判或者停止执行的程序裁决以前,一般还是要遵守该具体行政行为。具体行政行为开始生效的时间,一般地说具体行政行为一经成立就可以立即生效。不过,也有例外:其一,对于无效的行政行为是自始无效,虽然行为能够成立,但永远不会在法律意义上允许其产生法律效力。其二,对于附条件或附期限的行政行为,行政机关也可以安排某一事件发生后或者经过一段时间后才发生效力,成立和生效也会产生时空上的分离。所以,A选项表达,具体行政行为一经成立即生效,过于绝对化,A选项是错误的。

(2)无效、可撤销是导致具体行政行为效力终止的原因,但效力停止的原因不只有这两个,例如,合法作出的具体行政行为由于法律法规规章的修改或者为了维护公共利益的需要,可以将其废止,效力同样可以终止。又如,具体行政行为为其设定专属权益或者义务的自然人死亡,自然人放弃具体行政行为赋予的权益;行为效力也可以终止。所以,B项错误。

(3)"无授权,则无行政"是行政法的基本原则之一,行政主体要有规范性法律文件的授权才能开展相应的行政活动,行政机关的职权范围主要由行政组织法和授权法规定。C项正确。

(4)具体行政行为违法表现在主体违法、事实依据违法、适用法律法规错误、程序违法、滥用职权(明显不当),以上五个要素均符合法律要求,具体行政行为才是合法的,反之,任一要素违法,均构成违法,所以,程序违法、滥用职权等均是行政行为违法的独立理由。D项正确。

【设题陷阱与常见错误分析】绝对化的选项错误率很高,对于选项A和B,考生即使没有掌握背后的知识点,也大都能凭借应试题干蒙出答案。本题问题主要集中于D选项,考生因为不熟悉行政行为合法性要五要素俱全,任一要素违法,均构成违法这一规律,很可能认为D选项错误。

3. 关于具体行政行为的合法性与效力,下列哪些说法是正确的?(2013-2-85,多)
   A. 遵守法定程序是具体行政行为合法的必要条件
   B. 无效行政行为可能有多种表现形式,无法完全列举
   C. 因具体行政行为废止致使当事人的合法权益受到损失的,应给予赔偿

参考答案:①CD

D. 申请行政复议会导致具体行政为丧失拘束力

答案(①)

【解析】(1)遵守法定程序是具体行政行为合法的必要条件。A项正确,应选。除程序合法外,行政行为合法要件还包括主体合法、法律依据合法、事实依据合法、无滥用职权与明显不当。

(2)如果一个具体行政行为有重大和明显的法律缺陷,这种违法达到一个有正常理智的人的常识性理解都可以明显看出的程度,那么它就是无效的具体行政行为。无效具体行政行为可以表现为许多具体情形,不能做一次性穷尽列举。所以B项正确。

(3)废止是行政机关依职权使具体行政行为丧失法律效力的行为。废止的理由和条件是由于客观条件的变化,具体行政行为没有继续保持其效力的必要,废止与合同法当中的情势变更有异曲同工之妙。具体行政行为废止的条件通常有:①具体行政行为所依据的法律、法规、规章、政策,已经为有权机关依法修改、废止或撤销。具体行政行为如果继续维持效力,将与法律、法规、规章、政策抵触,所以必须废止原具体行政行为。②具体行政行为所根据的客观事实已经发生重大变化或者已经不复存在,具体行政行为的继续存在已经没有事实根据,需废止原来的具体行政行为。③具体行政行为所期望的法律效果已经实现,没有继续存在的必要。可见,废止条件中没有行政行为违法或者明显不适当的因素,这是废止区别于无效和可撤销制度的主要方面。在行政法中,合法行为导致当事人损害发生,应给予补偿;违法的具体行政行为侵权造成损失的,应给予赔偿。本题中废止的对象是合法行政行为,所以,应当给予补偿,而非赔偿。C项错误,不选。

(4)具体行政行为除了无效情形外,在行为生效后,未经法定程序(行政复议、行政诉讼和行政监督程序)撤销之前均有拘束力,有权机关可以撤销违法的具体行政行为,以此消除具体行政行为的法律效力,但必须经过法定程序由国家有权机关作出撤销决定,才能否定其法律效力。有关当事人、其他国家机关和其他社会成员无权擅自否定具体行政行为的法律效力。所以D项错误,不选。

4. 关于具体行政行为,下列哪一说法是正确的?(2011-2-49,单)
A. 行政许可为依职权的行政行为
B. 具体行政行为皆为要式行政行为
C. 法律效力是具体行政行为法律制度中的核心因素
D. 当事人不履行具体行政行为确定的义务,行政机关予以执行是具体行政行为确定力的表现

答案(②)

【解析】(1)根据是否以当事人的申请作为开始具体行政行为的条件,具体行政行为可以分为依职权的和须申请的具体行政行为。依职权的具体行政行为指行政机关不需要当事人申请,直接依职权采取具体行政行为,比如,行政处罚、行政征收;依申请的具体行政行为则需要经过当事人的申请,行政机关才会作出相应的具体行政行为,行政许可是典型的依申请的行政行为。所以,A选项错误。

(2)根据具体行政行为是否需要具备法定的形式可以划分为要式的与不要式的具体行政行为。需要具备书面文字等其他特定意义符号为生效必要条件的,是要式的具体行政行为;不需要具备书面文字或者其他特定意义符号就可以生效的,是不要式的具体行政行为。对现场发现的违反治安管理的行为人需要行为人接受调查的,警察经出示工作证件,可以口头传唤,但应当在询问笔录中注明。这就说明,传唤在紧急情况下也可以非要式,可以口头传唤。B选项的提法过于绝对,所以,错误。

(3)法律效力是整个具体行政行为法律制度中的核心内容,评价具体行政行为合法与否的实际意

参考答案:①AB ②C

义,就在于对其法律效力的影响的评价,对于合法的行为,有权机关应当肯定其法律效力,尊重其法律效果;对于违法的行为,有权机关应当通过合法途径否定其法律效力,追究其法律责任。C 选项正确。

(4)具体行政行为的效力包括拘束力、执行力和确定力。

第一,拘束力包括三个方面:①当事人和其他社会成员必须遵守;②行政机关自身要遵守,不得随意更改;③其他国家机关必须遵守。

第二,确定力指具体行政行为在形式上最终被确定下来,从而不再更改的效力。具体行政行为作出后都会有一个可争议和可更改期,这是"有权利,必然有救济"的法律原理的体现。权益受到损害的当事人可以利用行政复议、行政诉讼或者其他法定途径获得救济,行政机关也可以通过行政监督程序撤回已经生效却有法律缺陷的具体行政行为。但是,法律需要有秩序性,救济的大门不可能永久敞开,出于稳定行政管理关系的需要,这一期限不可能无限延长。当法定的不可争议不可更改期限到来时,该具体行政行为也就取得了形式上的确定力。

第三,执行力是指使用国家强制力迫使当事人履行义务或者以其他方式实现具体行政行为权利义务安排的效力,这是具体行政行为具有国家意志性的体现。如果当事人不能自动履行这些义务,具体行政行为所规定的权利和义务无法实现,具体行政行为的执行力就可以发生作用。有关机关可以根据法律的规定依职权或者申请法院采取行政强制执行手段,用国家强制力实现具体行政行为的权利义务安排。所以,D 项错误。

5. 关于具体行政行为的效力,下列哪些说法是正确的?(2010-2-81,多)

A. 可撤销的具体行政行为在被撤销之前,当事人应受其约束
B. 具体行政行为废止前给予当事人的利益,在该行为废止后应收回
C. 为某人设定专属权益的行政行为,如此人死亡其效力应终止
D. 对无效具体行政行为,任何人都可以向法院起诉主张其无效

📖 答案(　　　　)①

📝【解析】(1)对于可撤销的具体行政行为,撤销的后果为"溯及既往失去效力"。在该行为被撤销前,该行为与合法行为一样,法律允许其产生法律效果。但行为撤销后,被撤销的行为会被视为自始无效,发生的法律效果要追溯到行为的起点处,如果相关义务已经履行或者已经执行的,能够恢复原状的应当恢复原状。"溯及既往失去效力"可以用一句话来概括"辛辛苦苦一整年,一夜回到解放前"。与可撤销行为不同,无效的具体行政行为自发布之时就没有任何法律约束力,因此当事人不受它的拘束,其他国家机关和其他社会成员也可以不尊重它;可废止的具体行政行为自废止之日起丧失效力,原则上,具体行政行为废止之前给予当事人的利益、好处不再收回,当事人也不能对已履行的义务要求补偿。所以,A 项正确,B 项错误。

(2)具体行政行为的效力终止有多种原因。为某人设定专属权益的行政行为,因此种权益为该人所专有,自然应随着该人的死亡而终止。当然,值得注意的是,这指其效力的终止及相应权益的终止,并不指此人曾享有某种权益的事实消失,C 项正确。

(3)只有该具体行政行为致使其合法权益受到损害的公民、法人或者其他组织,才可以在任何时候主张该具体行政行为无效,也就是说,并不是任何人均有权主张行政行为无效,比如与具体行政行为有法律上利害关系的人才有权主张具体行政行为无效。故选项 D 的说法错误。除此以外,需要特别注意的是,与可撤销行为不同,当事人申请行政复议或者向法院提起诉讼时,且并没有时效上的限制,任何时候均可主张。

参考答案:①AC

【设题陷阱与常见错误分析】 许多考生认为选项 D 的说法是正确的,即对无效具体行政行为,任何人都享有诉权。但这一理解并不正确,有权主张行政行为无效的人,仍然必须与具体行政行为之间具有利害关系,受原告资格的限制,并不是任何人都可以向法院起诉主张其无效。否则,社会就会丧失基本的秩序,涌现出一大批爱管闲事的"闲杂人等"。

【归纳总结】 具体行政行为的无效、可撤销与废止

	条件	效力	后果
无效	明显重大违法	自始不发生任何效力	可随时主张无效;随时宣告无效;可获国家赔偿
撤销	一般违法	被撤销前推定为有效,撤销后溯及为自始无效	需依法定程序撤销;撤销后可获国家赔偿
废止	原有法律依据已改变;客观情况发生重大变化;行为目的已实现,无须继续存在	废止前有效;废止后无效	因信赖保护可获国家补偿

6. 关于具体行政行为的成立和效力,下列哪些选项是错误的?(2009-2-80,多)
  A. 与抽象行政行为不同,具体行政行为一经成立即生效
  B. 行政强制执行是实现具体行政行为执行力的制度保障
  C. 未经送达领受程序的具体行政行为也具有法律约束力
  D. 因废止具体行政行为给当事人造成损失的,国家应当给予赔偿

答案(①)

【解析】(1)原则上,具体行政行为一经成立即生效,但有两个例外,第一,无效行政行为虽然可以成立,但由于其自始无效,不会产生法律效力;第二,附条件行政行为,成立并不等同于产生法律效力,需要满足某个条件,该行政行为才能产生法律效力。同时,对于抽象行政行为而言也分两种情况,绝大多数抽象行政行为成立和生效会有一定的间隔期,比如,规章原则上应当自成立之日(公布之日)起 30 日后生效施行。但也有例外,在特殊情况下,抽象行政行为也会一经成立即生效,比如,涉及国家安全、外汇汇率、货币政策的规章,可以自公布之日起施行。故 A 项错误。

(2)在当事人不自觉履行行政机关为其设定的义务时,行政机关只能通过强制执行的方式实现对其作出的义务安排,如果缺乏强制执行制度,很多行政行为会成为一纸空文,无法得以落实,所以,行政强制执行是实现具体行政行为执行力的制度保障。故 B 项正确。

(3)具体行政行为首先应当成立,然后才能产生法律效力,成立是生效的前提。成立解决的是行政行为"有没有"的问题,生效解决的是行政行为"好不好"的问题。未经送达受领程序的行政行为不能成立,那么,一个不存在的行政行为怎么可能会涉及它好不好的问题呢?故 C 项错误。

(4)具体行政行为的废止是由于客观情况发生了变化,应当面向将来否认其效力,废止针对的是合法的行为。按照法律原理,合法行为造成的损失,国家应当补偿;违法行为造成的损失,国家应当赔偿。故 D 项错误。

7. 下列哪一选项是关于具体行政行为拘束力的正确理解?(2006-2-40,单)
  ①具体行政行为具有不再争议性,相对人不得改变具体行政行为
  ②行政主体非经法定程序不得任意改变或撤销具体行政行为

参考答案:①ACD

③相对人必须遵守和实际履行具体行政行为规定的义务
④具体行政行为在行政复议或行政诉讼期间不停止执行

A. ①②　　　　B. ①②④　　　　C. ②③　　　　D. ③④

答案（　①　）

【解析】拘束力是指具体行政行为一经生效,行政机关和对方当事人都必须遵守,其他国家机关和社会成员必须予以尊重的效力。它包括对当事人、对行政机关自己和对其他国家机关三个方面的拘束力,具体包括:

第一,对于已经生效的具体行政行为,当事人应当接受并履行义务。

第二,作出具体行政行为的行政机关不得随意更改,此乃信赖利益保护原则的根源。

第三,其他国家机关也不得以相同的事实和理由再次受理和处理该同一案件,其他社会成员也不得对同一案件进行随意的干预。行政机关之间彼此各自事项上的管辖范围,应该各司其职、各守其位。

因此,②、③属于具体行政行为拘束力,①属于确定力的含义,在争议期限过后,行政行为被确定下来,不可更改。④属于具体行政行为执行力的表现。

【设题陷阱与常见错误分析】有同学认为②行政主体非经法定程序不得任意改变或撤销具体行政行为属于确定力的内容,这是错误的,②的不可更改,和确定力的不可更改义务主体不同,发生阶段不同。②的不可更改讲的是行政机关自己不能随便朝令夕改,自己要受到自己行为的拘束;而确定力的不可更改指的是当行政行为过了救济期限,行为就确定下来,当事人不可再通过诉讼、复议等争讼的救济途径,申请法院或复议机关将行政行为予以更改、撤销。

具体行政行为的效力

效力	产生条件	后果
拘束力	一经生效立即产生	当事人应履行;行政主体不得随意更改;其他国家机关应尊重
确定力	争议期过后产生	具体行政行为确定的权利义务关系不再争议,不得更改
执行力	法定或合理期限后	使用国家强制力实现具体行政行为确定的权利义务安排

8. 为落实淘汰落后产能政策,某区政府发布通告:凡在本通告附件所列名单中的企业两年内关闭。提前关闭或者积极配合的给予一定补贴,逾期不履行的强制关闭。关于通告的性质,下列哪一选项是正确的?(2016-2-44,单)

A. 行政规范性文件　　B. 具体行政行为　　C. 行政给付　　D. 行政强制

答案（　②　）

【解析】具体行政行为和抽象行政行为是一对常见、常考的易混淆概念。它们的根本区别在于抽象行政行为是"制订规则,反复适用",而具体行政行为则是"对象特定,可以统计"。本题所涉及的行为,虽然形式为"通告",但我们判断一个行政行为的性质时,不要看它的形式,而要根据它的内容来确定。由题可见,该通告是针对所列名单中的企业的,正符合"对象特定,可以统计"的判断标准。所以B选项正确。而A选项的行政规范性文件系抽象行政行为的一部分,C选项的行政给付是行政机关给付行政相对人最低生活保障金、残疾金等费用,D选项的行政强制只是该通告中的部分内容,不能作为通告的整体定性,所以A、C、D三个选项错误。

参考答案:①C　②B

第六章 行政许可

命题规律

许可法每年3~5分,考生首先需要对于常考的细节内容进行记忆,比如收费、盖章、书面等细节,同时,对于需要理解的地方最好还是多下些苦工。除了传统重点——行政许可的撤销及其相关概念的区别、行政许可和行政处罚细节知识点的区别外,从命题规律来看,命题人加大了对于行政许可基本概念的考查,今后的命题重点会体现在行政许可和行政确认的区别、行政许可与内部审批的区别和行政许可分类上。

真题分布情况

行政许可的设定和具体规定	2016-2-79,2013-2-48,2011-4-6,2010-2-82
行政许可的概念和分类	2016-4-7,2015-4-6,2016-2-78,2015-4-6
行政许可的实施	2015-2-77,2012-2-76,2010-2-43,2011-2-99
行政许可的监督检查	2015-2-47,2013-2-76,2011-2-42,2014-4-7

一、行政许可的设定

1. 关于行政法规,下列哪一选项是正确的?(2007-2-46,单)

A. 行政法规可以设定行政拘留处罚

B. 行政法规对法律设定的行政许可作出具体规定时可以增设行政许可

C. 行政法规的决定程序依照国务院组织法的有关规定办理

D. 行政法规之间对同一事项的新的一般规定与旧的特别规定不一致,不能确定如何适用时,由国务院法制办裁决

答案()①

【解析】(1)法律可以设定各种行政处罚。限制人身自由的行政处罚,只能由法律设定。这就意味着,其他的规范性法律文件(行政法规包括在内)均不得创设限制人身自由的行政处罚。A项错误。

(2)法规、规章对实施上位法设定的行政许可作出的具体规定,不得增设行政许可;对行政许可条件作出的具体规定,不得增设违反上位法的其他条件。B项错误。下位法在作出具体规定时不得抵触

参考答案:①C

上位法,具体而言,第一,不得增设行政许可,比如,法律规定公民只有在取得驾驶证之后方能驾驶机动车上路行驶。如果某省地方性法规规定,本市市民必须取得驾驶证与红十字会核发的"红十字救护证"才能驾车,这就属于增设了全新行政许可类型,应属违法。第二,对行政许可条件作出的具体规定,不得增设违反上位法的其他条件。如该地方性法规规定,本市市民必须获得驾驶证满6个月后方能驾驶机动车上路行驶,这就增设了违反上位法的许可条件,应属违法。

(3)《立法法》规定,行政法规的决定程序依照《中华人民共和国国务院组织法》的有关规定办理。行政法规的性质属于抽象行政行为,也属于行政行为的一种,在该行政行为作出时既需要遵照《立法法》和《行政法规制定条例》,也需要遵照《国务院组织法》的决策程序。故C项正确。

(4)国务院法制办是国务院在法制问题上的"军师"和"秘书",可以出谋划策,也可以负责具体事务的执行,但对外的决策权在国务院手中。所以,法律规定,行政法规之间对同一事项的新的一般规定与旧的特别规定不一致,不能确定如何适用时,由国务院裁决。因此,由国务院法制办裁决的说法是不正确的,D项错误。

2. 下列哪些地方性法规的规定违反《行政许可法》?(2010-2-82,多)
  A. 申请餐饮服务许可证,须到当地餐饮行业协会办理认证手续
  B. 申请娱乐场所表演许可证,文化主管部门收取的费用由财政部门按一定比例返还
  C. 外地人员到本地经营网吧,应当到本地电信管理部门注册并缴纳特别管理费
  D. 申请建设工程规划许可证,需安装建设主管部门指定的节能设施

答案(①)

【解析】(1)法规、规章对实施上位法设定的行政许可作出的具体规定,不得增设行政许可;对行政许可条件作出的具体规定,不得增设违反上位法的其他条件。餐饮服务许可证是《食品安全法》所设定的行政许可,该地方性法规在作出具体规定时不能抵触上位法,而A项申请该许可必须到当地餐饮行业协会办理认证手续,相当于增设了获得餐饮服务许可证的条件,属于抵触上位法的违法情形,故A项应选。

(2)行政机关实施行政许可,依照法律、行政法规收取费用的,应当按照公布的法定项目和标准收费;所收取的费用必须全部上缴国库,任何机关或者个人不得以任何形式截留、挪用、私分或者变相私分。财政部门不得以任何形式向行政机关返还或者变相返还实施行政许可所收取的费用。因此,申请娱乐场所表演许可证,文化主管部门收取的费用由财政部门按一定比例返还的做法是违法的,本选项即使用生活常识也可以做出,法律不可能纵容行政机关用许可的公共资源为自己部门谋取不正当利益,故B项应选。

(3)"地方创设要注意,千万不能闹独立",地方性法规和规章不得创设下列有地方保护因素的许可:①不得设定应当由国家统一确定的资格、资质许可;②不得设定企业或其他组织的设立登记及其前置性许可;③不得设定限制外地的服务、商品进入本地的许可。C项中,外地人员到本地经营网吧,应当到本地电信管理部门注册并缴纳特别管理费的做法,实际上是限制外地人在本地从事生产经营活动,有地方保护主义的嫌疑,故而是违法的,C项应选。另外,C项还有另外一处错误,即使抛去地方保护主义的因素,地方性法规是不得自创收费权的,《行政许可法》规定,行政机关实施行政许可和对许可事项进行监督检查,不得收取任何费用。但法律、行政法规另有规定的除外。只有法律、行政法规有权规定行政许可实施和监督检查的收费,部门规章、地方性法规、地方政府规章等均无权规定行政许可的收费。这主要是为了防止地方为了地方私利,部门为了部门私利,巧立名目混乱收费。

参考答案:①ABCD

(4)行政机关实施行政许可,不得向申请人提出购买指定商品、接受有偿服务等不正当要求。因此,D项要求安装建设主管部门指定的节能设施的做法是违法的,故应选。

【设题陷阱与常见错误分析】 本题难度在于对于许可的设定权及规定权部分细节内容的理解和记忆,一些考生没有精准记忆这部分的知识点,凭借生活常识,甚至是偏见做题,会出现观点的偏差。比如,D选项,一些考生错误认为,"申请建设工程规划许可证,需安装建设主管部门指定的节能设施"并未侵犯任何人的权益,不构成违法。又如B选项按一定比例返还的情形在现实中大量存在,故误认为并不违法。

3. 关于行政许可的设定权限,下列哪些说法是不正确的?(2016-2-79,多)
  A. 必要时省政府制定的规章可设定企业的设立登记及其前置性行政许可
  B. 地方性法规可设定应由国家统一确定的公民、法人或者其他组织的资格、资质的行政许可
  C. 必要时国务院部门可采用发布决定的方式设定临时性行政许可
  D. 省政府报国务院批准后可在本区域停止实施行政法规设定的有关经济事务的行政许可

答案(　　)①

【解析】 (1)因为地方性法规和省、自治区、直辖市人民政府规章,不得设定应当由国家统一确定的公民、法人或者其他组织的资格、资质的行政许可;不得设定企业或者其他组织的设立登记及其前置性行政许可,所以,A、B选项错误。

(2)必要时国务院可以采用发布决定的方式设定行政许可,而国务院部门没有行政许可的设定权,故C选项错误。

(3)中国幅员辽阔,各地经济社会发展极不均衡,如果在某些地方,能够通过市场调节等方式解决问题的,则没有必要通过许可的方式对公民和企业的经济活动予以干预,于是,《行政许可法》创制了"停止实施行政许可"制度,赋予省级政府在行政许可领域的灵活处理权,具体构成要件包括:第一,实体条件:①该许可由行政法规设定;②属于"有关经济事务的行政许可",主要指企业或其他组织从事生产经营活动、提供服务以及相关活动的行政许可;③该许可在省级行政区域根据其经济和社会发展情况通过《行政许可法》第13条规定的自主决定、市场调节、行业自律、事后监管等方式解决的。第二,程序条件:省级政府经国务院批准后决定。D选项实体和程序条件均满足,属于可以停止实施的情况,所以,D选项正确,不当选。

【设题陷阱与常见错误分析】 本题C选项会有不少同学因为审题不够仔细而出错,在许可的设定上,国务院可采用发布决定的方式设定临时性行政许可,但国务院的部门不可以,国务院下属的农业部、教育部等部门并没有任何的行政许可的设定权,哪怕是临时性许可的设定权都没有,它们只具有细化上位法规定的具体规定权。D选项出错的同学是对"停止实施许可"的制度较为陌生,但这个制度再次考查的可能性很高,考生务必重点关注。

二、行政许可的实施
1. 执法为民是社会主义法治的本质要求,行政机关和公务员在行政执法中应当自觉践行。下列哪些做法直接体现了执法为民理念?(2012-2-76,多)
  A. 行政机关将行政许可申请书格式文本的费用由2元降为1元
  B. 行政机关安排工作人员主动为前来办事的人员提供咨询
  C. 工商局要求所属机构提高办事效率,将原20工作日办结事项减至15工作日办结

参考答案:①ABC

D. 某区设立办事大厅,要求相关执法部门进驻并设立办事窗口

答案( )①

【解析】本题是一道将行政法基本原则中的高效便民和行政许可制度综合考查的题目,但难度不大。高效便民原则具体包括两个方面的要求:(1)行政效率,即行政机关应当积极、迅速、及时地履行其职责、实现其职能,严守时限规定,并不断降低行政成本;(2)便利当事人,即行政机关应当尽可能减少当事人的程序性负担,节约当事人的办事成本。表面上看来A、B、C、D选项都体现了"高效"或"为民"的要求,但当同学们选择A、B、C、D选项为答案时,一定要慎之又慎,因为行政法多选和不定项中,A、B、C、D选项同时为答案的题目很少,A项中的收费事实上是个陷阱,行政机关提供行政许可申请书格式文本,不得收费。从2元降为1元似乎减少了收费,减轻了人民的负担,但实际上就是1元也是不应当收的,故A选项错误。

【设题陷阱与常见错误分析】本题主要错误集中于A选项,有考生对收费的细节记忆不牢固,甚至有些同学都不知道收费问题是命题人每年必考的细节内容,上考场后无法形成条件反射般的敏感性,故而出错。

【归纳总结】行政法中的收费问题

不收费	许可申请格式文本
	行政许可的实施和监督不得收费,但法律、行政法规另有规定除外
	听证
	行政强制措施
	行政复议程序
	国家赔偿程序
可收费	政府信息公开(成本费)
	行政强制执行(合理费用)
	行政诉讼受案费
	复议鉴定

2. 关于行政许可程序,下列哪一选项是正确的?(2006-2-48,单)

A. 对依法不属于某行政机关职权范围内的行政许可申请,行政机关作出不予受理决定,应向当事人出具加盖该机关专用印章和注明日期的书面凭证

B. 行政许可听证均为依当事人申请的听证,行政机关不能主动进行听证

C. 行政机关作出的准予行政许可决定,除涉及国家秘密的,均应一律公开

D. 所有的行政许可适用范围均没有地域限制,在全国范围内有效

答案( )②

【解析】(1)行政许可是典型的要式行政行为,行政法中从申请到决定的各个环节均需要以书面的形式,行政机关受理或者不予受理行政许可申请,应当出具加盖本行政机关专用印章和注明日期的书面凭证,故A项正确。

参考答案:①BCD ②A

(2) 行政许可制度既会涉及重大私人利益,所以,可以根据当事人申请启动听证程序;也会有涉及公共利益的重大行政许可事项,此时,行政机关应当主动启动听证程序,当向社会公告,并举行听证。故B项错误。

(3) 行政机关作出的准予行政许可决定,除涉及国家秘密的不公开外,涉及商业秘密或个人隐私的,也不应当公开,故C项表达绝对化,不正确。

(4) 由法律和行政法规设定的行政许可,原则上在全国范围内有效;但是,也可以将许可的效力限制在一定区域范围内。例如,对考试成绩达到放宽合格线、未过统一合格线的司法考试C证效力范围只限于C证放宽区域。同时,地方性法规、省级政府规章所设定的行政许可,要受地域限制的,只能在地方性法规和地方规章适用范围内有效。故选项D错误。

3. 根据行政许可法的规定,下列有关行政许可的审查和决定的哪一种说法是正确的?(2005-2-46,单)

A. 对行政许可申请人提交的申请材料的审查,均应由行政机关两名以上工作人员进行
B. 行政机关作出准予行政许可决定和不予行政许可决定,均应采用书面形式
C. 行政机关作出准予行政许可决定后,均应向申请人颁发加盖本行政机关印章的行政许可证件
D. 所有的行政许可均在全国范围内有效

答案(①)

【解析】(1) 行政许可只有在需要对实质内容核实时,才应当由2名以上工作人员进行,但如果只是审核材料是否齐全的形式审查,只需要1人就可以了。故A项错误。

(2) 行政许可是典型的要式行政行为,行政法中从申请到决定的各个环节均需要以书面的形式,所以,行政机关作出准予行政许可决定和不予行政许可决定,均应采取书面形式,故B项正确。

(3) 行政机关作出准予许可决定后,并不是都要向申请人颁发行政许可证件,有些许可类型在准予许可后,加盖印章或加贴标签即可,比如,在猪皮身上加盖蓝色的印章即可。故C项错误。

(4) 由法律和行政法规设定的行政许可,原则上在全国范围内有效;但是,也可以将许可的效力限制在一定区域范围内。同时,地方性法规、省级政府规章所设定的行政许可,其效力范围局限在本地,而非全国一律有效。所以,D选项错误。

【归纳总结】在行政法中,人数为两人的三类情形有:实质审查2个人,调取证据2个人,委托代理人1~2人。

4. 刘某向卫生局申请在小区设立个体诊所,卫生局受理申请。小区居民陈某等人提出,诊所的医疗废物会造成环境污染,要求卫生局不予批准。对此,下列哪一选项符合《行政许可法》规定?(2010-2-43,单)

A. 刘某既可以书面也可以口头申请设立个体诊所
B. 卫生局受理刘某申请后,应当向其出具加盖本机关专用印章和注明日期的书面凭证
C. 如陈某等人提出听证要求,卫生局同意并听证的,组织听证的费用应由陈某承担
D. 如卫生局拒绝刘某申请,原则上应作出书面决定,必要时口头告知即可

答案(②)

【解析】(1) 许可法中无口头的方式,在申请和决定环节中,均需要以书面的方式,所以,A、D项错误,而B项严格遵照了法律要求,正确。法律之所以要求受理或不受理均应当出具加盖本行政机

参考答案:①B ②B

关专用印章和注明日期的书面凭证,是为了保护当事人权利,第一,书面凭证,当事人可以凭之向法院起诉;第二,盖章以证明文书的真实性和公信力;第三,加盖日期,用于证明行政许可(作为或不作为)的期限应当从何时开始计算,同时,便于计算行政诉讼和复议的起诉期。

(2)申请人、利害关系人不承担行政机关组织听证的费用。因此,组织听证的费用应当由行政机关承担,陈某作为利害关系人不承担组织听证的费用,故C项错误。综上,本题答案为B。

【归纳与总结】行政法口头问题

行政处罚	只有对在现场发现的违法行为人,可以口头传唤,其余行为均需以书面形式
行政许可	无口头
行政强制	无口头
信息公开	可以口头申请
行政复议	可以口头申请,公民可以口头委托代理人
诉讼	可以口头起诉;公民因被限制人身自由无法起诉,可以口头委托代理人;法院可以口头作出回避决定;情况紧急提审或指令再审,可以口头
国家赔偿	可以口头申请;可以口头申请回避
诉讼、国赔回避申请	可以口头

5. 关于行政许可实施程序的听证规定,下列说法正确的是:(2011-2-99,任)

A. 行政机关应在举行听证7日前将时间、地点通知申请人、利害关系人
B. 行政机关可视情况决定是否公开举行听证
C. 申请人、利害关系人对听证主持人可以依照规定提出回避申请
D. 举办听证的行政机关应当制作笔录,听证笔录应当交听证参与人确认无误后签字或者盖章

答案(　　)①

【解析】(1)许可听证的基本程序过程是:①申请人、利害关系人,应当在被告知听证权利之日起5日内提出听证申请;②行政机关收到申请后,应当在20日内组织听证;③行政机关应当于举行听证的7日前将举行听证的时间、地点通知申请人、利害关系人,必要时还需公告。记忆法是三个数字5207的谐音"我爱你,老婆!"所以,A项正确。

(2)行政许可的实施和结果,除涉及国家秘密、商业秘密或者个人隐私的外,应当公开。由此可见公开是原则,不公开是例外,而且,是否公开取决于法定理由(是否涉及国家秘密、商业秘密或者个人隐私),而不是行政机关自由裁量,所以,B选项错误。

(3)行政机关应当指定审查该行政许可申请的工作人员以外的人员为听证主持人,申请人、利害关系人认为主持人与该行政许可事项有直接利害关系的,有权申请回避,这是法律常识,C选项正确。

(4)行政许可听证应当制作笔录,听证笔录应当交听证参加人确认无误后签字或者盖章。D项正确。综上,本题答案为ACD。

【设题陷阱与常见错误分析】本题出现的错误主要集中于选项B与D。对选项B的错误判断源于"视情况决定"是否公开听证的理解上,《行政许可法》的听证公开,行政机关并没有裁量权,而选项B中的"视情况决定"是否公开听证的说法,显然将决定权视为行政机关的自由选择权,是错误的。

参考答案:①ACD

对选项 D 的错误判断,源于"听证参与人"的说法,一些考生基于诉讼法的"诉讼参与人"与"诉讼参加人"的严格区分,认为行政许可亦应作出区别,然而目前行政许可法对此二者并无清晰界分。在行政法中,即使诉讼部分也从未在诉讼参加人、参与人等内容上进行精细化区分考查,所以,千万不要用民诉思维去思考行政法的有些考点。

6. 关于公告,下列哪些选项是正确的?(2009-2-90,多)

A. 行政机关认为需要听证的涉及公共利益的重大许可事项应当向社会公告

B. 行政许可直接涉及申请人与他人之间重大利益关系的,申请人、利害关系人提出听证申请的,行政机关应当予以公告

C. 行政机关在其法定权限范围内,依法律委托其他行政机关实施行政许可,对受委托行政机关和受委托实施许可的内容应予以公告

D. 被许可人以欺骗、贿赂等不正当手段取得行政许可,行政机关予以撤销的,应当向社会公告

答案(）①

【解析】(1)行政机关认为需要听证的其他涉及公共利益的重大行政许可事项,行政机关应当向社会公告,并举行听证。之所以规定公告的方式,是因为涉及公共利益,人数众多而且范围不确定,只能以主动公告的方式启动听证。故 A 项正确。除此以外,对时间、地点的通知,也因为同样的理由,所以法律规定行政机关应当于举行听证的 7 日前将举行听证的时间、地点通知申请人、利害关系人,必要时予以公告。

(2)与涉及公共利益的主动听证不同,直接涉及申请人与他人之间重大利益关系的依申请听证的人数往往不多,而且范围确定,完全可以用个别通知的方式告知当事人听证的申请权,不需要用公告的方式告知。

(3)行政机关在其法定职权范围内,可以委托其他行政机关实施行政许可。委托机关应当将受委托行政机关和受委托实施行政许可的内容予以公告。比如,烟草局将烟草专卖许可证的权力委托给工商局,取得委托权的工商局也可以对外发放烟草专卖零售许可证,但如果不提前公告,申请人怎么会知道烟草专卖零售许可证竟然可以向工商局申请呢?所以,C 选项正确。

(4)对于被许可人以欺骗、贿赂等不正当手段取得行政许可,行政机关予以撤销的,法律并没有要求公告,故 D 项错误。背后的法理是,行政处罚、撤销、不予许可等负担性行政行为,如果将行为内容予以公告,那么"公告"本身会给当事人增加新的负担,违反过罚相当的理念。比如,小白嫖娼,公安局送达拘留15日的处罚决定,该处罚决定送达当事人本人并执行拘留即可,但如果将处罚决定公告,拿着大喇叭在小白楼下喊,那么公告本身就可能会对当事人带来"二次伤害",甚至有可能公告带来的伤害比拘留处罚本身还要严重。

【归纳总结】行政法中公告问题

公务员	录用公务员,应当发布招考公告。
具体行政行为	具体行政行为依法通过公告形式告知受送达人的,自公告规定的期限届满之日起计算。

参考答案:①AC

行政许可	委托机关应当将受委托行政机关和受委托实施行政许可的内容予以公告。
	涉及公共利益的重大行政许可事项,行政机关应当向社会公告,并举行听证。
	行政机关应当于举行听证的七日前将举行听证的时间、地点通知申请人、利害关系人,必要时予以公告。
行政强制	对违法的建筑物、构筑物、设施等需要强制拆除的,应当由行政机关予以公告,限期当事人自行拆除。
行政诉讼	法院对被告经传票传唤无正当理由拒不到庭,或者未经法庭许可中途退庭的,可以将被告拒不到庭或者中途退庭的情况予以公告。
	行政机关拒绝履行判决、裁定、调解书的,第一审人民法院可以将行政机关拒绝履行的情况予以公告。
国家赔偿	赔偿委员会决定公开质证的,应当在质证三日前公告案由、赔偿请求人和赔偿义务机关的名称,以及质证的时间、地点。

7. 某公司准备在某市郊区建一座化工厂,向某市规划局、土地管理局、环境保护局和建设局等职能部门申请有关证照。下列哪些说法是正确的?(2005-2-88,多)

A. 某公司应当对其申请材料实质内容的真实性负责

B. 某市人民政府应当组织上述四个职能部门联合为某公司办理手续

C. 拟建化工厂附近居民对核发该项目许可证照享有听证权利

D. 如果某公司的申请符合条件,某市人民政府相关职能部门应在45个工作日内为其办结全部证照

答案(　　)①

【解析】(1)申请人申请行政许可,应当如实向行政机关提交有关材料和反映真实情况,并对其申请材料实质内容的真实性负责。故A项正确。

(2)行政许可由地方政府两个以上部门分别实施的,该级政府可以确定一个部门受理许可申请,并转告有关部门分别提出意见后统一办理,或者组织有关部门联合办理、集中办理。但某市政府"可以"组织有关部门联合办理,而非"应当",故B项错误。

(3)因为化工厂属于可能造成周边环境严重污染的项目,作为相邻权人的周边居民依法对该项目许可证享有听证权利,故C项正确。

(4)行政许可采取统一办理或者联合办理、集中办理的,办理的时间不得超过45日;45日内不能办结的,经本级人民政府负责人批准,可以延长15日,并应当将延长期限的理由告知申请人。如果政府采取统一办理或者联合办理、集中办理的方式,决定期限为45日。但由于政府并非必须采取这样的方式,所以,不一定适用该法条规则,故D项错误。如果不适用联合办理、集中办理的方式,每个行政机关应当按照"20+10"的规则做出许可决定,自受理行政许可申请之日起20日内作出行政许可决定。20日内不能作出决定的,经本行政机关负责人批准,可以延长10日。

8.《执业医师法》规定,执业医师需依法取得卫生行政主管部门发放的执业医师资格,并经注册后方能执业。关于执业医师资格,下列哪些说法是正确的?(2016-2-78,多)

参考答案:①AC

A. 该资格属于直接关系人身健康,需按照技术规范通过检验、检测确定申请人条件的许可
B. 对《执业医师法》规定的取得资格的条件和要求,部门规章不得作出具体规定
C. 卫生行政主管部门组织执业医师资格考试,应公开举行
D. 卫生行政主管部门组织执业医师资格考试,不得组织强制性考前培训

答案(　　)①

【解析】(1)执业医师资格属于许可中的"认可",认可的对象是"人",核心在于判断某个人是否具备特殊信誉、特殊条件或者特殊技能等资格、资质的事项,以考试的程序做出许可决定,而需要检验检疫的许可类型为"核准",核准的对象为电梯、锅炉、生猪等"物",方式为检验、检测和检疫,所以,A选项错误,命题人使用了张冠李戴的命题技巧。

(2)部门规章没有行政许可的设定权,但它可以在上位法设定的行政许可事项范围内,对实施该行政许可作出具体规定,所以,B选项错误,考生在阅读题干时需要仔细甄别,题干使用措辞为设定还是具体规定。

(3)考试公开进行的目的在于保证考试的客观性和公正性、公平性,所以,C选项正确。

(4)许可法禁止组织强制性考前培训和强制购买指定教材,这主要是为了避免行政垄断的出现,同时也避免行政机关利用行政职权谋利的现象。D选项正确。

9. 2001年原信息产业部制定的《电信业务经营许可证管理办法》(简称《办法》)规定"经营许可证有效期届满,需要继续经营的,应提前90日,向原发证机关提出续办经营许可证的申请。",2003年9月1日获得增值电信业务许可证(有效期为5年)的甲公司,于2008年拟向原发证机关某省通信管理局提出续办经营许可证的申请。下列哪一选项是正确的?(2009-2-40,单)

A. 因《办法》为规章,所规定的延续许可证申请期限无效
B. 因《办法》在《行政许可法》制定前颁布,所规定的延续许可证申请期限无效
C. 如甲公司依法提出申请,某省通信管理局应在甲公司许可证有效期届满前作出是否准予延续的决定
D. 如甲公司依法提出申请,某省通信管理局在60日内不予答复的,视为拒绝延续

答案(　　)②

【解析】(1)《行政许可法》第50条第1款规定:"被许可人需要延续依法取得的行政许可的有效期的,应当在该行政许可有效期届满30日前向作出行政许可决定的行政机关提出申请。但是,法律、法规、规章另有规定的,依照其规定。"该《办法》的制定主体为信息产业部,性质为规章,规定延续行政许可申请期限是有效的。之所以允许"法律、法规、规章另有规定",是因为《行政许可法》是一般法,只能针对一般情形作出普遍性的规定,但许可涉及的地域范围很广,不同地域有不同情况,涉及的领域范围也很广,不同领域也会有不同情况。所以,在许可法中会出现大量的"但是"构成的除外条款,就是为了尊重特别情况。比如,电信业务经营许可证的延展涉及电信类较为复杂的技术问题,一般法的30天的审查期是不够的,所以,会尊重特别法《电信业务经营许可证管理办法》将期限延长为90天的选择。故A项错误。

(2)《办法》虽然在《行政许可法》制定前颁布,但是由于《行政许可法》承认了规章可以对行政许可的延续做出例外规定,而不论规章制定时间的早晚,因此,该项规定是有效的,故B项错误。

(3)行政机关应当根据被许可人的申请,在该行政许可有效期届满前作出是否准予延续的决定;逾

参考答案:①CD　②C

期未作决定的,视为准予延续。此处之所以是"视为延续",而非"视为拒绝",是因为许可的延续只是许可有效期的变化,不涉及许可内容的变化,当事人在第一次获得许可时已经证明其具备许可活动的实施条件,对于公共利益不构成侵害。在当事人按期提出申请之后,如果行政机关明确拒绝,那当事人自然不可以继续从事该许可活动。但如果行政机关不理不睬,此时,是行政机关的过错,不能把行政机关的过错转嫁到当事人头上,所以,法律在此作出了有利于当事人的善意推定。因此,C项说法正确,D项将逾期不做决定视为拒绝延续的说法是错误的。

【设题陷阱与常见错误分析】因为有些考生不熟悉许可法中在一般规定之外存在着大量的除外条款,所以简单套用"上位法优于下位法""新法优于旧法"的一般原理而错误地选择了A或者B选项。

【归纳总结】行政法的视为问题

公务员	解除处分后,晋升工资档次、级别和职务不再受原处分的影响。但是,解除降级、撤职处分的,不视为恢复原级别、原职务。
行政许可	行政机关应当根据被许可人的申请,在该行政许可有效期届满前作出是否准予延续的决定;逾期未作决定的,视为准予延续。
行政复议	1. 被申请人不提出书面答复、提交当初作出行政行为的证据、依据和其他有关材料的,视为该行政行为没有证据、依据,决定撤销该行政行为。
	2. 行政机关作出行政行为,依法应当向有关公民、法人或者其他组织送达法律文书而未送达的,视为该公民、法人或者其他组织不知道该行政行为。
	3. 无正当理由逾期不补正复议申请材料,视为申请人放弃行政复议申请。
行政诉讼	1. 行政机关在没有法律、法规或者规章规定的情况下,授权其内设机构、派出机构或者其他组织行使行政职权的,应当视为委托。
	2. 有下列情形之一的,可以视为"被告改变其所作的行政行为":(一)根据原告的请求依法履行法定职责;(二)采取相应的补救、补偿等措施;(三)在行政裁决案件中,书面认可原告与第三人达成的和解。
	3. 当事人委托诉讼代理人,被诉机关或者其他有义务协助的机关拒绝人民法院向被限制人身自由的公民核实的,视为委托成立。
	4. 被告不提供或者无正当理由逾期提供证据,视为没有相应证据。但是,被诉行政行为涉及第三人合法权益,第三人提供证据的除外。
	5. 原告或者第三人应当在开庭审理前或者人民法院指定的交换证据之日提供证据。因正当事由申请延期提供证据的,经人民法院准许,可以在法庭调查中提供。逾期提供证据的,视为放弃举证权利。
国家赔偿	1. 赔偿请求人、赔偿义务机关经通知无正当理由拒不参加质证或者未经许可中途退出质证的,视为放弃质证,赔偿委员会可以综合全案情况和对方意见认定案件事实。
	2. 赔偿请求人或者赔偿义务机关对对方主张的不利于自己的事实,既未表示承认也未否认,经审判员询问并释明法律后果后,其仍不作明确表示的,视为对该项事实的承认。
	3. 代理人超出代理权限范围的承认,参加质证的赔偿请求人、赔偿义务机关当场不作否认表示的,视为被代理人的承认。
	4. 赔偿请求人、赔偿义务机关经通知无正当理由拒不参加质证或者未经许可中途退出质证的,视为放弃质证。

国家赔偿	5. 有证据证明赔偿义务机关持有证据无正当理由拒不提供的,赔偿委员会可以就待证事实作出有利于赔偿请求人的推定。
	6. 按照国家规定的伤残等级确定公民为一级至四级伤残的,视为全部丧失劳动能力。
	7. 按照国家规定的伤残等级确定公民为五级至十级伤残的,视为部分丧失劳动能力。

三、行政许可的监督

1. 合法行政是行政法的重要原则。下列哪些做法违反了合法行政要求?(2013-2-76,多)

A. 某规章规定行政机关对行政许可事项进行监督时,不得妨碍被许可人正常的生产经营活动

B. 行政机关要求行政处罚听证申请人承担组织听证的费用

C. 行政机关将行政强制措施权委托给另一行政机关行使

D. 行政机关对行政许可事项进行监督时发现直接关系公共安全、人身健康的重要设备存在安全隐患,责令停止使用和立即改正

答案(①)

【解析】(1)行政机关实施监督检查,不得妨碍被许可人正常的生产经营活动,不得索取或者收受被许可人的财物,不得谋取其他利益。实际上,不得妨碍被许可人正常的生产经营活动仅从朴素的生活常理中也可以推断而出,本选项不会出错。A 选项的表述正确,本题为选非题,不选。(2)当事人不承担行政机关组织听证的费用。B 选项表述错误,应选。(3)行政强制措施权不得委托。C 选项表述错误,应选。(4)行政机关在监督检查时,发现直接关系公共安全、人身健康、生命财产安全的重要设备、设施存在安全隐患的,应当责令停止建造、安装和使用,并责令设计、建造、安装和使用单位立即改正。D 选项表述正确,不选。注意,对于设备安全隐患的改正为立即改正,而非限期改正。综上,本题为选非题,答案为 BC。

【归纳总结1】 行政许可在两个地方是绝对不允许收费的:一个是听证,一个是提供行政许可申请的格式文本。除此以外,行政机关实施行政许可和对许可事项进行监督检查,不得收取任何费用,但法律、行政法规另有规定的除外。只有法律、行政法规有权规定行政许可实施和监督检查的收费,部门规章、地方性法规、地方政府规章等均无权规定行政许可的收费。这主要是为了防止地方为了地方私利,部门为了部门私利,巧立名目混乱收费。

【归纳总结2】 行政处罚委托对象为事业组织,行政许可委托对象为行政机关,行政强制措施取消委托制度。《处罚法》1996 年制定,《许可法》2003 年制定,《强制法》2011 年制定,我们可以发现,随着立法年代的推进,控权越来越严格,委托的对象范围越来越窄,基本规律是从宽到窄,直至取消。

2. 食品药品监督管理局向一药店发放药品经营许可证。后接举报称,该药店存在大量非法出售处方药的行为,该局在调查中发现药店的药品经营许可证系提供虚假材料欺骗所得。关于对许可证的处理,该局下列哪一做法是正确的?(2015-2-47,单)

A. 撤回

B. 撤销

C. 吊销

D. 待有效期限届满后注销

答案(②)

参考答案:①BC ②B

【解析】（1）撤销许可与吊销许可的区别方式

撤销行政许可的原因在于该许可作出的过程存在某些违法行为，而这些违法行为的实施者既有可能是被许可人，也有可能是行政机关的工作人员。撤销许可是违法因素发生在许可获得过程中，或者说，许可行为本身是违法的，比如，工商局颁发的律师执照，或者颁发楼房建设许可证，行政机关没有征求相邻权的意见，许可程序违法。

吊销许可针对的是获得许可后的违法行为，许可行为本身不违法，当事人事后违法。比如，小新合法获得了律师执照后，在从事诉讼的过程中有伪造证据等违法行为，司法局应当吊销其律师执照。

（2）许可撤销与许可撤回的区别方式

许可撤销是因为许可行为自身违法，是从骨子里就具有坏基因。而撤回针对的是当事人本来合法获得的行政许可，被许可人许可的获得及事后实施行为并不违法，只是因为客观情况的变化，许可活动的存在基础丧失了，无法允许许可行为继续其效力，于是，将其效力废止。撤回与合同法当中的情势变更有异曲同工之妙。

（3）注销与其他行为的区别

在行政许可的效力消失，当事人无法继续从事行政机关准予的许可活动时，原发证机关需要办理注销手续。注销是一种程序性的行为，它是实体权利消灭后履行的后续程序。注销的本质就是一个动作"加盖注销章"或者"将许可证撕毁"，注销与其他三个行为的差异非常易于识别。在撤销、吊销、撤回后，均需要将许可证注销。

3. 某市安监局向甲公司发放《烟花爆竹生产企业安全生产许可证》后，发现甲公司所提交的申请材料系伪造。对于该许可证的处理，下列哪一选项是正确的？（2011-2-42，单）

A. 吊销　　　　B. 撤销　　　　C. 撤回　　　　D. 注销

答案（　①　）

【解析】 本题事实上和上题2015年47题是同一题目，详细理由可参见上题。根据《行政许可法》第69条的规定，被许可人以欺骗、贿赂等不正当手段取得行政许可的，应当予以撤销。所以，本题应该选B项。

4. 对下列哪些情形，行政机关应当办理行政许可的注销手续？（2008-2-87，多）

A. 张某取得律师执业证书后，发生交通事故成为植物人
B. 田某违法经营的网吧被吊销许可证
C. 李某依法向国土资源管理部门申请延续采矿许可，国土资源管理部门在规定期限内未予答复
D. 刘某通过行贿取得行政许可证后，被行政机关发现并撤销其许可

答案（　②　）

【解析】 在行政许可的效力消失，当事人无法继续从事行政机关准予的许可活动时，原发证机关需要办理注销手续。具体而言，有下列情形之一的，行政机关应当依法办理有关行政许可的注销手续：(1)行政许可有效期届满未延续的；(2)赋予公民特定资格的行政许可，该公民死亡或者丧失行为能力的；(3)法人或者其他组织依法终止的；(4)行政许可依法被撤销、撤回，或者行政许可证件依法被吊销的；(5)因不可抗力导致行政许可事项无法实施的。因此，A项属于丧失行为能力，此后应当注销，B项吊销许可、D项撤销许可，此后也应当办理注销手续，A、B、D项均正确。但在C选项中，国土资源管理部门在规定期限内未予答复，按照法律规定，应当视为准予延续。既然视为准予延续，说明当事人

参考答案：①B　②ABD

的实体权利并未灭失,不应注销。通俗地说,人家许可证还能用呢,你给人注销掉算什么事啊?

【设题陷阱与常见错误分析】 本题主要的错误点竟然是A选项,有考生认为植物人还有苏醒的可能性,所以,不应注销,这是电视剧看多了的表现,考场上命题人不可能会在知识点之外,在医学状态上设陷阱的,所以,应试时务必以常态思维去考虑问题。

5. 刘某参加考试并取得《医师资格证书》,后市卫生局查明刘某在报名时提供的系虚假材料,于是向刘某送达《行政许可证件撤销告知书》。刘某提出听证申请,被拒绝。市卫生局随后撤销了刘某的《医师资格证书》。下列哪些选项是正确的?(2007-2-81,多)

A. 市卫生局有权撤销《医师资格证书》
B. 撤销《医师资格证书》的行为应当履行听证程序
C. 市政府有权撤销《医师资格证书》
D. 市卫生局撤销《医师资格证书》后,应依照法定程序将其注销

答案(　　)①

【解析】(1)有权撤销的机关包括:第一,许可决定机关;第二,许可决定机关的上级行政机关;第三,法院;第四,被越权机关。市卫生局作为做出许可决定的机关,市政府作为其上级机关均有权撤销,故A和C项正确。

(2)考生应区别撤销与吊销,吊销的行为性质属于处罚,按照《行政处罚法》的规定,许可证吊销应当告知被处罚人有申请听证的权利,但撤销许可证并不属于行政处罚,法律并没有规定应当听证,故B项错误。

(3)许可被撤销后,当事人实体权利灭失,许可无法继续其效力,应当予以注销,D项正确。

6. 根据《行政许可法》的规定,下列哪些说法是正确的?(2005-2-86,多)

A. 某区动物检验局未按照法定标准收取许可费用,应当对其直接责任人以行政处分
B. 医生李某死亡,卫生行政主管部门应依法注销其医师资格
C. 某省公安厅对某高校教师出国护照的审批不适用《行政许可法》
D. 某企业通过贿赂手段取得的烟花爆竹生产许可证被撤销后,在1年之内不得再申请该项许可

答案(　　)②

【解析】(1)根据《行政许可法》第75条第1款的规定,行政机关实施行政许可,擅自收费或者不按照法定项目和标准收费的,由其上级行政机关或者监察机关责令退还非法收取的费用;对直接负责的主管人员和其他直接责任人员依法给予行政处分,故A项正确。事实上,在加强个人责任的立法背景下,公务员这样的违法违纪行为,一般均需要追求其责任,所以,该选项凭借法律常识也可以选择正确。

(2)赋予公民特定资格的行政许可,该公民死亡或者丧失行为能力,许可证不能用了,行政机关应当依法办理有关行政许可的注销手续,故B项正确。

(3)按照"内外看身份"的逻辑,所有中国公民出国均需办理出国护照,护照办理不需要有特别的内部身份,对护照的审批属于准予公民从事特定活动的行为,行为性质属于行政许可,自然应当适用《行政许可法》,故C项错误。但是,行政机关对其他机关或者对其直接管理的事业单位的人事、财务、外事等事项的审批,比如,行政机关年度财政预算需要财政部门批复后,才可以执行,批复对象为行政机关,行为性质是内部行为;又如,教育部对中国政法大学举办大型国际法学研讨会的审批,也属于内

参考答案:①ACD　②AB

部行为,不属于行政许可,不适用《行政许可法》。

(4)本题中,某企业通过贿赂手段取得烟花爆竹生产许可证,且烟花爆竹属于危害公共安全的危险产品,该企业在3年之内不得再申请该项许可,而不是"1年"。故D项错误。但如果在审查过程中就发现申请人隐瞒有关情况或提供虚假材料,也就是申请人"未遂"的,应当禁止1年申请该许可。既遂3年禁止,未遂1年禁止。

第七章 行政处罚

命题规律

本章重者恒重的规律体现得较为明显,大部分考题依然以纯粹记忆性的知识点为主,比如简易程序的适用范围、听证程序的适用范围和治安管理处罚的调查程序等,命题人在《行政处罚法》中青睐的理解性考点有:行政处罚的惩戒性、一事不再罚、处罚的追溯时效等。从命题规律来判断,命题人会加大行政处罚基本概念的考查,考生应重点掌握行政处罚与行政强制、行政征收等其他负担性行政行为的区别、行政处罚的种类。

真题分布情况

行政处罚的概念和种类		2016-4-7,2016-2-81,2015-4-6,2014-2-79,2012-2-84
行政处罚的设定		2013-2-48,2011-2-41
行政处罚实施主体		2016-2-80,2016-2-45
行政处罚实施程序	一般程序	2011-2-81,2011-2-48
	听证程序	2015-2-77,2014-2-79,2014-4-7,2013-2-46,2013-2-76,2010-2-83
	简易程序	2016-2-45,2012-2-48,2012-2-84
	治安罚调取证据手段	2015-2-48,2014-2-79,2012-2-47
行政处罚执行		2013-2-46,2012-2-47

一、行政处罚含义与种类

1. 经甲公司申请,市建设局给其颁发建设工程规划许可证。后该局在复核中发现甲公司在申请时报送的企业法人营业执照已经超过有效期,遂依据《行政许可法》规定,撤销该公司的规划许可证,并予以注销。甲公司不服,向法院提起诉讼。市建设局撤销甲公司规划许可证的行为属于下列哪一类别?(2009-2-41,单)

  A. 行政处罚 B. 行政强制措施 C. 行政行为的撤销 D. 行政检查

  答案(①)

参考答案:①C

【解析】 行政处罚区别于其他的负担性行政行为的主要标志是行政处罚的惩戒性。惩戒性包含两个要素：第一个是目的是惩戒，第二个是实现惩戒的目的的方式是给当事人增加负担。撤销属于独立的具体行政行为的类型，并不是处罚，是因为该许可证从一开始就不该属于当事人，行政机关只是拿走了一个并不合法属于当事人的许可证，所以，并没有给当事人增加任何新的负担。与此相反的是，吊销许可证的性质属于行政处罚，比如，律师小新因为伪造证据而被吊销了律师执照，此时，行政机关拿走了一个本来合法属于当事人的许可证，有为当事人增加新的负担。同理，撤回、注销也是独立的具体行政行为，不属于行政处罚。故 A 错误。

行政强制措施是指行政主体在实施行政管理的过程中，为了制止违法行为或者在紧急、危险等情况下，依法对公民人身自由进行暂时性限制，或者对公民、法人或其他组织的财产实施暂时性控制的措施。本案中撤销规划许可证是一种已经确定下来的权利义务安排，不属于暂时性的控制，故不属于这种情况，故 B 项错误。行政检查是行政执法的一种形式，是行政主体依法对行政相对人是否守法的事实作单方强制了解的行政行为。该行政行为不属于行政检查，故 D 项错误。

【设题陷阱与常见错误分析】 本题错误率较高，很多同学认为许可证的撤销属于行政处罚，错误原因有二：一则同学并没有将撤销和吊销区别清楚；二则同学存在思维误区，认为具体行政行为只有行政处罚、许可和强制，但实际上具体行政行为有数十种，撤销、注销和撤回等均属于独立类型的具体行政行为。

2. 下列哪一行为属于行政处罚？（2010 - 2 - 44，单）
A. 公安交管局暂扣违章驾车张某的驾驶执照 6 个月
B. 工商局对一企业有效期届满未申请延续的营业执照予以注销
C. 卫生局对流行性传染病患者强制隔离
D. 食品药品监督局责令某食品生产者召回其已上市销售的不符合食品安全标准的食品

答案（　　①　　）

【解析】 （1）行政处罚的种类包括：①警告；②罚款；③没收违法所得、没收非法财物；④责令停产停业；⑤暂扣或者吊销许可证、暂扣或者吊销执照；⑥行政拘留；⑦法律、行政法规规定的其他行政处罚。本选项就属于其中的第⑤项暂扣或者吊销许可证、暂扣或者吊销执照。张某违章驾车，公安交管局暂扣其驾驶执照限制了他驾驶车辆的能力和资格，因此属于行政处罚。A 选项正确。

（2）在实体上已经消灭后的程序性的手段，注销本身并没有剥夺当事人实体权利，所以，注销的行为性质就是"注销"，不属于行政处罚。本选项也可以从其他角度理解，处罚的前提是当事人违反行政管理秩序，而企业有效期届满未申请延续营业执照，这并不是一种违法行为，自然不需要用处罚的形式予以惩戒。B 选项错误。

（3）流行性传染病的患者并没有违法行为，而且强制隔离也是为了预防传染病疫情的扩散，不具有制裁性，因此不属于行政处罚，其行为性质属于行政强制措施。C 选项错误。

（4）责令召回本身只是让生产者自我纠错，防止发生危害，责令限期改正的行为性质属于行政强制措施，其核心在于恢复正常状态，性质更偏于教育和纠正功能，而没有惩罚的惩戒性，因此也不是行政处罚。命题人认为责令召回、责令改正、责令产品下架之类的行为属于行政强制措施。对此，《行政处罚法》第 23 条明确规定："行政机关实施行政处罚时，应当责令当事人改正或者限期改正违法行为。"从法条中我们也可以看出，责令改正本身并不是一种行政处罚。

参考答案：①A

【归纳总结】 责令类行政行为中,命题人认为只有责令停产停业、责令外国人限期离境和责令限期拆除违法建筑物属于行政处罚,其他类型的责令,比如责令下架、责令改正和责令赔偿等均属于行政强制措施。

二、行政处罚的设定与具体规定

关于部门规章的权限,下列哪一说法是正确的?(2013-2-48,单)

A. 尚未制定法律、行政法规,对违反管理秩序的行为,可以设定暂扣许可证的行政处罚
B. 尚未制定法律、行政法规,且属于规章制定部门职权的,可以设定扣押财物的行政强制措施
C. 可以在上位法设定的行政许可事项范围内,对实施该许可作出具体规定
D. 可以设定除限制人身自由以外的行政处罚

答案(①)

【解析】 规章可以设定警告或者一定数量罚款的行政处罚,但不能设定暂扣许可证和拘留的处罚。因此,A、D 选项错误。法律、法规以外的其他规范性文件不得设定行政强制措施。可知,规章不能设定行政强制措施。B 项错误。规章可以在上位法设定的行政许可事项范围内,对实施该行政许可作出具体规定。C 项正确。考生在考场上一定要具体区别"设定"和"具体规定",设定是在尚未制定上位法的情况下,某法律文件"从无到有"地首创某项行政管理措施;而"具体规定"是"从粗到细",下位法对上位法的内容加以具体规范。本题 A、B、D 项讲的是从无到有的"设定",法律对设定的要求自然会高,而 C 选项讲的是"具体规定",法律对其要求就有所降低,只要在具体规定时不抵触上位法即可。

三、行政处罚的实施主体

1. 关于行政处罚和行政许可行为,下列哪些说法是不正确的?(2004-2-75,多)

A. 行政处罚和行政许可的设定机关均应定期对其设定的行政处罚和行政许可进行评价
B. 法律、法规授权的具有管理公共事务职能的组织,可依授权行使行政处罚权和行政许可权
C. 行政机关委托实施行政处罚和行政许可的组织应当是依法成立的管理公共事务的事业组织
D. 行政机关依法举行听证的,应当根据听证笔录作出行政处罚决定和行政许可决定

答案(②)

【解析】 (1)定期评价,又称为立法后评估,是指在法律生效后,对于法律继续存在的必要性、可行性等问题进行评价,根据评价结果决定是否修改或废止法律。2003 年制定的《行政许可法》和 2011 年制定的《行政强制法》规定了立法后评估制度。但 1996 年制定的《行政处罚法》中并没有类似的规定,因为 1996 年中国尚处于无法可依的状态,立法者对于法律只有"立"的意识,没有"废改释"的意识。故 A 项错误。

(2)具有管理公共事务职能的非行政主体,都可以通过法律、法规授权的方式,获得处罚权和许可权,成为行政主体,在法定授权范围内,以自己的名义开展行政活动。两部法律在法律、法规授权组织方面的规定是相同的,故 B 项正确。

(3)"委托"制度就是找帮手,但不同法律对于委托对象的要求是不同的,处罚委托的对象应当是事业组织,而行政许可中的被委托组织必须是其他行政机关。两者的范围截然不同,故 C 项错误。

(4)行政机关依法举行听证的,是否应当根据听证笔录作出行政决定,处罚法和许可法的规定是不同的。1996 年《行政处罚法》通过时立法尚未成熟,以为有了听证会就万事大吉了,没有规定必须根据听证笔录作出处罚,结果导致处罚听证会成了走过场。2003 年《行政许可法》制定的时候,立法技术成

参考答案:①C ②ACD

熟了,就加入了听证笔录的案卷排他原则,只能用而且必须用听证笔录里记载的内容作为行政决定的依据,如果是在听证会之外新发现的证据,那就不能用。因为处罚法没有规定听证笔录的效力,故D项错误。

【设题陷阱与常见错误分析】 考生因平时学习中未能细节对比行政处罚与行政许可的制度规定而出错。

2. 关于一个行政机关行使有关行政机关的行政许可权和行政处罚权的安排,下列哪些说法是正确?(2016－2－80,多)

A. 涉及行政处罚的,由国务院或者经国务院授权的省、自治区、直辖市政府决定
B. 涉及行政许可的,由经国务院批准的省、自治区、直辖市政府决定
C. 限制人身自由的行政处罚只能由公安机关行使,不得交由其他行政机关行使
D. 由公安机关行使的行政许可,不得交由其他行政机关行使

答案(　　①　　)

【解析】 本题的考点是行政处罚权和行政许可权的集中行使。行政权的集中行使,就是将原来分散于多个行政机关手里的行政决定权收归一个行政机关行使,实现了权力的集中和转移;原来的机关就此失去有关行政决定权,这些机关如果再实施行政行为,就是无效的。由于权力集中到一个机关身上,形成权力巨无霸,所以,规则上对于集中给予了一定的限制。第一,主体上的限制:只有国务院或经国务院授权的省级政府,可以决定由一个行政机关使多个行政机关的处罚权;许可集中的决定者是省政府,但省政府决定后,程序上还应当经过国务院的批准。第二,权限上的限制:限制人身自由的行政处罚权,以及海关、国税、金融、外汇管理等国家垂直领导部门的行政处罚权不可以被集中实施。许可制度未规定权限上的限制。

【归纳总结】 行政行为实施主体对比表

实施主体	行政处罚	行政许可	行政强制措施
行政机关实施	行政机关	行政机关	行政机关
被授权组织实施	1. 权利来源:法律、法规 2. 授权后果:被授权主体获得行政主体资格 3. 授权对象:无行政权能组织	1. 权利来源:法律、法规 2. 授权后果:被授权主体获得行政主体资格 3. 授权对象:无行政权能组织	1. 权利来源:法律、行政法规 2. 授权后果:被授权主体获得行政主体资格 3. 授权对象:无行政权能组织
被委托机关实施	1. 委托后果:受托对象无独立行政主体资格 2. 受托对象:事业组织	1. 委托后果:受托对象无独立行政主体资格 2. 受托对象:行政机关	禁止委托
集中实施	1. **国务院**或经国务院授权的**省级政府**可以决定一个机关行使有关机关的处罚权 2. 国家垂直领导机关的处罚权和限制人身自由的行政处罚权不得被集中	**经国务院批准,省级政府**可以决定一个行政机关行使有关行政机关的行政许可权	行使相对集中行政处罚权的行政机关,可以实施法律、法规规定的与行政处罚权有关的行政强制措施权

参考答案:①ABC

四、行政处罚实施程序

1. 甲公司将承建的建筑工程承包给无特种作业操作资格证书的邓某,邓某在操作时引发事故。某省建设厅作出暂扣甲公司安全生产许可证3个月的决定,市安全监督管理局对甲公司罚款3万元。甲公司对市安全监督管理局罚款不服,向法院起诉。下列哪些选项是正确的?(2009-2-85,多)

A. 如甲公司对某省建设厅的决定也不服,向同一法院起诉的,法院可以决定合并审理
B. 市安全监督管理局不能适用简易程序作出罚款3万元的决定
C. 某省建设厅作出暂扣安全生产许可证决定前,应为甲公司组织听证
D. 因市安全监督管理局的罚款决定违反一事不再罚要求,法院应判决撤销

答案(　　)①

【解析】(1)2014年修改后的《行政诉讼法》规定,当事人一方或者双方为二人以上,因同一行政行为发生的行政案件,或者因同类行政行为发生的行政案件、人民法院认为可以合并审理并经当事人同意的,为共同诉讼。本题中,某省建设厅暂扣甲公司安全生产许可证3个月,市安全生产监督管理局对甲的罚款即属于"两个以上行政机关分别依据不同的法律、法规对同一事实作出具体行政行为",如果甲公司向同一法院起诉并经过当事人同意,法院可以合并审理。在2009年的法律条文中没有要求合并审理"经当事人同意"的要件,所以当年答案是A选项是正确的,但严格按照修改后的《行政诉讼法》,A选项遗漏了条件,故而错误,不当选。

(2)对公民处50元以下,对法人或组织处1000元以下罚款或者警告可以适用简易程序。故B项正确。另外,《治安管理处罚法》的适用条件是"一清二白":第一,事实清楚;第二,200元以下罚款。

(3)行政机关作出责令停产停业、吊销许可证或者执照、较大数额罚款等行政处罚决定之前,应当告知当事人有要求举行听证的权利;当事人要求听证的,行政机关应当组织听证。《行政处罚法》规定听证的三个事项为:吊这个大款,"吊"为吊销许可证,"这"是责令停产停业的"责"的谐音,"大款"为较大数量的罚款。本题中,某省建设厅作出的是暂扣安全生产许可证,而不是吊销许可证,不属于需要进行听证的范围。故C项错误。

(4)所谓一事不再罚,是指对当事人的同一个违法行为,不得给予两次以上罚款的行政处罚。只要是当事人的一个违法行为,不管是触犯了一个法律规范,还是触犯了多个法律规范;不管是同一个机关,还是多个行政机关,罚款只能罚一次。本题中,只有一个罚款,而另外一个处罚是暂扣许可证,并没有违反一事不再罚,但如果再次罚款则构成违法。故D项错误。

【设题陷阱与常见错误分析】A选项在旧法背景下并没有陷阱点,在2014年《行政诉讼法》修改后,考生会因为遗漏条件而出错。B选项考生出错只是因为必背细节没有良好记忆。C选项考生出错说明没有对听证条件实现精准记忆,未能区分清楚吊销许可证与暂扣许可证。D选项错误是因为有部分考生对于"一事不再罚"的知识点理解存在偏差。

2. 对下列哪些拟作出的决定,行政机关应告知当事人有权要求听证?(2015-2-77,多)

A. 税务局扣押不缴纳税款的某企业价值200万元的商品
B. 交通局吊销某运输公司的道路运输经营许可证
C. 规划局发放的建设用地规划许可证,直接涉及申请人与附近居民之间的重大利益关系
D. 公安局处以张某行政拘留10天的处罚

答案(　　)②

参考答案:①司法部答案AB,《行政诉讼法》修改后,答案为B　②BC

【解析】常见的行政执法手段涉及听证制度的法条有三处:第一,《行政处罚法》第42条规定:"行政机关作出责令停产停业、吊销许可证或者执照、较大数额罚款等行政处罚决定之前,应当告知当事人有要求举行听证的权利;当事人要求听证的,行政机关应当组织听证。"据此,B选项属于应当听证的范围,应选。第二,《治安管理处罚法》第98条规定:"公安机关作出吊销许可证以及处二千元以上罚款的治安管理处罚决定前,应当告知违反治安管理行为人有权要求举行听证;违反治安管理行为人要求听证的,公安机关应当及时依法举行听证。"据此,拘留并非法定应当听证的范围,D选项不应选。第三,《行政许可法》第47条第1款规定:"行政许可直接涉及申请人与他人之间重大利益关系的,行政机关在作出行政许可决定前,应当告知申请人、利害关系人享有要求听证的权利;申请人、利害关系人在被告知听证权利之日起5日内提出听证申请的,行政机关应当在20日内组织听证。"对于涉及利害关系人利益关系的行政许可行为,行政机关应当告知其听证的权利,所以,C项正确。《行政强制法》并没有规定行政强制措施或行政强制执行的听证制度,所以,A选项不应选。

【归纳与总结】行政行为听证程序总结

行为类型	启动方式	听证范围
行政处罚	依申请	一般罚:吊责大款(吊销许可证、责令停产停业、较大数量罚款) 治安罚:吊销许可证、2000元以下罚款
行政许可	依申请/依职权	涉及申请人与他人之间重大利益关系;涉及公共利益的重大行政许可事项
强制措施	无听证程序	
强制执行	无听证程序	
行政复议	依申请/依职权	重大、复杂的案件

3. 1997年5月,万达公司凭借一份虚假验资报告在某省工商局办理了增资的变更登记,此后连续4年通过了工商局的年检。2001年7月,工商局以办理变更登记时提供虚假验资报告为由对万达公司作出罚款1万元,责令提交真实验资报告的行政处罚决定。2002年4月,工商局又作出撤销公司变更登记,恢复到变更前状态的决定。2004年6月,工商局又就同一问题作出吊销营业执照的行政处罚决定。关于工商局的行为,下列哪一种说法是正确的?(2004-2-44,单)

A. 2001年7月工商局的处罚决定违反了行政处罚法关于时效的规定

B. 2002年4月工商局的处罚决定违反了一事不再罚原则

C. 2004年6月工商局的处罚决定是对前两次处罚决定的补充和修改,属于合法的行政行为

D. 对于万达公司拒绝纠正自己违法行为的情形,工商局可以违法行为处于持续状态为由作出处罚

答案(　　)①

【解析】(1)依据《行政处罚法》的规定:"违法行为在2年内未被发现的,不再给予行政处罚。法律另有规定的除外。前款规定的期限,从违法行为发生之日起计算;违法行为有连续或者继续状态的,从行为终了之日起计算。"本题中,处罚的违法行为是"提供虚假验资报告",该行为发生在1997年5月,"此后连续4年通过了工商局的年检"是否意味着该违法行为有连续呢?答案是"不是",连续和

参考答案:①A

继续是行为的本身在连续或继续,违法行为一直没有终止,而并非指违法行为所导致的违法后果的持续。比如,小新偷了一把刀,拿了三年,小新一直拿着刀,说明结果一直持续着,什么时候计算起点呢? 3年前偷的时候。本题目也是同样的道理,万达公司"提供虚假验资报告"的行为事实上已经在1997年5月后终止了,而事后的年检只是违法行为后果的延续而已,所以,到2001年7月,违法行为已经超过了处罚时效,不应再对其"提供虚假验资报告"的违法行为进行处罚,否则就违反了《行政处罚法》关于时效的规定。故而A项正确,D项错误。

(2)工商局在2002年4月的撤销变更登记,不具有行政处罚的惩戒性,其行为性质不是行政处罚,所以自然不会违反一事不再罚的原则,故B项错误。

(3)由于工商局在2002年4月的撤销变更登记的行为不是行政处罚,在2004年6月工商局的处罚决定作出前就不存在"两次"处罚,2004年6月的行为不是对前"两"次处罚的补充和修改,故C项错误。

4. 关于行政处罚和刑罚的折抵,下列说法正确的是:(2004-2-98,任)
A. 行政拘留可以折抵拘役
B. 行政拘留可以折抵有期徒刑
C. 没收违法所得可以折抵没收财产
D. 罚款可以折抵罚金

答案(　　)①

【解析】行政拘留依法折抵相应有期徒刑和拘役,罚款折抵相应罚金。故A、B、D项正确。但作为刑罚的没收财产,没收财产的性质没有特定,行政处罚中的没收违法所得和没收非法财物,对象都是特定财产,性质不同,不能相互折抵,C项错误。

五、治安管理处罚

1. 某县公安局接到有人在薛某住所嫖娼的电话举报,遂派员前往检查。警察到达举报现场,敲门未开,破门入室,只见薛某一人。薛某拒绝在检查笔录上签字,警察在笔录上注明这一情况。薛某认为检查行为违法,提起行政诉讼。下列哪些选项是正确的? (2009-2-88,多)
A. 某县公安局应当对电话举报进行登记
B. 警察对薛某住所进行检查时不得少于二人
C. 警察对薛某住所进行检查时应当出示工作证件和县级以上政府公安机关开具的检查证明文件
D. 因薛某未在警察制作的检查笔录上签字,该笔录在行政诉讼中不具有证据效力

答案(　　)②

【解析】(1)公安机关对报案、控告、举报或者违反治安管理行为人主动投案,以及其他行政主管部门、司法机关移送的违反治安管理案件,应当及时受理,并进行登记。A项正确。

(2)检查时,原则上应当"2个人,2个证",2个人是指检查时警察不得少于2人,B项正确,2个证是指原则上应当出示工作证件和县级以上公安机关开具的检查证明文件。当然,例外时对确有必要立即进行检查的,人民警察经出示工作证件,可以当场检查。还有个例外的例外,情况再紧急,如果检查的是公民住所的话,必须出示县级以上公安机关开具的检查证明。原则上"2人2证",例外时"2人1证",例外的例外(检查住宅)必须"2人2证"。C项正确。

(3)现场笔录为执法现场的如实记录,最大特点是要原汁原味地还原现场,现场怎么样,就在笔录

参考答案:①ABD　②ABC

里面怎么写。所以,执法人员在现场,就还原现场,签名;被执法人员拒绝签名,现场笔录就还原现场,如实记录其不签名的情况。因此,薛某不签字并不必然导致检查笔录没有效力。D项错误。

【归纳总结】 行政法中调取证据2个人,实质审查2个人,委托代理人1~2个人。

2. 公安局以田某等人哄抢一货车上的财物为由,对田某处以15日行政拘留处罚,田某不服,申请复议。下列哪一说法是正确的?(2015-2-48,多)

A. 田某的行为构成扰乱公共秩序
B. 公安局对田某哄抢的财物应予以登记
C. 公安局对田某传唤后询问查证不得超过12小时
D. 田某申请复议的期限为6个月

答案(　　)①

【解析】(1)田某哄抢货车上的财物的行为属于侵犯公民个人财产权的行为,不会对公共秩序产生必然性的、直接性的影响,所以,不属于扰乱公共秩序的行为。A选项错误。

(2)哄抢的财物属于被侵害人的财物,公安机关无权扣押,但是为了方便以后核实证据,应当依法予以登记。B项正确。

(3)对违反治安管理的行为人,公安机关传唤后应当及时询问查证,询问查证的时间不得超过8小时;情况复杂,依照本法规定可能适用行政拘留处罚的,询问查证的时间不得超过24小时。本题中对田某做出的是行政拘留,按照法律规定,询问查证最长不得超过24小时。所以,C选项错误。

(4)对于不服拘留申请行政复议的期限应当为60日,而非6个月,6个月是行政诉讼的起诉期。所以,D选项错误。

3. 某公安局以刘某引诱他人吸食毒品为由对其处以15日拘留,并处3000元罚款的处罚。刘某不服,向法院提起行政诉讼。下列哪些说法是正确的?(2014-2-79,多)

A. 公安局在作出处罚决定前传唤刘某询问查证,询问查证时间最长不得超过24小时
B. 对刘某的处罚不应当适用听证程序
C. 如刘某为外国人,可以附加适用限期出境
D. 刘某向法院起诉的期限为3个月

答案(　　)②

【解析】(1)本案中,公安局拟对刘某拘留15日,询问最长时间不得超过24个小时。A项正确。

(2)公安机关作出吊销许可证以及2000元以上罚款的处罚决定前,应当告知违法行为人有权申请听证,经行为人申请的应及时举行听证。如果公安局仅仅作出拘留处罚,的确不应听证,因为虽然拘留是侵害性最强的行政行为,但根据特殊的中国国情,拘留未在应当听证的范围之列。至此似乎B选项是正确的,但考生阅读题干一定要仔细,千万不可草率作出判断,本案中,公安局除了对刘某拘留15日,同时还要并处罚款3000元,拘留可以不听证,但2000元以上的罚款则"应当听证"。所以,B项错误,不选。

(3)对违反治安管理的外国人,可以附加适用限期出境或者驱逐出境。C项正确,当选。这里要注意,责令限期出境或驱逐出境的三个细节:第一,行为性质是行政处罚;第二,对象为外国人;第三,附加性罚,不能独立适用,必须和其他的处罚配合起来。

参考答案:①B　②司法部答案ACD,《行政诉讼法》修改后答案为AC

(4)行政诉讼的起诉期是应当自知道或者应当知道作出行政行为之日起6个月内提出。法律另有规定的除外。D项错误。本题答案在旧《行政诉讼法》时期为D选项,新《行政诉讼法》将起诉期延长为6个月,D项在新法中不正确。所以,当年司法部答案为A、C、D项,新法答案为A、C项。

4. 经传唤调查,某区公安分局以散布谣言、谎报险情为由,决定对孙某处以10日行政拘留,并处500元罚款。下列哪一选项是正确的?(2012-2-47,单)

A. 传唤孙某时,某区公安分局应当将传唤的原因和依据告知孙某
B. 传唤后对孙某的询问查证时间不得超过48小时
C. 孙某对处罚决定不服申请行政复议,应向市公安局申请
D. 如孙某对处罚决定不服直接起诉的,应暂缓执行行政拘留的处罚决定

答案(①)

【解析】(1)依据法律规定,公安机关应当将传唤的原因和依据告知被传唤人。故A选项正确。

(2)可能适用行政拘留处罚的,询问查证的时间不得超过24小时,而非48小时。

(3)原则上,复议机关是复议被申请人的上一级行政机关,区公安分局的行政行为当事人既可以向上一级业务主管部门(市公安局)申请复议,也可以向本级人民政府(区政府)申请复议,C选项的表述遗漏了区政府,所以C选项是错误的。

(4)暂缓拘留需要同时满足以下条件:①当事人已申请行政复议或提起行政诉讼;②当事人主动申请;③公安机关认为暂缓执行不致发生社会危险;④被处罚人或其近亲属提出符合条件的担保人,或按每日拘留200元的标准交纳保证金。D选项缺少暂缓执行治安处罚的②③④条件,不应暂缓,D选项错误。

【技术流】对于本选项,考生从正当程序的一般原理也应当推断出,程序正当原则要求做出行为时要说明理由并听取陈述、申辩,如果不在传唤时告知传唤原因和依据,怎么可能听取其意见呢?程序正当的子原则公共参与要求决定前、中、后各环节均要让民众有参与的机会,决定前的参与体现为告知,决定中的参与体现为听取意见,决定后的参与体现为说明理由。对于A选项这样的选项"告知依据""说明理由""听取意见"和"告知家属"等,一般都是正确的,考生用基本的猜题技巧都可猜出答案。

5. 因关某以刻划方式损坏国家保护的文物,公安分局决定对其作出拘留10日,罚款500元的处罚。关某申请复议,并向该局提出申请、交纳保证金后,该局决定暂缓执行拘留决定。下列哪一说法是正确的?(2013-2-46,单)

A. 关某的行为属于妨害公共安全的行为
B. 公安分局应告知关某有权要求举行听证
C. 复议机关只能是公安分局的上一级公安机关
D. 如复议机关撤销对关某的处罚,公安分局应当及时将收取的保证金退还关某

答案(②)

【解析】(1)从常识也可以推断出,损坏国家保护的文物,并不会对公共安全产生影响,A项

参考答案:①A ②D

63

错误。

(2)公安机关作出拘留处罚并不是必须依照当事人的申请进行听证。B项错误。

(3)公安分局的行政行为当事人既可以向上一级业务主管部门申请复议,也可以向本级人民政府申请复议,C选项的表述过于绝对,所以C选项是错误的。

(4)暂缓拘留需要有保证人或者保证金,以保证金的方式获得暂缓的,如果行政拘留的处罚决定被撤销,或者行政拘留处罚开始执行的,公安机关收取的保证金应当及时退还交纳人。

行政拘留决定被撤销,当事人不需要被拘留,保证金也自然失去其存在的意义了,自然应返还。

6. 某区公安分局以沈某收购赃物为由,拟对沈某处以1000元罚款。该分局向沈某送达了听证告知书,告知其可以在3日内提出听证申请,沈某遂提出听证要求。次日,该分局在未进行听证的情况下向沈某送达1000元罚款决定。沈某申请复议。下列哪些说法是正确的?(2011-2-81,多)

A. 该分局在作出决定前,应告知沈某处罚的事实、理由和依据
B. 沈某申请复议的期限为60日
C. 该分局不进行听证并不违法
D. 该罚款决定违法

答案(   )①

【解析】(1)违反治安管理行为人提出的事实、理由或者证据成立的,公安机关应当采纳。公安机关不得因违反治安管理行为人的陈述、申辩而加重处罚。因此,A选项符合法律规定,是正确的。即使从正当程序原则角度推导,本选项也不会选错。

(2)行政复议的申请期是在自知道该具体行政行为之日起60日内;但是法律规定的申请期限超过60日的除外。同时,《治安管理处罚法》没有对复议申请期的特别规定,所以,B选项的60日符合法律要求,是正确的。

(3)C选项错误。《治安管理处罚法》第98条规定:"公安机关作出吊销许可证以及处2000元以上罚款的治安管理处罚决定前,应当告知违反治安管理行为人有权要求举行听证;违反治安管理行为人要求听证的,公安机关应当及时依法举行听证。"一般认为,2000元以上的治安管理罚款才适用听证程序,本题只有1000元的罚款似乎不应该听证。但本题中公安分局向相对人送达了听证告知书,相对人据此产生了信赖利益,在此情况下行政机关没有进行听证是违法的。行政法中的合法分为形式合法和实质合法,实质合法的"法"指的是广义的法,既包括实体法,也包括程序法;既包括法律、法规和其他具有普遍约束力的规范性文件,也包括法的基本原则和精神。该分局不进行听证违背了实质法治的要求,故C选项错误。本选项有一定的难度,考生要注意理解行政活动必须遵守信赖保护这项实质法治的要求,信赖利益保护指的是行政机关的规定或者决定一旦做出,就不能轻易更改,如果确因国家利益、公共利益的需要而必须改变它们时,除了必须有充分的法律依据并遵循法定程序之外,还应当给予权益受损的人一定补偿。

(4)行政机关在没有听取陈述申辩的情况下就作出了罚款决定,其行为是违背法律规定的。故D选项正确。

【设题陷阱与常见错误分析】考生较为熟悉法定的听证范围和要求。但命题人认为,当事人的听证权并非仅基于法律规定或法律授予,也可以基于行政机关的承诺。在本题中,考生很容易只考虑到法定听证权,而忽视了当事人听证权的其他来源。从而错误地认为选项C正确,选项D错误。

参考答案:①ABD

7. 公安局认定朱某嫖娼,对其拘留15日并处罚款5000元。关于此案,下列哪些说法是正确的? (2010-2-83,多)

A. 对朱某的处罚决定书应载明处罚的执行方式和期限
B. 如朱某要求听证,公安局应当及时依法举行听证
C. 朱某有权陈述和申辩,公安局必须充分听取朱某的意见
D. 如朱某对拘留和罚款处罚不服起诉,该案应由公安局所在地的法院管辖

答案( )①

【解析】(1)对朱某的处罚决定书应载明处罚的执行方式和期限的说法正确,如果没有载明执行方式和期限,当事人就无法知道如何执行、何时执行,不利于催促当事人及时、妥当地履行行政处罚为其设定的义务。

(2)拘留虽然不属于应当听证的范围,但对朱某的罚款为5000元,属于听证的范围。因此,B项正确。

(3)违反治安管理的行为人有权陈述和申辩,公安机关必须充分听取违反治安管理行为人的意见,对违反治安管理行为人提出的事实、理由和证据,应当进行复核;违反治安管理行为人提出的事实、理由或者证据成立的,公安机关应当采纳。因此,C项正确。

(4)行政机关基于同一事实既对人身又对财产实施行政处罚或者采取行政强制措施的,被限制人身自由的公民、被扣押或者没收财产的公民、法人或者其他组织对上述行为均不服的,既可以向被告所在地人民法院提起诉讼,也可以向原告所在地人民法院提起诉讼,受诉人民法院可一并管辖。也就是我们在管辖部分所讲述的"关了的人,诉关了的行为,原告所在地和被告所在地的法院均有管辖权",本题当事人是被限制人身自由的人,诉讼请求中有限制人身自由请求,因此,朱某所在地法院和公安局所在地的法院均有管辖权,D项的说法不正确。

综上,本题答案为ABC。

8. 李某多次发送淫秽短信、干扰他人正常生活,公安机关经调查拟对李某作出行政拘留10日的处罚。关于此处罚决定,下列哪一做法是适当的? (2016-2-45,单)

A. 由公安派出所作出
B. 依当场处罚程序作出
C. 应及时通知李某的家属
D. 紧急情况下可以口头方式作出

答案( )②

【解析】《治安管理处罚法》对派出所的法定授权范围是500元以下罚款和警告(记忆法:伍佰真有派),不包括行政拘留,故A选项错误;公安机关能够当场作出的处罚,也就是简易程序,限于200元以下的罚款和警告(记忆法:一清二白),B选项错误;行政拘留限制了被处罚人的人身自由,因此应当及时通知他的家属,否则家属在家人失踪后会心生惶恐,出于人道主义的常识,考生也能够猜出C选项正确;在《行政处罚法》和《治安管理处罚法》中,行政机关除传唤可以口头外,其他的行政行为均为书面形式。

参考答案:①ABC ②C

【归纳与总结】 行政法口头问题总结

行政处罚	只有在对现场发现的违法行为人,可以口头传唤,其余行为均需以书面形式
行政许可	无口头
行政强制	无口头
信息公开	可以口头申请
行政复议	可以口头申请,公民可以口头委托代理人
诉讼	可以口头起诉;公民因被限制人身自由无法起诉,可以口头委托代理人;法院可以口头作出回避决定;情况紧急提审或指令再审,可以口头
国家赔偿	可以口头申请;可以口头申请回避
诉讼、国赔回避申请	可以口头

9. 2006 年 5 月 2 日,吴某到某县郊区旅社住宿,拒不出示身份证件,与旅社工作人员争吵并强行住入该旅社。该郊区派出所以扰乱公共秩序为由,决定对吴某处以 300 元罚款。下列哪些说法是正确的?(2006 - 2 - 82,多)

A. 派出所可以自己的名义作出该处罚决定
B. 派出所可以当场作出该处罚决定
C. 公安机关应当将此决定书副本抄送郊区旅社
D. 吴某对该罚款决定不服,应当先申请复议才能提起行政诉讼

答案(①)

【解析】(1)公安派出所有权做出警告、500 元以下的罚款,A 项正确。

(2)违反治安管理行为事实清楚,证据确凿,处警告或者 200 元以下罚款的,可以当场作出治安管理处罚决定,B 项错误。

(3)有被侵害人的,公安机关应当将决定书副本抄送被侵害人。本案中,郊区旅社为被侵害人,C 项正确。法律之所以规定应当抄送受害人,因为受害人是行政处罚的利害关系人,如果其对于处罚决定认为处罚得过轻,是有权提起行政诉讼的,但如果没有告知当事人,当事人如何起诉呢?

(4)《治安管理处罚法》规定,被处罚人对治安管理处罚决定不服的,可以依法申请行政复议或者提起行政诉讼。也就是说,治安管理处罚案件为诉讼复议自由选择案件,而不是复议前置的案件,D 项错误。

【技术流】B 选项中的"当场",以及与其类似的"直接"和"口头"这样的字眼,是修饰限定词,一般出现了这样的词眼,背后必然会考查相应的知识点,否则直接说派出所可以处罚就足够了,干吗非要加上"当场"呢?所以,这样的小词眼必然有用,考生应特别关注。

10. 李某自 1997 年 4 月起开始非法制造、贩卖匕首,至次年 1 月停止。1998 年 8 月公安机关根据举报发现了李某的违法行为。下列哪一种说法是正确的?(2003 - 2 - 26,单)

A. 对李某违法行为的追究时效应从 1997 年 4 月起算
B. 公安机关不应对李某予以处罚
C. 李某系主动停止违法行为,可以从轻处罚

参考答案:①AC

D. 若李某配合查处违法行为,应当减轻处罚

答案( )①

【解析】 行政处罚中存在追溯时效制度,违反治安管理行为在6个月内公安机关没有发现的,不再处罚。但追溯时效6个月的计算起点是什么时候呢?法律规定为从违反治安管理行为发生之日起计算,违反治安管理行为有连续或者继续状态的,从行为终了之日起计算。连续状态是指在一个时间段内反复地做某个独立的违法行为,比如,小新周一嫖娼、周二也嫖、周三还嫖、周四接着嫖,但是周五没钱了没嫖。因为行为处于连续状态,我们从法律技术上便将周一到周四的嫖娼行为视作一个整体,不管其第一次发生于何时,而只看行为停止下来在何时,周四不嫖了就会成为追溯时效的计算起点。本题中,李某的违法行为自1997年4月持续至次年1月,其追究时效应从1998年1月起算,A项错误。1998年8月公安机关根据举报才发现了李某的违法行为,所以李某的行为已经超过6个月的追溯时效,公安机关不应对李某予以处罚,故B项正确。既然都不应当处罚了,那哪儿来的从轻、减轻之说呢?所以C、D项均错误,不选。

【技术流1】 如果本题中没有A选项提示"处罚时效"的考查,可能很多同学无法意识到本题考查该知识点,同学们题目做不对,有一个原因就是见到选项无法及时反应出题目考查的知识点,这时候就需要掌握一些技术流提示自己。比如,本题中题干出现了"年月日",必然有用。今后在题目中,出现年月日时,考生要多想想相关的知识点,最常考的是"处罚时效""起诉期"和"复议期"这三个内容。

【技术流2】 本题有同学选错,是按照一般处罚时效2年的规定,认为1998年8月并没有超过2年的时间,但事实上,本题应该执行特别法《治安管理处罚法》6个月的处罚时效。我们该如何判断用一般法《行政处罚法》,还是用特别法《治安管理处罚法》答题呢?应试技巧为"见到公安、警察、派出所用《治安管理处罚法》"。

11. 李某与张某因工作产生矛盾。自2006年11月至2007年1月期间,李某不断向张某发送手机短信,对张某进行人身攻击,但张某考虑到自己的干部身份未向公安机关报案。2007年10月8日上午,李某醉酒后将张某打成轻微伤,张某随即向公安机关报案,并要求公安机关对李某以前的短信辱骂行为一并处罚。下列哪一选项是正确的?(2008延-2-44,单)

A. 公安机关到现场后即应对李某采取保护性约束措施,但不得超过24小时
B. 公安机关无法当场向李某宣告处罚决定书的,应在2日内送达李某
C. 公安机关对张某的询问笔录应交给张某核对,张某确认无误后应签名,并由询问的警察在笔录上签名,公安机关加盖印章
D. 公安机关对李某用短信辱骂张某和伤害张某的行为,应分别作出处罚决定,合并执行

答案( )②

【解析】 (1)醉酒的人在醉酒状态中,对本人有危险或者对他人的人身、财产或者公共安全有威胁的,应当对其采取保护性措施约束至酒醒。可见,公安机关到现场后即应对李某采取保护性约束

参考答案:①B ②B

措施。但是，法律要求保护性约束性措施实施至醉酒的人酒醒，并未限定时间，这一点要和传唤区别开来，传唤后询问查证时间原则上为8小时，可能适用拘留的24小时，A项错误。

(2)公安机关应当向被处罚人宣告治安管理处罚决定书，并当场交付被处罚人；无法当场向被处罚人宣告的，应当在2日内送达被处罚人，B项正确。

(3)被询问人确认笔录无误后，应当签名或者盖章，询问的人民警察也应当在笔录上签名。因此，询问笔录无须公安机关加盖印章，C项错误。

(4)有两种以上违反治安管理行为的，分别决定，合并执行。D项表面上看似正确，但是，本题还有一个隐藏考点——处罚时效。李某用短信辱骂张某的行为是连续状态，也就是在一个时间段之内反复地从事同一个违法行为，那么，处罚时效计算的起点不是行为开始时，而是当事人停止违法活动时，比如，在本例子中，当事人辱骂行为开始于2006年11月，截止于2007年1月，对于该行为的追溯时效应当从2007年1月开始，如果在此后的6个月内，未发现当事人的违法行为，则不应处罚。公安机关发现于2007年10月，已经超过追究时效，对该行为已经不能进行处罚。既然辱骂行为不应处罚，那么怎么可能会和打人行为的处罚分别决定、合并执行呢？所以，D项错误。

第八章 行政强制

命题规律

《行政强制法》于2011年正式通过,2012年才发生法律效力,所以,行政强制部分的真题数量相对较少,本章重者恒重的规律体现得较为明显,重点考点有三个知识群:第一,行政强制措施和强制执行的区别、行政强制措施和行政处罚的区别;第二,行政强制执行的实施程序每年均有设题,真题重复考查比例较高,主要包括现场笔录、执法人数、扣押决定书和清单的交付方式、扣押货物的保管制度等内容,命题人连续在2015年和2016年在强制措施听证问题上设置陷阱,但事实上强制措施没有规定听证制度;第三,行政强制执行难度很大,但考查力度较小,主要掌握强制执行的主体、代履行和执行罚制度,而对于一些难点,比如非诉执行的内容命题人并未有设题。从命题规律来判断,命题人会加大行政强制措施基本概念的考查。

真题分布情况

行政强制措施和强制执行的概念及区别	2016-4-7,2016-2-46,2016-2-81,2013-2-43,2013-2-97,2012-2-99,2010-2-46
行政强制措施的种类	2011-2-44
行政强制措施的主体	2014-2-47,2013-2-76,2012-2-80
行政强制措施的程序	2016-2-82,2015-2-78,2014-2-47,2013-2-80,2012-2-80,2012-4-6,2011-2-44
强制执行的主体	2012-2-48,2011-2-48
执行罚	2013-2-81,2012-2-48
代履行	2014-2-81

一、行政强制措施和行政强制执行的基本概念

1. 某县公安局开展整治非法改装机动车的专项行动,向社会发布通知:禁止改装机动车,发现非法改装机动车的,除依法暂扣行驶证、驾驶证6个月外,机动车所有人须到指定场所学习交通法规5日并出具自行恢复原貌的书面保证,不自行恢复的予以强制恢复。某县公安局依此通知查处10辆机动车,要求其所有人到指定场所学习交通法规5日并出具自行恢复原貌的书面保证。下列哪一说法是正确的?(2014-2-45,单)

A. 通知为具体行政行为
B. 要求10名机动车所有人学习交通法规5日的行为为行政指导
C. 通知所指的暂扣行驶证、驾驶证6个月为行政处罚
D. 通知所指的强制恢复为行政强制措施

答案(　　)①

【解析】(1)县公安局发布的通知针对的是不特定的对象作出的,不属于具体行政行为,属于抽象行政行为。A项错误。

(2)行政指导最大的特点是"柔性",行政机关通过对行政相对人采取鼓励、建议、倡导、劝告等非强制的方式,诱导相对人配合以达到行政管理的目的。本案中,要求学习交通法规具有强制性,不属于行政指导。B项错误。

(3)暂扣行驶证、驾驶证6个月属于对违法行为人的制裁和惩戒,性质上属于行政处罚中的行为罚,剥夺或者限制违法行为人从事某种行为的能力或资格。行政强制措施和处罚的区别也是一大难点,比如暂扣行为既可以是强制措施,也可以是行政处罚,怎么区分呢?第一,核心看目的。是调取证据之类的目的,还是惩戒的目的?要辨别目的为何,大家要仔细揣摩命题人的表达,如果命题人表达的是某工厂生产违禁物品,行政机关暂扣其营业执照,说明违法行为已经核实,这是在进行惩戒,行为性质为处罚,但如果命题人的表达是,行政机关以涉嫌非法销售汽车为由扣押某公司5辆汽车,说明还没有确定,只是核实证据,那就是行政强制措施。第二,看行为期限。如果是行政处罚的话,时间必须是确定的,即行为作出时就确定明确的处罚期限,而行政强制措施以控制与预防的目的实现为期限,行为作出时无法明确固定的时间,比如强制约束醉汉,等到他酒醒了,就解除强制,不可能在强制之时就明确规定强制约束多久时间。本题"暂扣6个月"的说法,也说明了其行为性质属于行政处罚。C项正确。

(4)行政强制措施和行政强制执行具有以下区别:第一,目的因素,行政强制措施的特征主要在于其具有预防性,预防一个不好的结果发生。本案中违法结果已经发生,即已经非法改装机动车,从目的来看不属于强制措施。第二,行政强制措施没有基础决定,行政强制执行有基础决定。也就是说,行政强制执行是当事人不履行行政机关为其设定义务的行政行为(基础决定),然后才来动用强力的;而行政强制措施直接动用强力。本题中,"出具自行恢复原貌的书面保证,不自行恢复的予以强制恢复",可见,强制恢复是以书面保证为基础决定,是在实现书面保证所设定的义务,所以,行为性质是强制执行。本题中D项错误。

【设题陷阱与常见错误分析】本题考核的重点是考生对不同类别的行政行为,特别是不同类别的具体行政行为的性质的理解及其具体判断运用,这属于命题人每年考试的出题重点,如果本题做错,说明基础知识掌握欠佳。

【技术流】对暂扣和扣押的命题规律是,如果行为被称作暂扣许可证,其性质一般是行政处罚,如果行为被称作扣押(扣留)许可证,其性质是行政强制措施。另外,明确期限的是行政处罚,不明确期限的是强制措施。

2. 李某长期吸毒,多次自费戒毒均未成功。某公安局在一次检查中发现后,将李某送至强制隔离

参考答案:①C

戒毒所进行强制隔离戒毒。强制隔离戒毒属于下列哪一性质的行为？（2013-2-43,单）（2013-2-43,单）

A. 行政处罚
B. 行政强制措施
C. 行政强制执行
D. 行政许可

答案（　　）①

【解析】本题中是直接上来就实施强制，并没有基础决定，它的行为性质不可能是行政强制执行。另外从目的来看，本案中李某虽然有违法行为，但强制隔离并非出于惩戒的目的，而是为了帮助李某戒毒，矫正其违法行为。而且，如果是行政处罚的话，处罚时间必须是确定的，即限制人身自由的当时就确定明确的制裁期限，比如拘留15日。但在本案中，强制隔离戒毒时并未确定明确的期限，说明是一种临时性的措施，毒瘾戒除之时，就是释放之日，早戒除，早释放。由此可见，强制戒毒的性质也不可能是行政处罚。

3. 市林业局接到关于孙某毁林采矿的举报，遂致函当地县政府，要求调查。县政府召开专题会议形成会议纪要：由县林业局、矿产资源管理局与安监局负责调查处理。经调查并与孙某沟通，三部门形成处理意见：要求孙某合法开采，如发现有毁林或安全事故，将依法查处。再次接到举报后，三部门共同发出责令孙某立即停止违法开采，对被破坏的生态进行整治的通知。责令孙某立即停止违法开采的性质是：(2013-2-97,任)

A. 行政处罚
B. 行政强制措施
C. 行政征收
D. 行政强制执行

答案（　　）②

【解析】该行政行为是行政处罚、行政强制措施，还是行政强制执行呢？第一，该行为没有基础决定，直接上来就采用强制手段，所以，不可能是行政强制执行。第二，责令停止违法开采是强制措施还是行政处罚呢？区分强制措施和处罚的核心在于目的不同和阶段不同（详细参见2014年第45题的解析），本题中三部门共同发出责令孙某立即停止违法开采的行为内容是"停止违法开采"，明显带有制止孙某的违法行为的制止性，而不是制裁性，从目的上判断该行为应当属于行政强制措施。该行为带有预防性和制止性，更符合行政强制措施的特性。A、C、D项错误。

【归纳总结】行政法中的责令类行政行为，有三个是行政处罚，其余的一般为行政强制措施，是行政处罚的责令包括责令停产停业、责令限期拆除违法建筑物、责令外国人限期离境。

4. 某交通局在检查中发现张某所驾驶货车无道路运输证，遂扣留了张某驾驶证和车载货物，要求张某缴纳罚款1万元。张某拒绝缴纳，交通局将车载货物拍卖抵缴罚款。下列说法正确的是？（2012-2-99,任）

A. 扣留驾驶证的行为为行政强制措施
B. 扣留车载货物的行为为行政强制措施
C. 拍卖车载货物的行为为行政强制措施

参考答案：①B　②B

D. 拍卖车载货物的行为为行政强制执行

答案(①)

【解析】区分强制措施和强制执行可以借助以下方法：

第一，行政法中的行为顺序往往是"行政强制措施→行政处罚→强制执行"，借助出现的位置，也有助于区分行为性质。考生像做填空题一样，就可以判断出行为性质。扣留许可证和货物属于行政强制措施，罚款属于行政处罚，拍卖属于强制执行。

行政行为流程图

第二，从目的上来看，扣留驾驶证防止无证驾驶导致的危险，符合强制措施的特点，同时，题目中的扣留并没有规定明确的期限，属于暂时性的强制措施，和行政处罚中的暂扣许可证不同，后者是在认定违法之后，在一个明确期限内剥夺当事人的资格。拍卖车载货物的目的是实现罚款为其所确定的义务，属于行政强制执行。

【设题陷阱与常见错误分析】有考生错误认为，扣留驾驶证的行为为行政处罚，这是混淆行政强制措施与行政处罚的表现，对此，命题人给出的答案是：这一"错误表现在两个方面：一是混淆了行政处罚与行政强制措施。行政处罚本质特征在于其制裁性，它是针对违反行政法律规范但尚不够刑事处罚的行为的制裁，是行政机关作出的最终处理，本题中的扣留驾驶证并不是最终处理。同时，本题中的扣留不同于《行政处罚法》中的'暂扣或吊销许可证、执照'，即使用语相同，也要分析行为的本质性质。二是造成扣留驾驶证与扣留车载货物性质认定的不一致。扣留驾驶证与扣留车载货物是交通局同时采取的措施，二者目的一样。"还有部分考生认为行政机关所扣货物与违法活动无关，行政机关不应扣留，但本题干中只问"是什么"，并没有问"好不好"，不要将两个逻辑层次混淆起来。

5. 某区城管局以甲摆摊卖"麻辣烫"影响环境为由，将其从事经营的小推车等物品扣押。在实施扣押过程中，城管执法人员李某将甲打伤。对此，下列哪一说法是正确的？（2010-2-46，单）

A. 扣押甲物品的行为，属于行政强制执行措施

B. 李某殴打甲的行为，属于事实行为

C. 因甲被打伤，扣押甲物品的行为违法

D. 甲被打伤的损失，应由李某个人赔偿

答案(②)

【解析】（1）扣押之前，行政机关并没有作出基础决定，所以扣押是为了调取证据而采取的调查性的行政强制措施，而不属于强制执行。A选项错误。需要特别提示的是，《行政强制法》于2011年通过，本题为2010年真题，所以，A选项中的"行政强制执行措施"的措辞使用不精确，《行政强制法》的标准表达是"行政强制执行"。

（2）本题题干中有两个行为分别是：扣押和打人。打人的行为性质属于事实行为，打人等暴力侵权行为之所以被归类为事实行为，是因为行政机关作为一个整体，从其机关意志的角度不可能具有"打人"的目的，由于"打人"欠缺了处分性的主观层次，该行为只能被归类为事实行为。故B项正确。

参考答案：①ABD ②B

(3) 扣押物品的行为和打人的行为是两个不同的行为,前者属于行政强制措施,后者是事实行为。因此,打人违法并不能推导出扣押行为违法,故 C 项错误。

(4) 城管执法人员李某将甲打伤是在履行公职过程中发生的,属于履行职务的行为,应当由国家承担赔偿责任,李某的人格被他所属的城管局吸收。故 D 项错误。

> 【技术流】一般情况下,在履行公职中发生的行为,一般可推定为职务行为,除非题目中明确透露出实施致害行为的主要原因在于公务员私人的因素。

6. 下列哪一行政行为不属于行政强制措施?(2016 - 2 - 46,单)
  A. 审计局封存转移会计凭证的被审计单位的有关资料
  B. 公安交通执法大队暂扣酒后驾车的贾某机动车驾驶证 6 个月
  C. 税务局扣押某企业价值相当于应纳税款的商品
  D. 公安机关对醉酒的王某采取约束性措施至酒醒

答案(　　)①

【解析】行政强制措施,是为了制止违法行为、防止证据损毁、避免危害发生、控制危险扩大等情形而采取的。强制措施的目的有两类:第一类目的是维护行政秩序,将"场面控制住",对违法行为予以当场制止,避免危险发生和控制危险扩大,是一种面向未来的具有预防性的行为。本题中,A 选项封存行为的目的在于后续审计行为的顺畅进行,C 选项扣押行为的目的在于防止当事人转移财物,有利于后续行政决定的执行,D 选项约束行为的目的在于防止醉酒的王某对自身或者他人造成危险,A、C、D 三个选项的行为从目的上完全符合行政强制措施制止与预防的特点,因此上述三个行为均属于行政强制措施。第二类目的是防止证据损毁灭失,实现证据的固定与保存。在《治安管理处罚法》中,就有为了保存证据而采取的强制措施,例如强制检查、强制传唤和强制扣押等,在《行政处罚法》中也有"证据登记保存"的强制措施。

B 选项暂扣驾驶证 6 个月为行政处罚,是确定当事人违法后对当事人的一种制裁,行为性质属于行政处罚,同时,该行为明确了 6 个月的期限,符合处罚明确性的特点,强制措施在作出时往往不会告知行为期限,只要目的实现了,强制措施自然会解除。

7. 下列哪些行政行为不属于行政处罚?(2016 - 2 - 81,多)
  A. 质监局对甲企业涉嫌冒用他人商品识别代码的产品予以先行登记保存
  B. 食品药品监管局责令乙企业召回已上市销售的不符合药品安全标准的药品
  C. 环保局对排污超标的丙企业作出责令停产 6 个月的决定
  D. 工商局责令销售不合格产品的丁企业支付消费者 3 倍赔偿金

答案(　　)②

【解析】(1)A 选项中的先行登记保存是在证据可能灭失或以后难以取得的情况下,由行政机关作出的保全类行政强制措施,A 选项应选。

(2)责令类的行政行为有三个是行政处罚,其余的一般为行政强制措施,是行政处罚的责令包括责令停产停业、责令限期拆除违法建筑物、责令外国人限期离境。所以,B、D 选项不是行政处罚,C 选项属于行政处罚。

参考答案:①B　②ABD

二、行政强制措施的实施

1. 某公安交管局交通大队民警发现王某驾驶的电动三轮车未悬挂号牌,遂作出扣押的强制措施。关于扣押应遵守的程序,下列哪些说法是正确的?(2015-2-78,多)

A. 由两名以上交通大队行政执法人员实施扣押
B. 当场告知王某扣押的理由和依据
C. 当场向王某交付扣押决定书
D. 将三轮车及其车上的物品一并扣押,当场交付扣押清单

答案( )①

【解析】(1)在行政法中,调取证据为2个人,实质审查为2个人,委托代理人为1~2人,行政强制措施属于调取证据的行政行为,应当由2名以上行政执法人员实施,A选项正确。同时,执法人员必须具有执法资格,中国某些地方政府在发生违法事故后,总会推脱是临时工执法所致,《行政强制法》于2011年通过时,吸收了实践教训,禁止行政强制领域临时工执法。

(2)B选项依据一般情理即可解答,行政机关应当场告知当事人采取行政强制措施的理由、依据以及当事人依法享有的权利、救济途径,B选项正确。

(3)如果行政机关不当场交付清单和决定书,先拿走东西,再事后送达,考生可以自己想象一下,你会同意他拿走吗,事后不认账怎么办?所以法律规定,行政机关决定实施查封、扣押的,制作并当场交付查封、扣押决定书和清单,清单一式两份,C项正确。

(4)交管局将车上的物品一并扣押,属于扣押了与本案无关的物品,扩大了扣押的范围,行政机关的此种做法是违反法律规定的。D项错误。

> 【技术流】考生在应试中,很难发现D选项真正的考点,而将注意力都聚焦在后半句话上了,事实上,以后再在选项中见到"和"和"以及"这样的并列连接词,就需要多琢磨琢磨了,为什么要说两个内容呢?根据真题规律,其中往往一对一错,一半用来迷惑,一半用来设题。比如还考过"罚款和超标排污费均为行政处罚""拍卖后应当支付拍卖款项以及赔偿金"等,这些选项都是错的。

2. 某工商分局接举报称肖某超范围经营,经现场调查取证初步认定举报属实,遂扣押与其经营相关物品,制作扣押财物决定及财物清单。关于扣押程序,下列哪些说法是正确的?(2013-2-80,多)

A. 扣押时应当通知肖某到场
B. 扣押清单一式二份,由肖某和该工商分局分别保存
C. 对扣押物品发生的合理保管费用,由肖某承担
D. 该工商分局应当妥善保管扣押的物品

答案( )②

【解析】行政机关决定实施查封、扣押的,应制作并当场交付查封、扣押决定书和清单,清单一式两份,由当事人和行政机关分别保存。对于扣押货物,行政机关应当妥善保管,不得使用或者损毁;造成损失的,应当承担赔偿责任。所以,A、B、D项正确,应选。同时,行政强制措施不收费,所以,C选项错误。

参考答案:①ABC ②ABD

3. 某区公安分局以非经许可运输烟花爆竹为由,当场扣押孙某杂货店的烟花爆竹100件。关于此扣押,下列哪一说法是错误的?(2014-2-47,单)

A. 执法人员应当在返回该分局后立即向该分局负责人报告并补办批准手续
B. 扣押时应当制作现场笔录
C. 扣押时应当制作并当场交付扣押决定书和清单
D. 扣押应当由某区公安分局具备资格的行政执法人员实施

答案(①)

【解析】(1)A项采用了张冠李戴的命题技巧。情况紧急,当场实施行政强制措施事后补办批准手续的时间,财产类的强制措施是24小时的补办,人身类的强制措施是立即补办。人身自由是极其重要的基本权利,如果24小时后才来补办手续,当事人有可能被莫名其妙地限制了24小时的自由,但财产类行为就没有这么急迫了。

(2)强制措施应当制作现场笔录,以还原当时执法现场的原始状态。B项正确。

(3)行政机关决定实施查封、扣押的,应制作并当场交付查封、扣押决定书和清单。

(4)行政机关实施行政强制措施应当由两名以上行政执法人员实施,D项正确。

4. 某工商局以涉嫌非法销售汽车为由扣押某公司5辆汽车。下列哪些说法是错误的?(2012-2-80,多)

A. 工商局可以委托城管执法局实施扣押
B. 工商局扣押汽车的最长期限为90日
C. 对扣押车辆,工商局可以委托第三人保管
D. 对扣押车辆进行检测的费用,由某公司承担

答案(②)

【解析】(1)行政强制措施权不得委托,故A选项错误。

(2)查封、扣押的期限不得超过30日;情况复杂的,经行政机关负责人批准,可以延长,但是延长期限不得超过30日。法律、行政法规另有规定的除外。延长查封、扣押的决定应当及时书面告知当事人,并说明理由。因此,扣押的最长期限为60日。B项错误。

(3)对查封的场所、设施或者财物,行政机关可以委托第三人保管,第三人不得损毁或者擅自转移、处置。行政强制措施禁止委托,而本题中的委托并非强制措施本身。强制措施采取之后对财物的保管,保管的委托是民事委托,法律并没有禁止民事委托。试想,如果政府连个停车场都没有,不具备保管条件的话,那不委托给第三人保管,还能怎样呢?

(4)行政强制措施中发生的费用由行政机关承担,故D选项错误。行政强制措施不收费、行政强制执行可收费。

【技术流】A、C选项内容相似,从应试技巧上来看,大部分题目当两个选项相似或截然相反的时候,选项一般一对一错。

5. 质监局发现王某生产的饼干涉嫌违法使用添加剂,遂将饼干先行登记保存,期限为1个月。有关质监局的先行登记保存行为,下列哪一说法是正确的?(2011-2-44,单)

参考答案:①A ②ABD

A. 系对王某的权利义务不产生实质影响的行为
B. 可以由 2 名执法人员在现场直接作出
C. 采取该行为的前提是证据可能灭失或以后难以取得
D. 登记保存的期限合法

答案（　　）①

【解析】（1）证据登记保存是在证据可能灭失或以后难以取得的情况下，由行政机关作出的保全类强制措施，对于当事人财产权构成了一定的限制，因此，属于影响其权利义务的、可以起诉的行为。故 A 项说法错误，C 选项说法正确。

（2）行政机关在调查或者进行检查时，执法人员不得少于 2 人，这些内容符合法律规定，但是，B 选项错在"直接"二字上，必须经过负责人批准才可以登记保存。

（3）特别法《行政处罚法》将证据先行登记保存的期限规定为 7 天，行政机关应当在 7 天内及时作出处理决定，所以 D 选项错误。

【归纳总结】行政行为实施主体对比表

实施主体	行政处罚	行政许可	行政强制措施
行政机关实施	行政机关	行政机关	行政机关
被授权组织实施	1. 权利来源：法律、法规 2. 授权后果：被授权主体获得行政主体资格 3. 授权对象：无行政权能组织	1. 权利来源：法律、法规 2. 授权后果：被授权主体获得行政主体资格 3. 授权对象：无行政权能组织	1. 权利来源：法律、**行政法规** 2. 授权后果：被授权主体获得行政主体资格 3. 授权对象：无行政权能组织
被委托机关实施	1. 委托后果：受托对象无独立行政主体资格 2. 受托对象：**事业组织**	1. 委托后果：受托对象无独立行政主体资格 2. 受托对象：**行政机关**	禁止委托
集中实施	1. **国务院**或经国务院授权的**省级政府**可以决定一个机关行使有关机关的处罚权 2. 国家垂直领导机关的处罚权和限制人身自由的行政处罚权不得被集中	**经国务院批准，省级政府**可以决定一个行政机关行使有关行政机关的行政许可权	行使相对集中行政处罚权的行政机关，可以实施法律、法规规定的与行政处罚权有关的行政强制措施权

6. 某工商局因陈某擅自设立互联网上网服务营业场所扣押其从事违法经营活动的电脑 15 台，后作出没收被扣电脑的决定。下列哪些说法是正确的？（2016－2－82，多）

A. 工商局应制作并当场交付扣押决定书和扣押清单
B. 因扣押电脑数量较多，作出扣押决定前工商局应告知陈某享有要求听证的权利
C. 对扣押的电脑，工商局不得使用
D. 因扣押行为系过程性行政行为，陈某不能单独对扣押行为提起行政诉讼

答案（　　）②

参考答案：①C　②AC

【解析】(1)行政机关决定实施查封、扣押的,应制作并当场交付查封、扣押决定书和清单,清单一式两份,由当事人和行政机关分别保存。对于扣押货物,行政机关应当妥善保管,不得使用或者损毁;造成损失的,应当承担赔偿责任。可见,A 选项正确。

(2)扣押属于行政强制措施,行政强制措施的目的是预防与制止,所以,一般发生在紧急情况下,没有充分时间予以听证,所以,《行政强制法》并未规定行政强制措施的听证制度,B 错误。

(3)扣押行为对于当事人的电脑的使用和处分产生了直接性的限制,已经直接影响了行政相对人的合法权益,属于可诉的具体行政行为,并不属于过程性行政行为。过程性行政行为,又称为准备性、部分性行政行为,是为最终作出权利义务安排进行的程序性、阶段性工作行为,比如,行政强制执行中的催告、行政许可中的材料补正通知书、听证权利告知书等。所以,D 选项错误。

【归纳总结】行政行为听证程序总结

行为类型	启动方式	听证范围
行政处罚	依申请	一般罚:吊责大款(吊销许可证、责令停产停业、较大数量罚款) 治安罚:吊销许可证、2000 元以下罚款
行政许可	依申请/依职权	涉及申请人与他人之间重大利益关系;涉及公共利益的重大行政许可事项
强制措施	无听证程序	
强制执行	无听证程序	
行政复议	依申请/依职权	重大、复杂的案件

三、行政强制执行的实施

1. 某市质监局发现一公司生产劣质产品,查封了公司的生产厂房和设备,之后决定没收全部劣质产品、罚款 10 万元。该公司逾期不缴纳罚款。下列哪一选项是错误的?(2012－2－48,单)

A. 实施查封时应制作现场笔录
B. 对公司的处罚不能适用简易程序
C. 对公司逾期缴纳罚款,质监局可以每日按罚款数额的 3% 加处罚款
D. 质监局可以通知该公司的开户银行划拨其存款

答案( )①

【解析】(1)查封的性质是行政强制措施,行政机关实施行政强制措施应当制作现场笔录,现场笔录由当事人和行政执法人员签名或者盖章,当事人拒绝的,在笔录中予以注明。所以 A 选项正确。考生也需要明白,公民可以对查封起诉,按照行政诉讼举证责任的分配规则,行政机关应当举证证明查封合法性,行政机关为避免诉讼中的举证不能,所以在行政程序过程中,就要制作并保存证据以防后患。

(2)违法事实确凿并有法定依据,对公民处以 50 元以下、对法人或者其他组织处以 1000 元以下罚款或者警告的行政处罚的,可以当场作出行政处罚决定。可见,本题中罚款 10 万元和没收是不能够适用简易程序的,故 B 选项正确。

(3)C、D 选项考查的是行政强制执行的主体。
①对于代履行(滞纳金及加处罚款)和执行罚两种间接强制执行权,由于其执行手段相对温和,《行

参考答案:①D

政强制法》进行了全面授权,这就意味着只要满足了执行罚和代履行的构成要件,所有的行政机关均可采用间接执行的执行手段。所以,C选项正确。

②对于直接强制执行,《行政强制法》采用了个别授权的立法模式。

第一,通过《税收征管法》《城乡规划法》等特别法的个别授权让某个具体的行政机关获得了直接强制执行权,允许其自行直接强制执行,对此,我们归纳如下:

有直接强制执行权的行政机关

行政机关名称	执行权权力来源	执行事项
公安局、国安局	《治安管理处罚法》	将被处罚人送达拘留所执行
税务局	《税收征收管理法》第38条	扣缴存款抵扣税款或罚款(划拨)
海关	《海关法》第60条	扣抵存款抵扣税款(划拨)
县以上政府	《城乡规划法》68条	拆除违反规划法的建筑物

第二,除了公安、国安、税务、海关和县以上政府5个行政机关之外,其他的质监局、环保局、土地局等行政机关没有被法律赋予直接强制执行权,只能申请人民法院强制执行。对于本题,质监局并没有划拨的直接强制执行权,自然不能自行强制执行。所以,D选项错误。

第三,第二点有一种例外情况,法律对于一种直接强制执行权——拍卖权采用了普遍授权的模式,但有严格的条件限定。在当事人不复议、不诉讼、经催告也不履行的情况下,依法拥有查封、扣押权的行政机关,对财产实施查封、扣押后,可以将查封、扣押的财产拍卖抵扣罚款。事实上,由于一般所有的行政机关均拥有查封、扣押的权力,此时,就等于间接地拥有了一部分直接强制执行的权力,即拍卖权,我们将拍卖权的行使条件概括为:"山穷水尽疑无路,扣了货物抵罚款"。如果本题增加一个E选项"质监局有权拍卖扣押的设备",是否正确呢?答案是错误。因为,没有交代质监局不复议、不诉讼、经催告也不履行,则不满足拍卖的构成要件。

2. 村民陈某在本村建一住宅。镇政府认定其非法占用土地,违反《土地管理法》,作出拆除房屋、退还土地的决定,随后将房屋强制拆除。陈某向法院提起诉讼,请求撤销镇政府的决定、确认拆除行为违法。关于镇政府的权力,下列哪一选项是正确的?(2009-2-43,单)

　　A. 有权作出拆除决定,但无权强制执行
　　B. 有权作出拆除决定,也有权强制执行
　　C. 无权作出拆除决定,也无权强制执行
　　D. 无权作出拆除决定,但可以强制执行

答案(　①　)

【解析】在题干中出现了两个行政行为:第一个是拆除房屋、退还土地的决定,该行为是强制执行的基础决定;第二个是强制拆除,其性质是强制执行。这是两个独立的具体行政行为,它们的作出主体和实施程序各自有各自的规则。

首先,责令拆除房屋、退还土地的决定。《土地管理法》第77条规定:"农村村民未经批准或者采取欺骗手段骗取批准,非法占用土地建住宅的,由县级以上人民政府土地行政主管部门责令退还非法占

参考答案:①C

用的土地,限期拆除在非法占用的土地上新建的房屋。"可见,该基础决定应当由土地管理部门(土地局)作出,镇政府无权决定。《土地管理法》将责令限期拆除的行为性质规定为行政处罚。

第二,强制拆除执行行为。根据《土地管理法》第83条的规定,责令限期拆除在非法占用的土地上新建的建筑物和其他设施的,建设单位或者个人必须立即停止施工,自行拆除;对继续施工的,作出处罚决定的机关有权制止。建设单位或者个人对责令限期拆除的行政处罚决定不服的,可以在接到责令限期拆除决定之日起15日内,向人民法院起诉;期满不起诉又不自行拆除的,由作出处罚决定的机关依法申请人民法院强制执行。可见,拆除决定应当由作出决定的机关依法申请人民法院强制执行,镇政府无强制执行权。

除以上内容外,我们再讲解两处容易混淆的情况:

第一处特别强调,如果题干中表达当事人的违章建筑物,并不是违反《土地管理法》,而是违反《城乡规划法》,那在行政行为基础决定和执行主体上是不同的。《城乡规划法》第68条规定:"城乡规划主管部门作出责令停止建设或者限期拆除的决定后,当事人不停止建设或者逾期不拆除的,建设工程所在地县级以上地方人民政府可以责成有关部门采取查封施工现场、强制拆除等措施。"可见,有权作出责令拆除的基础决定的是城乡规划局,而有权决定强制拆除执行的是县级以上政府。如果当事人自己不履行限期拆除决定,规划局可否向法院申请强制执行呢?最高人民法院《关于违法的建筑物、构筑物、设施等强制拆除问题的批复》:"根据行政强制法和城乡规划法有关规定精神,对涉及违反城乡规划法的违法建筑物、构筑物、设施等的强制拆除,法律已经授予行政机关强制执行权,人民法院不受理行政机关提出的非诉行政执行申请。"可见,规划局只能请求县政府强制执行,而不可申请法院强制执行,这和一般情形有所不同,一般情形当事人不履行基础决定,行政机关是向人民法院申请,而这里是《规划法》将执行权分配给了县以上政府。

第二处特别强调,行政机关依法作出要求当事人履行排除妨碍、恢复原状等义务的行政决定,当事人逾期不履行,经催告仍不履行,其后果已经或者将危害交通安全、造成环境污染或者破坏自然资源的,行政机关可以代履行,或者委托没有利害关系的第三人代履行。我们前面讲述过,执行罚和代履行这两种间接强制执行是普遍授权,在满足构成要件的情况下,所有的行政机关都可以执行。本题土地局可否按照代履行的情况代为强拆呢?答案是否定的,行政机关有权代履行一定要满足以下条件:当事人不履行义务带来了危害交通安全、造成环境污染、破坏自然资源的三种后果其中之一,本题中,当事人非法占用土地这一行为本身并不会导致土地资源被破坏、更不会发生危害交通安全或者污染环境的问题。所以,行政机关只能申请人民法院执行。

> 【技术流】行政法原则只考查行政法总论,不考查土地、文化或环保等部门行政法领域。但从历年来命题规律来看,有三个部门行政法会考查:第一个是《治安管理处罚法》,由于该法明确纳入行政法的大纲,考查自然属于题中之义;第二个是《土地管理法》,考生只需要在学习经济法时,对于涉及行政法部分的知识加以留意即可掌握;第三个是《城乡规划法》,也需要在学习经济法时加以留意。

3. 某国土资源局以陈某违反《土地管理法》为由,向陈某送达决定书,责令其在10日内拆除擅自在集体土地上建造的房屋3间,恢复土地原状。陈某未履行决定。下列哪一说法是错误的?(2011-2-48,单)

  A. 国土资源局的决定书应载明,不服该决定申请行政复议或提起行政诉讼的途径和期限

  B. 国土资源局的决定为负担性具体行政行为

C. 因《土地管理法》对起诉期限有特别规定,陈某对决定不服提起诉讼的,应依该期限规定

D. 如陈某不履行决定又未在法定期限内申请复议或起诉的,国土资源局可以自行拆除陈某所建房屋

答案(　　)①

【解析】(1)行政处罚决定书应当载明不服行政处罚决定,申请行政复议或者提起行政诉讼的途径和期限。A项的提法是完全符合法律的要求的,同时也符合行政法的"有权利,必然有救济"的一般原理。A项正确。

(2)具体行政行为可以分为授益性和负担性具体行政行为。授益的具体行政行为是指为当事人授予权利、利益或者免除负担义务的行政行为,比如,行政许可、行政给付等,负担的具体行政行为是为当事人设定义务或者剥夺其权益的行政行为,比如,行政处罚、行政强制、行政征收等,在本案中,国土资源局的决定剥夺、限制陈某的财产权,属于负担性具体行政行为。B项正确。

(3)行政诉讼的起诉期原则上为6个月,但"有例外,从例外",意味着只要特别法规定和6个月不一致的,就应当适用特别法的起诉期。C项正确。

(4)《土地管理法》并没有赋予土地局强制拆除的执行权,当事人期满不起诉又不自行拆除的,由作出处罚决定的机关依法申请人民法院强制执行,费用由违法者承担。常见的有行政强制执行权的机关包括公安局、国安局、税务局、海关和县级以上政府,并不包括国土资源局,所以D项错误。

4. 在行政强制执行过程中,行政机关依法与甲达成执行协议。事后,甲应当履行协议而不履行,行政机关可采取下列哪一措施?(2015-2-49,单)

　　A. 申请法院强制执行

　　B. 恢复强制执行

　　C. 以甲为被告提起民事诉讼

　　D. 以甲为被告提起行政诉讼

答案(　　)②

【解析】《行政强制法》第42条第2款规定:"执行协议应当履行。当事人不履行执行协议的,行政机关应当恢复强制执行。"据此可知,B项正确。A选项,只需要恢复强制执行便可,但执行的具体程序是行政机关强制执行,还是申请人民法院强制执行,取决于法律是否赋予该机关强制执行权,题干对此并没有明确交代,所以,A选项犯了画蛇添足的毛病,错误。C选项强制执行是行政机关行使职权的管理行为,不是平等主体之间的民事行为,不可能提起民事诉讼,所以,C选项错误。D选项,行政诉讼的被告是恒定的,是对外行使行政职权的行政主体,公民是不可能成为行政诉讼的被告的,通俗地说,行政诉讼是民告官,不可能出现官告民,所以,A、C、D项错误。

5. 代履行是行政机关强制执行的方式之一。有关代履行,下列哪些说法是错误的?(2014-2-81,多)

　　A. 行政机关只能委托没有利害关系的第三人代履行

　　B. 代履行的费用均应当由负有义务的当事人承担

　　C. 代履行不得采用暴力、胁迫以及其他非法方式

　　D. 代履行3日前应送达决定书

答案(　　)③

参考答案:①D　②B　③ABD

第八章 行政强制

【解析】（1）行政机关可以代履行，或者委托没有利害关系的第三人代履行。可知，行政机关也可以代履行。A项犯了以偏概全的毛病，错误。

（2）强制措施不收费，强制执行可收费，因为强制执行是在当事人不自行履行义务，行政机关在万不得已的情况下采取的，所以，可以收取一定的费用，但并非所有费用。代履行的费用按照成本合理确定，由当事人承担。但是，法律另有规定的除外。可知，不是代履行的所有费用，而是合理成本费用才是由当事人承担。除此之外，法律也可以作出例外规定。B项错误。

（3）代履行不得采用暴力、胁迫以及其他非法方式，借助生活常理都能判断C项是正确的。

（4）一般情况，在代履行3日前，催告当事人履行，当事人履行的，停止代履行，但是，这一程序适用于一般情况下的代履行，而不适用于紧急情况下的立即代履行。立即代履行是指需要立即清除当事人不能清除的道路、河道、航道或公共场所的遗洒物、障碍物或污染物的一种代履行方式。由于情况紧急，立即代履行可不经过一般程序，直接立即实施代履行。D项同样犯了以偏概全的错误。

一般代履行和立即代履行的区别

	一般代履行	立即代履行
有无基础决定	有	无
有无代履行决定书	有	无
有无2次催告	有	无
执行主体	行政机关或无利害关系第三人	行政机关

【设题陷阱与常见错误分析】 本题最重要的命题技巧就是以偏概全，考生应当对含有"或者""也可以"以及"但是"的法条多加留意。本题错误率最高的是A、D选项，代履行有两种情形：一般情形代履行与紧急情形的立即代履行，两种情形适用的条件、程序均有不同，本题要求考生全面掌握这些区别。不过，一些考生没有充分注意到这些区别，特别是对细节理解不全面，从而出现错误。

6. 规划局认定一公司所建房屋违反规划，向该公司发出《拆除所建房屋通知》，要求公司在15日内拆除房屋。到期后，该公司未拆除所建房屋，该局发出《关于限期拆除所建房屋的通知》，要求公司在10日内自动拆除，否则将依法强制执行。下列哪些说法是正确的？（2012-2-84，多）

A.《拆除所建房屋通知》与《关于限期拆除所建房屋的通知》性质不同
B.《关于限期拆除所建房屋的通知》系行政处罚
C. 公司可以对《拆除所建房屋通知》提起行政诉讼
D. 在作出《拆除所建房屋通知》时，规划局可以适用简易程序

答案（　　）①

【解析】（1）本案中，政府有两项行为，发出《拆除所建房屋通知》和《关于限期拆除所建房屋的通知》。第一个通知《拆除所建房屋通知》，其内容是要求公司在15内拆除房屋，该通知的目的是制裁、惩罚该公司的违法行为，为当事人课以了新的义务，属于行政处罚。第二个通知，《关于限期拆除所建房屋的通知》的内容为"要求公司在10日内自动拆除，否则将依法强制执行"。说明它是在强制执行前，为催促当事人自行履行义务的催告行为，只是要求其履行已经确定的权利义务安排，属于行政强制

参考答案：①AC

执行中的过程性行为①。因此,A项正确,选项B的说法错误。

(2)《行政处罚法》只规定对法人1000元以下的罚款和警告可以适用简易程序,并没有规定责令类行为可以适用简易程序,所以,D选项错误。

(3)在强制执行前,存在着另外一个独立的具体行政行为,该具体行政行为构成了强制执行的基础,如果当事人认为基础决定违法,可就基础决定提起诉讼;如果当事人认为是强制执行行为违法,可就强制执行提起诉讼;如果当事人认为基础决定和强制执行均违法,也可以分别提起两个行政诉讼。但强制执行中的过程性行为——催告,是不可诉的,但将整个强制执行的过程做完后,到了第三步"执行"环节就可以起诉了。C选项问的是《拆除所建房屋通知》是否可诉?《拆除所建房屋通知》属于行政处罚,属于影响当事人权利义务的具体行政行为,按照法律规定,当事人可以提起行政诉讼。C选项正确。

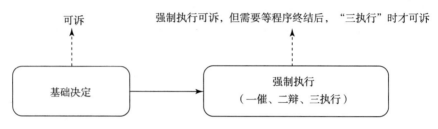

基础决定和执行可诉性

【设题陷阱与常见错误分析】为实现行政管理目的,行政机关会综合运用不同类型的行政行为,考生只有对行政行为的性质判断正确,才能解答这样的题目,行为性质的不同决定了不同的程序机制和法律后果。一些考生由于对行为性质把握不清或不准作出错误判断。还有些考生是因为没有仔细辨别当事人诉求,而陷入错误当中。从命题规律来看,本题再次考查的可能性很大,考生一定要学会判断基础决定(可诉)、催告(不可诉)和强制执行决定书(可诉)。

---

① 在《李佳行政法(知识篇)》当中,我为考生提供了一张真实的催告书,考生可以借助这张文书,理解催告行为。

第九章　政府信息公开及信息公开诉讼

命题规律

本章考点较为分散,近些年,命题人考查频度较高的知识点有信息公开申请人资格(5年内4次考查)、申请信息方式(口头问题、出示身份证件问题,5年内4次考查)、涉及个人隐私、商业秘密信息公开的程序(5年内3次考查)等,另外,口头申请、信息公开的时限、申请内容不明确时的处理方式和重点公开的信息等内容也会出题考查。

另外,本章命题还有另外一个特点,命题人喜欢将实体法和诉讼法联合起来考查,所以,考生应当关注在后续章节中政府信息公开诉讼的相关考点,比如信息公开诉讼受案范围、举证责任分配、案件审理方式、履行判决与答复判决等知识。

最后,从命题规律判断,命题人今后可能会加大信息公开与保密制度(国家秘密、个人隐私和商业秘密等)之间关系的考查。

真题分布情况

政府信息的界定	2016-4-7,2016-2-47
主动公开	2011-2-79
申请公开	2015-2-50,2014-2-48,2013-2-45,2011-2-43
监督救济制度	2013-4-6

1. 申请人申请公开下列哪一项政府信息时,应当出示有效身份证件或证明文件?(2009-2-44,单)

A. 要求税务机关公开本人缴纳个人所得税情况的信息
B. 要求区政府公开该区受理和审理行政复议案件的信息
C. 要求县卫生局公开本县公共卫生费用使用情况的信息
D. 要求市公安局公开办理养犬证收费情况的信息

答案(　　)①

【解析】公民申请政府信息一般不需要出示个人身份证明,与其自身相关的税费缴纳、社会保障、医疗卫生等信息往往涉及当事人隐私,倘若不在申请人资格上作出严格限制,任何人都可以申请,

参考答案:①A

有可能导致公民隐私被随意披露的后果。所以,法律要求当事人申请与其自身相关的税费缴纳、社会保障、医疗卫生等信息时,应当出示有效身份证件或者证明文件。因此,A项正确,B、C、D项错误。

2. 甲乙两村发生用地争议,某县政府召开协调会并形成会议纪要。2008年12月,甲村一村民向某县政府申请查阅该会议纪要。下列哪些选项是正确的?(2009-2-81,多)

A. 该村民可以口头提出申请
B. 因会议纪要形成于《政府信息公开条例》实施前,故不受《条例》规范
C. 因会议纪要不属于政府信息,某县政府可以不予公开
D. 如某县政府提供有关信息,可以向该村民收取检索、复制、邮寄等费用

答案( )①

【解析】(1)申请获取政府信息的,原则上应当采用书面形式,但书面形式确有困难的,申请人可以口头提出,由受理该申请的行政机关代为填写政府信息公开申请。A项正确。

(2)政府信息是指行政机关在履行职责过程中制作或者获取的,以一定形式记录、保存的信息。只要属于政府制作或获取的信息,除非涉及国家秘密、个人隐私和商业秘密,不论信息形成的时间,均应公开。B项错误。

(3)某县政府召开协调会并形成的会议纪要即属于行政机关在履行职责过程中制作的信息,自然属于政府信息,应当公开。C项错误。

(4)根据《政府信息公开条例》第27条的规定,行政机关依申请提供政府信息,除可以收取检索、复制、邮寄等成本费用外,不得收取其他费用。可见,政府信息是可以收取一定成本费用的。D项正确。

【归纳总结】行政法中一共有四个申请可以口头的方式提出,分别是信息公开、行政复议、国家赔偿和行政诉讼,这四部法律都是2008年以后制定或修改的,这些新颁布的法律考虑问题周全,考虑到有些公民存在视听障碍或者阅读和书写困难,于是允许他们以口头的方式提出申请。

3. 因一高压线路经过某居民小区,该小区居民李某向某市规划局申请公开高压线路图。下列哪些说法是正确的?(2008-2-90,多)

A. 李某提交书面申请时应出示本人有效身份证明
B. 李某应说明申请信息的用途
C. 李某可以对公开信息方式提出自己要求
D. 某市规划局公开信息时,可以向李某依法收取相关成本费

答案( )②

【解析】(1)李某向市规划局申请的并不是与其自身相关的税费缴纳、社会保障、医疗卫生等政府信息,所以,无须出示有效身份证件或者证明文件,A项错误。

(2)《政府信息公开条例》只要求当事人在申请时提供姓名、联系方式、内容描述和公开方式,并未要求申请人在申请信息时说明用途,B选项属于无中生有,错误。

(3)《政府信息公开条例》规定,行政机关依申请公开政府信息,应当按照申请人要求的形式予以提供;无法按照申请人要求的形式提供的,可以通过安排申请人查阅相关资料、提供复制件或者其他适当形式提供。因此,李某可以对公开信息方式提出自己要求,C项正确。

(4)行政机关依申请提供政府信息,除可以收取检索、复制、邮寄等成本费用外,不得收取其他费用,D项正确。

参考答案:①AD ②CD

4. 某环保公益组织以一企业造成环境污染为由提起环境公益诉讼,后因诉讼需要,向县环保局申请公开该企业的环境影响评价报告、排污许可证信息。环保局以该组织无申请资格和该企业在该县有若干个基地,申请内容不明确为由拒绝公开。下列哪一说法是正确的?(2015-2-50,单)

A. 该组织提出申请时应出示其负责人的有效身份证明

B. 该组织的申请符合根据自身生产、生活、科研等特殊需要要求,环保局认为其无申请资格不成立

C. 对该组织的申请内容是否明确,环保局的认定和处理是正确的

D. 该组织所申请信息属于依法不应当公开的信息

答案(）①

【解析】(1)该组织申请公开的环境影响评价报告、排污许可证信息并非与其自身相关的税费缴纳、社会保障、医疗卫生等政府信息,无须出示有效身份证件或者证明文件。故 A 项错误。

(2)按照《政府信息公开条例》的规定,公民、法人或其他组织因自身生产、生活、科研等特殊需要,可以申请公开政府信息,这里的"生产"应当做广义理解,应当包括社会组织所从事的正常业务活动。环保公益组织的业务活动就是保护环境,而公益诉讼是保护环境的有效途径,所以,该组织因公益诉讼需要申请公开该信息,与其自身生产、生活、科研等特殊需要有密切关系,环保局认为其无申请资格的理由不能成立,B 项正确。

(3)由于该公益组织以一企业造成环境污染为由提起环境公益诉讼,维护的是普遍的公共利益,而不是某片单独区域的利益,既然统一提出申请,那么,该企业的若干个基地的环境影响评价报告、排污许可证均应当公开,环保局以申请内容不明确为由拒绝公开是不能成立的。同时,按照法律规定,申请内容不明确的,应当告知申请人作出更改、补充,而不是拒绝公开。只有在信息不存在或涉密时,行政机关才可以拒绝公开。根据上述两条理由,C 项错误。

(4)只要本行政机关制作或保存的政府信息存在,且不涉密,行政机关即应公开。题中所申请的政府信息并没有交代该信息属于国家秘密、商业秘密或者个人隐私,也没有交代该信息不存在,或者不属于本机关保存,自然不属于不应公开的信息范围,D 项错误。

【设题陷阱与常见错误分析1】一些考生认为,因申请人是环保公益组织,提起的是公益诉讼,不符合"根据自身生产、生活、科研等特殊需要"的法律要求,因而选项 B 是错误的。我国信息公开法律制度对信息公开申请人资格的限制较为宽松,申请信息只需要与其生产、生活或科研有一定的关联即可,从技术流的统计角度来看,信息公开申请人资格问题接近于每年必考,但历年真题中从未出现过一例当事人没有申请人资格的情况。

【设题陷阱与常见错误分析2】申请人在申请信息时不需要说明申请信息的用途,这与申请信息时需要"根据自身生产、生活、科研等特殊需要"的法律要求是否相抵触呢?客观地说,两者是存在冲突的。但令人纠结的是,一方面,申请信息需要与当事人自身生产、生活、科研等特殊需要有关联,这是法律明确规定的;另一方面,申请人在申请信息时不需要说明申请信息的用途,这又是命题人在2008年第90题中明确确立的观点,我们在应试时应当怎么办呢?答案是"见人说人话,见鬼说鬼话"。如果题目问"申请人是否应说明申请信息的用途",答案是不说明;如果题目问"是否需要与生产、生活和科研相关",答案是需要相关。

5. 某乡属企业多年未归还方某借给的资金,双方发生纠纷。方某得知乡政府曾发过5号文件和

参考答案:①B

210号文件处分了该企业的资产,遂向乡政府递交申请,要求公开两份文件。乡政府不予公开,理由是5号文件涉及第三方,且已口头征询其意见,其答复是该文件涉及商业秘密,不同意公开,而210号文件不存在。方某向法院起诉。下列哪一说法是正确的?(2014-2-24,单)

A. 方某申请时应当出示有效身份证明或者证明文件
B. 对所申请的政府信息,方某不具有申请人资格
C. 乡政府不公开5号文件合法
D. 方某能够提供210号文件由乡政府制作的相关线索的,可以申请法院调取证据

答案(①   )

【解析】(1)申请人所申请的处分资产文件并不是与其自身相关的税费缴纳、社会保障、医疗卫生等政府信息,无需出示有效身份证件或者证明文件。A项错误。

(2)该企业逾期未偿还方某的资金,而乡政府的文件处分了企业的财产,与方某的生产、生活等自然有密切的关联性,方某有权申请公开乡政府的相关文件。B项错误。

(3)行政机关认为申请公开的政府信息涉及商业秘密、个人隐私,公开后可能损害第三方合法权益的,应当书面征求第三方的意见;第三方不同意公开的,不得公开。由此可知,行政机关应当书面征求第三方意见,而不可以口头征求,口头征求意见的程序违法。所以,C项错误。

(4)被告主张政府信息不存在,原告能够提供该政府信息系由被告制作或者保存的相关线索的,可以申请人民法院调取证据。可知,方某能够提供210号文件是由乡政府制作的相关线索,可以申请法院调取证据。D项正确。

【技术流】C选项的解题关键词是题干中的"口头"二字,对于口头、直接、当场等修饰限定词,考生在应试中一定要予以关注。

6. 王某认为社保局提供的社会保障信息有误,要求该局予以更正。该局以无权更正为由拒绝更正。王某向法院起诉,法院受理。下列哪些说法是正确的?(2014-2-83,多)

A. 王某应当提供其向该局提出过更正申请以及政府信息与其自身相关且记录不准确的事实根据
B. 该局应当对拒绝的理由进行举证和说明
C. 如涉案信息有误但该局无权更正的,法院即应判决驳回王某的诉讼请求
D. 如涉案信息有误且该局有权更正的,法院即应判决在15日内更正

答案(②   )

【解析】(1)行政诉讼中原则上被告承担主要的举证责任,证明被诉行为合法,B项中,社保局拒绝更正与原告相关的政府信息记录,应当对拒绝的理由进行举证和说明,以证明它拒绝行为的合法性。B选项正确。在例外情况下,原告也会承担一定的举证责任,主要表现有以下三种情况:第一,证明自己的起诉符合起诉条件,也就是证明两个主体一个行为的存在;第二,行政不作为案件,证明自己向行政机关提出过相关申请;第三,赔偿或补偿案件,证明损害结果的存在。本题是原告应当承担举证责任的第二种情形,王某起诉被告拒绝更正政府信息记录时,应当提供其向被告提出过更正申请以及政府信息与其自身相关且记录不准确的事实根据。为了避免原告滥用诉权,破坏行政审判和管理秩序,原告需要承担初步的举证责任,他只需要证明"不作为"的存在(也就是自己向行政机关申请过的事

参考答案:①D ②AB

实),对于该"不作为"是否合法的举证责任还是由被告承担的。所以,A项正确,当选。

(2)涉案信息有误但被告却无权更正的,法院应当判决转送有权更正的行政机关处理,而非驳回王某的诉讼请求。试想,某个信息明明有误,法院却将原告的诉讼请求直接驳回,这既不利于社会矛盾的实质性化解,也不符合基本的生活常理。所以,C选项错误。

(4)法律规定:"被告依法应当更正而不更正与原告相关的政府信息记录的,法院应当判决被告在一定期限内更正。尚需被告调查、裁量的,判决其在一定期限内重新答复。"本法条的逻辑结构可以分为两个层次:第一个层次,原则上信息如果确实有误应当更正;第二个层次,如果该信息是否确实有误尚需被告调查、裁量,也就是法院在现有的证据条件或者专业能力下尚无法判断该信息是否有误时,不应武断地直接予以更正或者拒绝更正,法院应当把选择权交给行政机关,要求它在作出调查、理性裁量后再作出判断,以体现法院对行政权力的尊重。D选项犯了以偏概全的毛病,在状况不明的情况下,武断地作出了判断,所以,D项错误。同时,即使要求行政机关更正,法院也应根据具体情况确定期限,而非一定是15日内。

【设题陷阱与常见错误分析】 本题易出错的选项集中于C、D项之上,一是由于考生对《关于审理政府信息公开行政案件若干问题的规定》并不熟悉,事实上,命题人对政府信息公开部分一直是将实体法和救济法联合出题的,千万不可忽略该司法解释;二是由于考生掌握知识时以偏概全,法院判决行政机关更正信息,必须以确定该信息确实有误为前提,如果尚需调查、裁量,法院不应越界代替行政机关作出判断。

7. 田某为在校大学生,以从事研究为由向某工商局提出申请,要求公开该局2012年度作出的所有行政处罚决定书,该局拒绝公开。田某不服,向法院起诉。下列哪一说法是正确的?(2013-2-45,单)

A. 因田某不具有申请人资格,拒绝公开合法
B. 因行政处罚决定为重点公开的政府信息,拒绝公开违法
C. 田某应先申请复议再向法院起诉
D. 田某的起诉期限为3个月

【答案(　　)】①

【解析】 (1)田某以自己从事科研为名,向行政机关申请获取相关政府信息。A项错误。

(2)在《政府信息公开条例》中,重点公开的政府信息均是涉及公共利益或者不特定当事人权益的事项。而行政处罚决定,属于行政机关的个案判断,不会属于重点公开的政府信息。B选项错误。

(3)涉及复议前置的只有三种情况:行政确权案件中侵犯已经取得的自然资源权利的所有权或者使用权的案件、纳税争议案件以及反垄断法中的限制集中或禁止经营集中的决定。本案并不属于三种情形其中任何一种,所以,田某无须先复议再提起诉讼,可以直接提起行政诉讼。C项错误。

(4)2014年修改后的《行政诉讼法》规定:"公民、法人或者其他组织直接向人民法院提起诉讼的,应当在知道作出行政行为之日起6个月内提出。法律另有规定的除外。"D项错误。由于新《行政诉讼法》将起诉期从旧诉讼法的3个月延长为了6个月,所以本题按照新法无答案。

【归纳总结】 对于不利影响决定,比如行政处罚、不予许可、不予公开信息或撤销许可等,送达当事人即可,一般不需要公开或公告。因为公开本身会对当事人构成"二次伤害",所以,原则上不应当

参考答案:①本题按照新法无答案

予以公开。

8. 田某认为区人社局记载有关他的社会保障信息有误，要求更正，该局拒绝。田某向法院起诉。下列哪些说法是正确的？（2012－2－81，多）

A. 田某应先申请行政复议再向法院起诉

B. 区人社局应对拒绝更正的理由进行举证和说明

C. 田某应提供区人社局记载有关他的社会保障信息有误的事实根据

D. 法院应判决区人社局在一定期限内更正

答案（　　）①

【解析】（1）政府信息公开方面的行政纠纷并不属于法律规定的三种复议前置情形，故A选项错误。

（2）行政诉讼原则上被告应当证明行政行为的合法性，所以，被告拒绝向原告提供政府信息的，应当对拒绝的根据以及履行法定告知和说明理由义务的情况举证。故B选项正确。

（3）行政不作为案件中，原告应当证明自己曾经申请过的法律事实，在本案中，原告应当提供其向被告提出更正申请以及政府信息与其自身相关且记录不准确的事实根据。所以，C选项正确。

（4）本选项有三点错误：首先，被告记载的信息是否确实有误，题干并没有交代；其次，被告记载的信息是否确实有误，有可能需要进一步调查或裁量，如果需要调查或裁量，法院只需要判决区人社局作出答复即可。再次，即使被告依法应当更正而不更正信息记录的，法院也并非必须要求被告在一定期限内更正，还需要考虑被告是否有权更正，如果被告无权更正，法院应当判决其转送有权更正的行政机关处理。所以，D选项错误。

【设题陷阱与常见错误分析】2014年第83题只是将田某换成了王某，但考生还是会在同样的陷阱上一错再错。

9. 沈某向住建委申请公开一企业向该委提交的某危改项目纳入危改范围的意见和申报材料。该委以信息中有企业联系人联系电话和地址等个人隐私为由拒绝公开，沈某起诉，法院受理。下列哪些说法是正确的？（2015－2－79，多）

A. 在作出拒绝公开决定前，住建委无须书面征求企业联系人是否同意公开的意见

B. 本案的起诉期限为6个月

C. 住建委应对拒绝公开的根据及履行法定告知和说明理由义务的情况举证

D. 住建委拒绝公开答复合法

答案（　　）②

【解析】（1）如果政府信息涉及个人隐私、个人秘密、商业秘密，并不是一律不公开，行政机关还应当完成以下两个步骤，才可以涉及个人秘密、个人隐私或商业秘密为由拒绝公开：第一步，应当书面征求权利人意见；第二步，如果权利人不同意公开的，需要在公共利益和私人利益之间进行利益衡量，为了保障公共利益，可以"舍小家，顾大家"，公开商业秘密或个人隐私。A选项认为住建委无须书面征求企业联系人是否同意公开的意见，而法律要求必须书面征求，A选项错误。涉及个人隐私的政府信息，并非绝对不公开，如果权利人同意公开或不公开会对公共利益造成影响的，可以予以公开，D项过于绝对。

（2）题干没有交代特别法的规定，那本案的起诉期限应按照《行政诉讼法》的一般规定为6个月，B

参考答案：①BC　②BC

项正确。

(3)"被告拒绝向原告提供政府信息的",在行政诉讼制度中,被告应当对行政行为的合法性承担举证责任,据此,被告应当对拒绝的根据以及履行法定告知和说明理由义务的情况举证,C项正确。

【设题陷阱与常见错误分析】 命题人在司法部国家司法考试中心出版的权威书籍中,对于本题答案进行了如下论述:"有考生认为选项A是正确的,理由是行政机关认为政府信息涉及个人隐私而决定不公开的,无须征求权利人意见,只有需要公开时才需要征求意见,然后再决定是否公开。这恰恰是对涉及个人隐私的政府信息公开程序的误解……对涉及个人隐私的政府信息是否公开,应当征求第三方意见,这为法定程序,故选项A的说法错误。"①如果涉及第三方权利人隐私、商业秘密等,行政机关自然要征求其意见。但如果行政机关初判不涉及隐私,还要不要征求权利人意见呢?答案是需要征求。信息公开制度不仅要保障隐私权人的利益,还要保障申请人的知情权。征求意见的过程对于申请人的利益保障是很有必要的,也许征求一下,权利人很奔放,觉得隐私算个"神马"东西,直接同意公开了呢?

10. 区房管局向某公司发放房屋拆迁许可证。被拆迁人王某向区房管局提出申请,要求公开该公司办理拆迁许可证时所提交的建设用地规划许可证,区房管局作出拒绝公开的答复。对此,下列哪一说法是正确的?(2010-2-45,单)

A. 王某提出申请时,应出示有效身份证件

B. 因王某与申请公开的信息无利害关系,拒绝公开是正确的

C. 因区房管局不是所申请信息的制作主体,拒绝公开是正确的

D. 拒绝答复应自收到王某申请之日起一个月内作出

答案(　　)②

【解析】(1)房屋拆迁许可证并不属于与王某自身相关的税费缴纳、社会保障、医疗卫生等政府信息的,无须出示有效身份证件或者证明文件。故A项错误。

(2)本案中,王某是被拆迁人,他申请的信息是该公司办理拆迁许可证时所提交的建设用地规划许可证,王某与该信息具有利害关系,故B项错误。

(3)信息公开的主体奉行的规则是"谁制作,谁公开;谁保存,谁公开",即行政机关制作的政府信息,由制作该政府信息的行政机关负责公开;行政机关从相对人获取的政府信息,由保存该政府信息的行政机关负责公开。在公开主体中,制作机关和保存机关之间具有先后顺序,制作机关具有优先地位。命题人认为:"谁制作谁公开,谁保存谁公开,但这两项要求并非并列,前者处于优先地位。本题中,申请人王某向区房管局申请公开的是该公司办理拆迁许可证时所提交的建设用地规划许可证,显然此许可证的发证部门为规划部门,而不是区房管局。故而C选项是正确的。"③

(4)考生应当区别主动公开与依申请的公开期限。主动公开的期限为自政府信息形成之日起的20日。本题是依申请公开,期限是自收到王某申请之日,能当场答复应当当场答复,不能当场答复的,应当在自收到申请之日起15个工作日内予以答复,如果需要延长答复期限,应当经政府信息公开

---

①司法部国家司法考试中心组编:《国家司法考试试题解析汇编(2010—2015)》(第2册),法律出版社2015年版,第285页。

参考答案:②C

③司法部国家司法考试中心组编:《国家司法考试试题解析汇编(2010—2015)》(第2册),法律出版社2015年版,第375页,该书编写者为杨伟东教授。

工作机构负责人同意才可以延长 15 个工作日,所以,D 项错误。

11. 刘某系某工厂职工,该厂经区政府批准后改制。刘某向区政府申请公开的该厂进行改制的全部档案、拖欠原职工工资如何处理等信息。区政府作出拒绝公开的答复,刘某向法院起诉。下列哪一说法是正确的?(2011-2-43,单)

A. 区政府在作出拒绝答复时,应告知刘某并说明理由
B. 刘某向法院起诉的期限为 2 个月
C. 此案应由区政府所在地的区法院管辖
D. 因刘某与所申请的信息无利害关系,区政府拒绝公开答复是合法的

答案( )①

【解析】(1)如果行政机关决定不予公开,应当告知申请人并说明理由。A 项正确。即使没有记住法条,借助基本原则"程序公正"也可解出正确答案。

(2)在没有特别法规定的情况下,行政诉讼诉期是 6 个月,申请复议的期限才是 60 天,所以,B 项错误。

(3)被告为县级以上人民政府的案件,一审管辖法院的级别是中级人民法院。在本案中,被告区政府的行政级别为县级,所以应当由区政府所在地的中级人民法院管辖,C 项表述错误。

(4)刘某向区政府申请公开该厂进行改制的全部档案、拖欠原职工工资如何处理等信息与自身存在利害关系,与自身利益密切相关,故而区政府拒绝公开答复是违法的,D 项错误。

【设题陷阱与常见错误分析】有同学对于区政府是县级政府不熟悉,所以,会将 C 项选择错误,对此一定要查阅知识篇的第二章的行政区划部分的内容。

12. 某镇政府主动公开一胎生育证发放情况的信息。下列哪些说法是正确的?(2011-2-79,多)

A. 该信息属于镇政府重点公开的信息
B. 镇政府可以通过设立的信息公告栏公开该信息
C. 在无法律、法规或者规章特别规定的情况下,镇政府应当在该信息形成之日起 3 个月内予以公开
D. 镇政府应当及时向公共图书馆提供该信息

答案( )②

【解析】(1)乡镇政府是中国行政层级最底层的政府,它们履行的职能非常接地气,往往具有强烈的乡土气息,比如,执行计划生育政策情况、房屋拆迁及其补偿、补助费用的发放、使用情况、抢险救灾、优抚、救济、社会捐助等款物的发放情况,等等。计划生育作为中国基层政府的核心任务之一,这方面的信息自然属于重点公开的范畴。A 项正确。

(2)主动公开的场所包括以下两种情形:第一,可以设置的场所。行政机关还可以根据需要设立公共查阅室、资料索取点、信息公告栏、电子信息屏等场所、设施,公开政府信息。第二,强制设置场所。包括各级国家档案馆和公共图书馆,公告栏、网站等公开渠道,虽然可以为民众查阅提供便利,但信息容易一瞬而逝,不利于长久保存,而公共图书馆和档案馆恰恰是两个能够长期存放政府信息的场所。所以,B、D 项正确。

(3)属于主动公开范围的政府信息,应当自该政府信息形成或者变更之日起 20 个工作日内予以公开。依申请公开的信息,原则上是收到申请之日起的 15 个工作日。C 项错误。

参考答案:①A ②ABD

第十章 行政争议总论

命题规律

复议和诉讼的衔接每年均有题目出现,但考查分值有下降的趋势。本知识点以记忆为主,最核心的内容是复议前置的三种情况。

真题分布情况

行政诉讼和复议的衔接	2016-2-47,2014-2-80,2013-2-45,2013-2-83,2012-2-46,2012-2-49,2012-2-81

1. 某县地税局将个体户沈某的纳税由定额缴税变更为自行申报,并在认定沈某申报税额低于过去纳税额后,要求沈某缴纳相应税款、滞纳金,并处以罚款。沈某不服,对税务机关下列哪些行为可以直接向法院提起行政诉讼?(2008-2-85,多)

   A. 由定额缴税变更为自行申报的决定
   B. 要求缴纳税款的决定
   C. 要求缴纳滞纳金的决定
   D. 罚款决定

   答案( )①

   【解析】涉税案件一般需要复议前置,但三个例外,当事人对税务机关的处罚决定、行政强制决定(包括强制执行和强制措施,强制措施在税法中被称为税收保全措施)、反倾销税决定不服的,可以依法申请行政复议,也可以依法向人民法院起诉。本题中,要求缴纳滞纳金的决定属于强制执行,罚款决定属于处罚决定,均不属于复议前置的情形,当事人可以直接起诉。故C、D项正确。按照排除法,剩余的其他情形均需要复议前置,包括由定额缴税变更为自行申报的决定、要求缴纳税款的决定都属于纳税问题本身的争议,均应当复议前置,所以A、B项不应选。

2. 下列哪些情形下当事人必须先申请复议,对复议决定不服的才能提起行政诉讼?(2007-2-49,单)

   A. 县政府为汪某颁发集体土地使用证,杨某认为该行为侵犯了自己已有的集体土地使用权
   B. 高某因为偷税被某税务机关处罚,高某不服
   C. 派出所因顾某打架对其作了处罚,顾某认为处罚太重

参考答案:①CD

D. 对县国土资源局作出的处罚不服

答案（ ① ）

【解析】在司法考试中，复议前置一共包括三种情况：

第一种情况，侵犯既得自然资源权利案件只有同时满足三个条件才需要复议前置：

第一，自然资源所有权或使用权受到侵犯，自然资源是指矿藏、水流、森林、山岭、草原、荒地、滩涂等。

第二，当事人认为已经取得的自然资源权利受到侵犯，题干中，一般会含有"已取得""自家的""属于自己"等字眼，同时需要注意的是并不需要当事人一定持有土地使用权证、法院判决书等合法证件，只要当事人认为已经取得即可。

第三，必须是"行政确认"侵害了自然资源，这里的确认为广义确认，通俗表达为"给了别人"，考生在考场上不用考虑如何给的，何种行为给的，更不需要懂得广义、狭义确认之分。只要你的土地、林地给了别人，也许许可给的、也许登记给的、也许裁决给的，这都无所谓，只要"给了别人"就满足了第三个构成要件。

在本题A选项中，县政府为汪某颁发集体土地使用证，"集体土地"满足自然资源所有权的第一个条件；"自己已有的"满足已取得的第二个条件；"为汪某颁发集体土地使用证"满足"给了别人"的第三个条件"三个条件均满足，因此，A项属于复议前置的案件。D选项中，县国土资源局作出的处罚，只和自然资源有一点微弱联系，但实际上三个条件均未满足，不需要复议前置。

第二种情况，涉税案件一般需要复议前置，但处罚、行政强制、反倾销税是例外，当事人可以直接向法院起诉。B选项属于行政处罚，当事人既可以申请复议，也可以直接提起行政诉讼。所以，B选项错误。

第三种情况，反垄断部门采取的禁止集中或限制集中措施而引发的案件应当复议前置。

对于C选项，考生可用排除法，既然既不属于自然资源案件，又不属于反垄断案件，也不属于涉税案件，那么就属于最一般的自由选择情形，当事人可以直接起诉。选项C错误。

3. 李某购买中巴车从事个体客运，但未办理税务登记，且一直未缴纳税款。某县国税局要求李某限期缴纳税款1500元并决定罚款1000元。后因李某逾期未缴纳税款和罚款，该国税局将李某的中巴车扣押，李某不服。下列哪些说法是不正确的？（2006-2-80，多）

A. 对缴纳税款和罚款决定，李某应当先申请复议，再提起诉讼

B. 李某对上述三行为不服申请复议，应向某县国税局的上一级国税局申请

C. 对扣押行为不服，李某可以直接向法院提起诉讼

D. 该国税局扣押李某中巴车的措施，可以交由县交通局采取

答案（ ② ）

【解析】（1）涉税案件一般需要复议前置，但处罚、行政强制、反倾销税是例外，当事人可以直接向法院起诉。本题中，罚款（性质属于行政处罚）、扣押（性质属于强制措施）不需要复议前置，缴纳税款的决定不属于特别情形，需要复议前置，因此A项错误，C项正确。

（2）复议机关原则上是被申请人的上一级行政机关，对于政府的工作部门一般情况有两个上级，比如，县公安局复议机关为县政府（地域上的上级）和市公安局（业务上的上级）。但是，海关、国税、金融和外汇4个国家垂直领导机关具有特殊的机构建制，垂直领导意味着这四个行政机关只对上级业务主

参考答案：①A ②AD

管部门负责,不对地方政府负责,在复议机关的确立上,由于国家垂直领导机关只有一个上一级机关,所以,复议机关就只有其上一级业务主管部门。在本题中,对于县国税局,李某应向其上一级国税局申请,B选项表达正确。

(3)根据《税收征收管理法》第41条的规定,税收保全措施、强制执行措施的权力,不得由法定的税务机关以外的单位和个人行使。因此,国税局扣押李某中巴车的措施,不可以交由县交通局采取。另外,扣押属于行政强制措施,《行政强制法》禁止强制措施的委托。所以,D选项表达错误。

综上,本题为选非题,选择表达错误的选项,答案为A、D。

4. 甲省乙市人民政府决定征用乙市某村全部土地用于建设,甲省人民政府作出了批准乙市在该村征用土地的批复。其后,乙市规划建设局授予丁公司拆迁许可证,决定拆除该村一组住户的房屋。一组住户不服,欲请求救济。下列哪一种说法不正确?(2005-2-44,单)

A. 住户对甲省人民政府征用土地的批复不服,应当先申请复议再提起诉讼
B. 住户可以对乙市人民政府征用补偿决定提起诉讼
C. 住户可以对乙市规划建设局授予丁公司拆迁许可证的行为提起诉讼
D. 住户可以请求甲省人民政府撤销乙市规划建设局授予丁公司拆迁许可证的行为

答案(①)

【解析】(1)侵犯既得自然资源权利案件,要满足以下三个条件:第一,自然资源所有权使用权;第二,已取得;第三,给了别人(广义确认)。在本题A选项中,甲省人民政府的征用土地批复,并没有直接将土地给了别人,而是收归国有,不满足复议前置的第三个条件,无需复议前置,故A项错误。

(2)乙市人民政府征用补偿决定、乙市规划建设局授予丁公司拆迁许可证的行为都属于具体行政行为,直接影响了住户的土地权益,住户与这两项行为有法律上的利害关系,可以起诉,故B、C项正确。

(3)有权撤销的机关根据利害关系人的请求或者依据职权,可以撤销行政许可,有撤销权的机关包括:第一,许可决定机关;第二,许可决定机关的上级行政机关(并不限于"上一级");第三,法院;第四,被越权机关。而甲省人民政府是乙市规划建设局的上级机关,因此D项正确。

5. 当事人对下列哪些事项既可以申请行政复议也可以提起行政诉讼?(2013-2-83,多)

A. 行政机关对民事纠纷的调解
B. 出入境边防检查机关对外国人采取的遣送出境措施
C. 是否征收反倾销税的决定
D. 税务机关作出的处罚决定

答案(②)

【解析】(1)行政调解指行政机关劝导发生民事争议的当事人自愿达成协议的一种行政活动。行政调解针对的是发生了民事权益争议的当事人。行政调解为"柔性"行为,不具有处分性、没有强制性,不可诉讼,也不可复议。A项错误,不选。

(2)外国人对依照《出入境管理法》的规定对其实施的继续盘问、拘留审查、限制活动范围、遣送出境措施不服的,可以依法申请行政复议,该行政复议决定为最终决定。B选项满足复议终局的三个条件,第一,对象:外国人、其他境外人员;第二,行为:限制人身自由;第三,决定依据:《出入境管理法》。

参考答案:①A ②CD

所以，外国人对遣送出境措施，只能申请行政复议且复议终局，无权提起行政诉讼。B项错误，不选。

（3）涉税案件一般需要复议前置，但处罚、行政强制、反倾销税是例外，当事人可以直接向法院起诉。C选项按照《反倾销条例》第53条的规定："对是否征收反倾销税的决定以及追溯征收、退税、对新出口经营者征税的决定不服的，可以依法申请行政复议，也可以依法向人民法院提起诉讼。"可知，是否征收反倾销税的决定，当事人对此不服的，可以复议，也可以诉讼。C选项正确，当选。D选项的行政处罚和反倾销税一样，都属于涉税案件的例外情况，当事人可以直接起诉，所以，D选项正确，当选。

第十一章 行政诉讼参加人

命题规律

从考试分值上来看，本章是本学科最重要的章节，被告、原告、第三人等3个知识点是历年行政法主观题和客观题考查的重头戏。同时，这些知识点还有承前启后的功能，"承前"是将行政实体法中的行政主体、行政相对人等概念衔接到诉讼制度当中，"启后"是3个知识点会直接影响诉讼法后续其他内容，例如，如果没有确定被告，管辖法院的题目是无法解答的。不仅如此，审理对象、举证责任和判决等内容都需要以本章内容为基础，所以，考生一定要认真反复学好本章内容。由于本章是绝对重点，所以，前3个知识点中的内容条条都是核心，其中，核心的核心是经过复议后被告资格的确定、法律上利害关系的判断。

真题分布情况

被告	2016-2-49,2016-2-98,2016-2-99,2015-2-82,2015-4-6,2013-2-100,2012-2-97,2012-4-6,2011-2-100,2010-2-86
原告	2015-4-6,2013-2-47,2013-2-82,2012-2-46,2010-4-6
第三人	2014-2-98,2013-2-100,2012-2-46,2012-2-97,2012-4-6,2011-2-100
共同诉讼	2013-2-81
诉讼代表人	2011-2-100
诉讼代理人	2014-2-84

一、行政诉讼的被告

1. 某县环保局与水利局在联合执法过程中，发现某化工厂排污口建在行洪通道上，并对下游河水造成污染，遂联合作出责令该厂限期拆除其排污口的决定。某县水利局工作人员田某向该厂送达决定书时，遭到该厂职工围攻而受伤。该厂不服，以某县水利局为被告向法院提起行政诉讼。下列哪一选项是正确的？（2008延-2-47,单）

A. 法院应当通知某化工厂变更被告

B. 某县水利局可以对田某被打一事提起反诉

C. 田某可以成为本案的第三人

D. 若法院追加且某化工厂同意,某县环保局为本案的被告

答案( )①

【解析】(1)多个行政主体共同作出行政行为,在行政诉讼中应当有两个以上的被告,原告起诉时漏掉被告,比如应当以甲和乙两个机关作为共同被告,原告起诉时,只起诉了甲机关,对于乙机关,法院应当如何处理呢?法定步骤如下:第一步,尊重原告诉权,通知原告追加被告乙机关。第一步为必经步骤,不能跨越。第二步,如果原告不同意追加,法院应当追加没有被起诉的乙机关为第三人。注意此处追加的是第三人,而不是追加为共同被告。在本案,县环保局与县水利局联合责令化工厂限期拆除其排污口,县环保局与县水利局应是本案的共同被告。化工厂以某县水利局为被告起诉,属于"告漏了",而不是"告错了"的情况,法院应当是追加被告,而不是变更被告,因此 A 项错误,D 项正确。在此,再次提醒考生,共同行为"告漏了"不同于"告错了","告错了"是认错了人,应当以 A 机关为被告,当事人却把 B 机关诉至法庭,法院发现原告被告有误时处理方法为:第一步,通知原告变更被告;第二步,法院通知原告变更被告而原告拒绝变更的,则由法院裁定驳回起诉。

(2)行政诉讼只能是"民告官",不会出现"官告民",也就是说,行政诉讼两边当事人是恒定的,原告只能是行政相对人,被告只能是行政主体,所以,在行政诉讼制度中自然不会出现反诉制度,B 项错误。

(3)田某是县水利局工作人员,其被打伤发生在执行公务过程中,此时,他的人格已经被所属的行政机关吸收,没有独立的法律地位,故田某不得充当本案第三人,故 C 项错误。

2. 某派出所以扰乱公共秩序为由扣押了高某的拖拉机。高不服,以派出所为被告提起行政诉讼。诉讼中,法院认为被告应是县公安局,要求变更被告,高不同意。法院下列哪种做法是正确的?(2007 - 2 - 44,单)

A. 以派出所为被告继续审理本案

B. 以县公安局为被告审理本案

C. 裁定驳回起诉

D. 裁定终结诉讼

答案( )②

【解析】依据《治安管理处罚法》的规定,派出所只能进行警告和 500 元以下的罚款,扣押属于种类越权行为,应当由派出所所属的县公安局作为被告,而原告起诉时被告为派出所,这说明原告选择被告错误,此时,法院应当告知原告变更被告;原告不同意变更的,裁定驳回起诉。因此 C 项正确,其他选项错误。

【设题陷阱与常见错误分析】有考生将"告漏了"和"告错了"混淆,故而错误。两种情况的区别详见 2008 年第 47 题。

3. 在行政诉讼过程中,下列哪一行为人民法院须征得原告同意才能实施?(2004 - 2 - 45,单)

A. 允许被告改变具体行政行为

B. 通知第三人参加诉讼

C. 追加被告

D. 决定合并审理

答案( )③

参考答案:①D ②C ③C

96

【解析】(1)具体行政行为是单方的,被告改变已经作出的具体行政行为,无须相对人的同意,被告单方面地在遵照法律要件的情况下,即可变更。而且如果原告对改变后的行为不服,可以另行起诉,因此,A项错误。

(2)《行政诉讼法》第29条规定:"公民、法人或者其他组织同被诉行政行为有利害关系但没有提起诉讼,或者同案件处理结果有利害关系的,可以作为第三人申请参加诉讼,或者由人民法院通知参加诉讼。"可见人民法院通知第三人参加诉讼,无须原告同意,因此,B项错误。

(3)对于共同行为"告漏了",法院处理的法定步骤如下:第一步,尊重原告诉权,通知原告追加被告。第二步,如果原告不同意追加,法院应当追加没有被起诉的行政机关为第三人。可见追加被告是必须经过原告同意的,否则法院只能退而求其次追加为第三人了。因此,C项正确。

(4)只要符合法定情形,人民法院可以直接决定合并审理,无须当事人同意,D项错误。

4. 某区卫计局以董某擅自开展诊疗活动为由作出没收其违法诊疗工具并处5万元罚款的处罚。董某向区政府申请复议,区政府维持了原处罚决定。董某向法院起诉。下列哪一说法是正确的?(2016-2-49,单)

A. 如董某只起诉区卫计局,法院应追加区政府为第三人
B. 本案应以区政府确定案件的级别管辖
C. 本案可由区卫计局所在地的法院管辖
D. 法院应对原处罚决定和复议决定进行合法性审查,但不对复议决定作出判决

答案(　①　**)**

【解析】(1)2014年新修改的《行政诉讼法》第26条将复议维持后再起诉的被告规定调整为:"经复议的案件,复议机关决定维持原行政行为的,作出原行政行为的行政机关和复议机关是共同被告。"复议维持后,被诉行为是原机关的原行为和复议机关的维持决定,由于存在两个被诉行为,所以,不可能允许出现某个被诉行为没有被告只有第三人的,所以,即使原告不同意追加被告,法院也会将"告漏了"的行政机关强行追加为共同被告。所以,A项错误。

(2)在级别管辖的规则上,作出原行政行为的行政机关和复议机关为共同被告的,以作出原行政行为的行政机关确定案件的级别管辖。按照级别管辖的逻辑,县级以上地方政府为被告的案件由中院管辖,而以区卫计局(其性质是政府的工作部门,而不是政府)来确定管辖法院的级别,最终就应该由基层法院管辖。那么究竟以哪个行政机关来确定管辖法院的级别呢?中国立法者选择了"就低原则",以原机关的行政级别来确定管辖法院的级别。在本案中,应当以区卫计局来确定管辖法院的级别。所以,B项错误。

(3)在地域管辖的规则上,为便利原告起诉,只要经过复议的行政案件,无论复议结果是维持还是改变,原告既可以向原机关所在地法院起诉,也可以向复议机关所在地法院起诉。对于本题,原机关区卫计局和复议机关区政府所在地的法院均有管辖权。所以,C项正确。

(4)由于复议维持后原机关和复议机关均要成为行政诉讼的被告,对应的,法院要对原行为和复议行为都进行合法性审查,进而法院自然要对两个行为都作出判决。"诉什么,审什么,判什么"是行政诉讼中一以贯之的逻辑线索,所以D项错误。

综上,本题答案为C。

【设题陷阱与常见错误分析】第一,有些考生会将经过复议后,级别管辖和地域管辖的知识混淆进而出错,但实际上两个知识点各有各的逻辑,只要做题顺序正确,是不应犯错的。

参考答案:①C

第二,有些考生将共同行为"告漏了"与复议维持"告漏了"混淆起来,导致本题选择错误。复议维持"告漏了"和共同行为"告漏了"是不同的,共同行为是指多个行政机关共同作出一个行政行为,虽然行为作出主体为多个,但被诉的行为却只有一个。而复议维持后,被诉行为是原机关的原行为和复议机关的维持决定,由于存在两个被诉行为(原行为和复议维持决定),所以,不可能允许出现某个被诉行为没有被告只有第三人的,所以,本条规定背离了诉的一般原理,即使在原告不诉的情况下,也将其强行追加为了共同被告。

5. 金某因举报单位负责人贪污问题遭到殴打,于案发当日向某区公安分局某派出所报案,但派出所久拖不理。金某向区公安分局申请复议,区公安分局以未成立复议机构为由拒绝受理,并告知金某向上级机关申请复议。下列哪些说法是正确的?(2005-2-85,多)

  A. 金某可以向某区人民政府申请复议
  B. 金某可以以某派出所为被告向法院提起行政诉讼
  C. 金某可以以某区公安分局为被告向法院提起行政诉讼
  D. 应当对某公安分局相关责任人给予行政处分

答案(①　　)

【解析】(1)对政府工作部门的派出机构依照法律、法规或者规章规定,以自己的名义作出的具体行政行为不服的,向设立该派出机构的部门或者该部门的本级地方人民政府申请行政复议。本案中,金某不服派出所久拖不理的行为(行政不作为),可以向区公安分局申请行政复议,也可以向区政府申请行政复议,因此,A项正确。

(2)经过复议再起诉被告有三种情况:"复议改变,单独告;复议维持,共同告;复议不作为,择一告。"本题为复议不作为,当事人对原具体行政行为不服提起诉讼的,应当以作出原具体行政行为的行政机关为被告;当事人对复议机关不作为不服提起诉讼的,应当以复议机关为被告。本案中,金某既能够以某派出所为被告向法院提起行政诉讼,又能够以某区公安分局为被告向法院提起行政诉讼,因此B、C项正确。同时,由少数考生认为派出所不作为的情况下,派出所没有成为被告的资格,这是错误的,既然派出所"当为"(至少可以警告或罚款500元)而"不为",那么自然构成行政不作为,为何不能以派出所为被告起诉呢?

(3)《行政复议法》第34条规定:"行政复议机关违反本法规定,无正当理由不予受理依法提出的行政复议申请或者不按照规定转送行政复议申请的,或者在法定期限内不作出行政复议决定的,对直接负责的主管人员和其他直接责任人员依法给予警告、记过、记大过的行政处分;经责令受理仍不受理或者不按照规定转送行政复议申请,造成严重后果的,依法给予降级、撤职、开除的行政处分。"因此,D项正确。

【归纳总结】经过复议后诉讼被告的确认

复议结果	行政诉讼被告
复议改变后再起诉(改变只包括改变行为结果)	复议机关(单独告)
复议维持后再起诉	原机关和复议机关(共同告) (告漏了,通知原告追加;原告不追加,加为共同被告)
复议机关不作为再起诉	对复议机关不服,以复议机关为被告;对原具体行政行为不服,以原行政机关为被告(选择告)

参考答案:①ABCD

第十一章 行政诉讼参加人

6. 市工商局认定豪美公司的行为符合《广告法》第28条第2款第2项规定的"商品或者服务有关的允诺等信息与实际情况不符,对购买行为有实质性影响"情形,属发布虚假广告,予以行政处罚。豪美公司向省工商局申请行政复议,省工商局受理。如省工商局在法定期限内不作出复议决定,下列说法正确的是?(2016-2-99,不定)

A. 有监督权的行政机关可督促省工商局加以改正
B. 可对省工商局直接负责的主管人员和其他直接负责人员依法给予警告、记过、记大过的行政处分
C. 豪美公司可向法院起诉要求省工商局履行复议职责
D. 豪美公司可针对原处罚决定向法院起诉市工商局

答案( )①

【解析】(1)《行政复议法实施条例》第31条规定:"上级行政机关认为行政复议机关不予受理行政复议申请的理由不成立的,可以先行督促其受理;经督促仍不受理的,应当责令其限期受理,必要时也可以直接受理;认为行政复议申请不符合法定受理条件的,应当告知申请人。"可见,有监督权的机关是有权督促复议机关改正错误,予以受理案件的。A选项正确。

(2)《行政复议法》第34条规定:"行政复议机关违反本法规定,无正当理由不予受理依法提出的行政复议申请或者不按照规定转送行政复议申请的,或者在法定期限内不作出行政复议决定的,对直接负责的主管人员和其他直接责任人员依法给予警告、记过、记大过的行政处分。"所以,B选项正确。

(3)对于复议机关复议不作为,当事人除了可以向复议机关的上级机关申请督促外,还可以提起行政诉讼,既可以起诉原机关原行政行为,对市工商局原处罚决定提起诉讼,D选项正确,又可以起诉复议机关复议不作为,请求法院判令复议机关省工商局在法定期限内做出复议决定,C选项正确。

7. 甲县政府设立的临时机构基础设施建设指挥部,认定有10户居民的小区自建的围墙及附属房系违法建筑,指令乙镇政府具体负责强制拆除。10户居民对此决定不服起诉。下列说法正确的是:(2011-2-100,任)

A. 本案被告为乙镇政府
B. 本案应由中级法院管辖
C. 如10户居民在指定期限内未选定诉讼代表人的,法院可以依职权指定
D. 如10户居民对此决定申请复议,复议机关为甲县政府

答案( )②

【解析】(1)行政机关的内设机构、派出机构、被委托主体、被指令主体,都有可能在一定条件下行使行政职权,但实际上他们并非权力的真正拥有者,所以,在这种情况下,并不是由实际实施行为的机构或者组织作被告,而是由权力的实际享有者作被告。我们判断某个主体是否能够成为行政主体,并不在于外部表象,而是看谁是权力的实际拥有人,谁是真正的意思表示作出者。在该案例中,基础设施建设指挥部和乙镇政府是对外直接"跑腿"的,但真正的拆迁行为决定者、拆迁权利拥有者均为县政府,所以,本案的被告应当为县政府。

(2)《行政诉讼法》第15条规定:"对国务院部门或者县级以上地方人民政府所作的行政行为提起诉讼的案件由中级人民法院管辖。"本案由于被告为县政府,那么应当由中级法院管辖。故B项正确。

(3)同案原告为5人以上,应当推选1至5名诉讼代表人参加诉讼;在指定期限内未选定的,人民法院可以依职权指定。因此,如10户居民在指定期限内未选定诉讼代表人的,法院可以依职权指定,

参考答案:①ABCD ②BC

故 C 项正确。

(4)复议被申请人和行政诉讼被告的确立遵照高度一致的规则,本案如果提起复议,复议申请人是甲县政府,那么,复议机关就是甲县政府的上一级政府(市政府),故 D 项错误。

【设题陷阱与常见错误分析】 本题的关键点是确定行政主体,选项 A、B、D 的判断需要以此为基础,所以我们在讲行政法做题方法时再三强调"找主体,看行为,分阶段,辨诉求"。

二、原告

1. 某公司向规划局交纳了一定费用后获得了该局发放的建设用地规划许可证。刘某的房屋紧邻该许可规划用地,刘某认为建筑工程完成后将遮挡其房屋采光,向法院起诉请求撤销该许可决定。下列哪一说法是正确的?(2013-2-47 单)

A. 规划局发放许可证不得向某公司收取任何费用
B. 因刘某不是该许可的利害关系人,规划局审查和决定发放许可证无须听取其意见
C. 因刘某不是该许可的相对人,不具有原告资格
D. 因建筑工程尚未建设,刘某权益受侵犯不具有现实性,不具有原告资格

答案(①)

【解析】 (1)A 选项考查行政许可收费问题,但考查内容较偏。《行政许可法》第58条规定:"行政机关实施行政许可和对行政许可事项进行监督检查,不得收取任何费用。但是,法律、行政法规另有规定的,依照其规定。"据此,行政许可原则上不得收取任何费用,除非法律、行政法规另有规定。至此,我们似乎感觉 A 选项表达过于绝对,应该错误。但由于本题中涉及的是行政许可的具体类型规划许可,除了需要遵照一般法《行政许可法》外,还需要遵照特别法《城乡规划法》,《城乡规划法》并没有条款允许规划许可证收取费用。可见,A 选项的说法在规划许可问题上并没有过于绝对化,A 是正确的。

(2)原告是与具体行政行为有利害关系的人,但利害关系人不仅仅包括行政行为的相对人,还包括与具体行政行为有法律上利害关系的行政相关人。所以,C 选项错误。

(3)在行政法中,相邻权人被认为具有法律上的利害关系,如果被诉行政行为侵害了有关当事人的相邻权,利害关系原告成立。既然刘某为该许可的利害关系人,那么应当听取他的意见。故 B 选项的说法错误。

(4)行政诉讼原告是指认为行政行为侵犯其合法权益,而依法向人民法院提起诉讼的公民、法人或者其他组织。这里的侵犯是指当事人的实体权利受到"必然影响","必然影响"是指使公民、法人或者其他组织的权利、义务发生了变化,如限制、减少权利,增加、免除、减少义务等。"必然影响"既包括权利被剥夺,比如房屋已经被强制拆除,也包括必然限制。规划许可证一旦颁发,该公司就获得按照规划许可建设的权利,同时,也就为刘某设定了不得妨害该公司工程建设的义务。此时,刘某的权利在法律上已经受到影响,已具备利害关系。故,选项 D 的说法错误。

【设题陷阱与常见错误分析】 本题考生的错误主要发生在 A 选项上,考生不了解特别法《城乡规划法》对收费问题的规定,而认为 A 选项的说法绝对进而作出错误判断。本学科原则上不涉及部门行政法领域,但《治安管理处罚法》《土地管理法》和《城乡规划法》是例外,考生应当在学习经济法时顺带关注这几部法律中的行政法律制度。

【归纳与总结】 原告资格的判断(法律上利害关系的判断)

原告必须与被诉行政行为之间有法律上的利害关系,即承担该行政行为法律后果或者合法权益受到影响。行政诉讼原告包括行政行为的相对人,但并不限于行政相对人,只要是与具体行政行为有法

参考答案:①A

律上直接利害关系的公民、法人或其他组织,对该行政行为不服的,均可作为原告提起行政诉讼。

（1）行政相对人必然具有原告资格

具体行政行为的直接对象被称为"行政相对人",如右图所示,行政机关对甲作出A行政行为,甲作为相对人必然与行政行为之间具有法律上的利害关系,甲拥有原告资格。

（2）行政相关人在一定情况下具有原告资格

①侵权关系的受害人乙具有原告资格。

②甲和乙之间存在父子、婚姻、兄弟姐妹等亲属关系,行政机关对甲作出A行政行为,此时,乙仅仅凭借亲属关系,乙只具有事实上的利害关系,而不具有法律上的利害关系,进而没有原告资格。

③甲、乙之间具有所有权与所有权、所有权与相邻权、所有权与用益物权等关系时,乙具有利害关系,进而具有原告资格。

④甲、乙之间是公平竞争关系,行政机关滥用行政权力排除或者限制乙与甲之间的竞争,使乙陷入不利的竞争地位时,乙具有法律上的利害关系,有权起诉。

⑤甲和乙之间签订了民事买卖合同,后由于某种原因,行政机关对甲作出A行为,相对人甲一定有权起诉合同关系的相对方,乙是否有权对A行政行为起诉呢? 做题口诀是:"有民诉,没行政;没民诉,有行政"。

2. 区城乡建设局批复同意某银行住宅楼选址,并向其颁发许可证。拟建的住宅楼与张某等120户居民居住的住宅楼间距为9.45米。张某等20人认为该批准行为违反了国家有关规定,向法院提起了行政诉讼。对此,下列哪些选项是错误的?（2007 - 2 - 80,多）

A. 因该批准行为涉及张某等人相邻权,故张某等人有权提起行政诉讼

B. 张某等20户居民应当推选2~5名诉讼代表人参加诉讼

C. 法院可以通知未起诉的100户居民作为第三人参加诉讼

D. 张某等20户居民应当提供符合法定起诉条件的证据材料

答案（　①　）

【解析】（1）具体行政行为涉及相邻权的,公民、法人或者其他组织可以依法提起行政诉讼。因此,A项正确。

（2）同案原告为5人以上,应当推选1至5名诉讼代表人参加诉讼,B选项人数问题错误,在民诉法中诉讼代表人是"2~5名",命题人在这里使用了张冠李戴的命题技巧。

（3）同一个具体行政行为,影响到若干人的利益,法院应当通知未起诉的人作为第三人。之所以同一个行政行为是应当通知,是因为既然被诉行政行为只有"一个",那么,法院对该行为的合法违法的判定只能有一次,所以,法院应当通知其他利害关系人参加诉讼。比如,本题中,因为一栋楼房只会有一个规划许可证,既然行政行为数量为"一个",那么不管该行政许可行为影响到了多少人的利益,法院对该行为只能审查一次,所以,法院应当通知100户居民作为第三人参加诉讼。同一类的具体行政行为,影响到若干人的利益,法院可以通知未起诉的人作为第三人。同一类行政行为事实上彼此之间各自独立,即使利害关系人未参与本诉讼,之后也可以另行起诉,所以,法律制度在这种情况下没有对法院规定强制通知义务。比如,甲、乙、丙、丁四人在司法考试中各自独立作弊,被司法局发现后,司法局作出决定,禁止甲、乙、丙、丁3年内参加此考试。如果甲提起行政诉讼,则法院可以通知乙、丙、丁参加诉讼。因为此处事实上是4个独立的行政处罚行为,乙、丙、丁对针对他们自身的处罚在之后完全可以再起诉,所以,没有必要非通知其参加不可。

参考答案:①BC

(4) 原则上,被告对作出的行政行为负有举证责任,应当提供作出该行政行为的证据和所依据的规范性文件。例外时,原告只在特定的情况下对特定事项承担举证责任。行政诉讼中原告提供的证据仅限于下列情形:第一,公民、法人或其他组织向法院起诉的,应当提供其符合起诉条件的相应证据材料;第二,在起诉被告不履行法定职责的案件中,原告应当提供其在行政程序中曾经向被告提出申请的证据材料;第三,在行政赔偿、补偿诉讼中,原告应当对被诉行政行为造成损害的事实提供证据。因此,D项属于原告举证责任的第一种情况,正确。

【设题陷阱与常见错误分析】 有考生未能清楚地区分民诉和行政诉讼的第三人数量而在B选项上犯错。还有部分考生对于C选项的"应当"与"可以"追加第三人混淆不清,或者有同学认为C选项中存在多个行政行为,这是因为没有从行政法的角度考虑问题而出错的。

3. 一小区已建有A幼儿园,为满足需要,某区人民政府拟在该小区内再建一所幼儿园。张某和李某先后向某区人民政府提出申请,张某获批准。下列哪一种说法是正确的?(2005-2-40,单)

A. 某区人民政府必须在受理李某和张某的申请之日起20日内作出批准与否的决定
B. 某区人民政府按照张某和李某申请的先后顺序作出批准决定是不合法的
C. 李某有权对某区人民政府批准张某申请的行为提起行政诉讼
D. A幼儿园有权对某区人民政府批准再建幼儿园的决定提起行政诉讼

答案(　　)①

【解析】 (1)《行政许可法》第42条规定:"除可以当场作出行政许可决定的外,行政机关应当自受理行政许可申请之日起20日内作出行政许可决定。20日内不能作出决定的,经本行政机关负责人批准,可以延长10日,并应当将延长期限的理由告知申请人。但是,法律、法规另有规定的,依照其规定。"根据上述规定,行政机关不是必须在受理申请之日起20日内作出批准与否的决定,A项表达过于绝对,错误。

(2)有数量限制的行政许可,数个申请人的申请均符合法定条件、标准的,行政机关应当根据受理行政许可申请的先后顺序作出准予行政许可的决定(即"先到先得"原则);但法律、行政法规另有规定的,依照其规定。本题中,新建的幼儿园许可属于数量限制的行政许可,所以某区人民政府按照申请的先后顺序作出批准决定是不符合法律规定的,申请顺序和受理顺序并不完全一致,所以,故B项正确。

(3)因为李某和张某是同时申请该行政许可的公平竞争权人,如果李某认为在竞争中遭遇了不公平对待,有权提起行政诉讼,所以,C选项正确。

(4) A幼儿园无权提起行政诉讼。A幼儿园并非公平竞争权人,A幼儿园与张某、李某不处于同样的竞争地位,它的既得利益是否受到侵犯不具有必然性,所以,法律不保护A幼儿园这样的既存的经营者。"只要是行政机关居于'竞争中立'立场作出的,即使对既存经营者的经济利益产生影响,也不能认为该行为侵犯了公平竞争权,该经营者也不具有原告资格。"②如果考生还是觉得难以理解,想想下面的例子,就可以豁然开朗了:你今年通过了司法考试,后通过实习取得了律师证,之前获得了律师证的30万名律师都来起诉司法部,说某某通过了司法考试,影响了我的生意。如果这一逻辑成立的话,司法部岂不是会被诉得焦头烂额?可见,D项错误。

综上,司法部公布的本题答案为C,但实际上这是一道明显的错题,答案应为BC。

【设题陷阱与常见错误分析】 本题的错误主要是对于公平竞争关系的"公平"二字理解不到位所致。

参考答案:①BC
②张树义、张力著:《行政法与行政诉讼法》,高等教育出版社2015年版,第214页。

4. 经王某请求,国家专利复审机构宣告授予李某的专利权无效,并于 2011 年 5 月 20 日向李某送达决定书。6 月 10 日李某因交通意外死亡。李某妻子不服决定,向法院提起行政诉讼。下列哪一说法是正确的?(2012-2-46,单)

A. 李某妻子应以李某代理人身份起诉
B. 法院应当通知王某作为第三人参加诉讼
C. 本案原告的起诉期限为 60 日
D. 本案原告应先申请行政复议再起诉

答案(　①　)

【解析】(1)如果李某没有死亡,他的妻子只具有事实上的利害关系,而在专利行政机关宣告李某专利无效的法律关系中,不具有法律上的利害关系,妻子如果起诉,只能以李某的代理人身份参加诉讼。但在本案中李某死亡,妻子可以像继承财产一样,继受丈夫的原告资格,李某的妻子可以作为原告提起诉讼,而不是以李某代理人的身份起诉,代理存在的前提必须是被代理人仍然存在。故 A 选项错误。同时,与本项考点类似的,有权提起行政诉讼的法人或其他组织终止的,承受其权利的法人或其他组织可以作为原告提起诉讼。

(2)专利权既有一定的人身属性,又有一定的物权属性,王某作为专利的争议人,专利宣告无效的申请人,与宣告专利无效的行政行为之间有密切的法律上的利害关系,该诉讼的审判结果会直接影响其利益,如果法院将宣告李某专利无效的行政行为撤销,将直接导致王某之前的请求结果发生变化,从而影响了其法律地位。所以,应当通知他作为第三人参加诉讼,故 B 选项正确。

(3)公民、法人或其他组织直接向人民法院提起诉讼的,应当在作出具体行政行为之日起 6 个月内提出。法律另有规定的除外。故 C 选项错误。

(4)在司法考试中,复议前置一共包括三种情况:

第一种情况,侵犯既得自然资源权利案件,要满足以下三个条件:(1)自然资源所有权使用权;(2)已取得;(3)给了别人(广义确认)。

第二种情况,涉税案件一般需要复议前置,但处罚、行政强制、反倾销税是例外,当事人可以直接向法院起诉。

第三种情况,反垄断部门采取的禁止集中或限制集中措施而引发的案件应当复议前置。

对于 D 选项,考生可用排除法,既然既不属于自然资源案件,又不属于反垄断案件,也不属于涉税案件,那么就属于最一般的情况(自由选择情形),当事人可以直接起诉。故 D 选项错误。

5. 甲厂是某市建筑装潢公司下属的独立核算的集体企业,2007 年 1 月某市建筑装潢公司经批准与甲厂脱离隶属关系。2007 年 4 月,行政机关下达文件批准某市建筑装潢公司的申请,将甲厂并入另一家集体企业乙厂。对此行为,下列何者有权向法院起诉?(2008-2-86,多)

A. 甲厂
B. 乙厂
C. 甲厂法定代表人
D. 乙厂法定代表人

答案(　②　)

【解析】非国有企业被行政机关注销、合并、强令兼并、出售、分立或改变企业隶属关系,该企

参考答案:①B　②ABCD

业或其法定代表人可以提起行政诉讼。注意此时具备原告资格的主体有两个:第一,企业可以自己的名义起诉,虽然企业法人资格已然消亡,企业依然可以享受最后一次诉讼机会,这是和民事规则不一致的。试想,如果企业被行政机关恣意行使行政权力而"杀死",那么,不赋予该企业原告资格,该企业如何得到救济呢?第二,企业的法定代表人可以自己的名义起诉,也就是说法定代表人自己直接成为原告。如果法定代表人以企业的名义起诉,往往需要提供企业登记文件或者加盖企业公章的起诉书,而在法人资格被终止后,法定代表人很可能无法提供这些文件,所以,立法者允许其以自己的名义起诉,直接赋予了法定代表人诉权。

甲厂、乙厂、甲厂法定代表人和乙厂法定代表人均有权起诉。首先,由于甲厂被强令兼并,甲厂法人资格消亡,按照前述规则,甲厂和甲厂的法定代表人可以自己的名义起诉。然后,乙厂被政府强令"拉郎配"后,经营自主权也会受到影响,并入一个烂摊子谁乐意呢?所以,乙厂有权起诉。但是,为什么乙厂法定代表人有权起诉,成为原告呢?命题人认为解析本题目时以认为"法定代表人可以独立起诉,并不以乙企业是否实际存在为前提"①。这说明命题人对于强令兼并采取字面解释,强令兼并双双向的,不管兼并方、被兼并方都是被强迫的,套用前述法条规则,双方的企业和企业的法定代表人均有权起诉,成为独立的原告。故选项A、B、C、D都应选。

【设题陷阱与常见错误分析】 本题的主要问题在于,第一,在做题时无法联想起相应考点来;第二,对于强令兼并不熟悉命题人的观点。

6. 甲市政府批复同意本市乙区政府征用乙区某村丙小组非耕地63亩,并将其中48亩使用权出让给某公司用于建设商城。该村丙小组袁某等村民认为,征地中有袁某等32户村民的责任田32亩,区政府虽以耕地标准进行补偿但以非耕地报批的做法违法,遂向法院提起行政诉讼。下列哪一选项是正确的?(2007-2-40,单)

    A. 袁某等32户村民可以以某村丙小组的名义起诉
    B. 袁某等32户村民可以以自己名义起诉
    C. 应当以乙区人民政府为被告
    D. 法院经审理如果发现征地批复违法,应当判决撤销

📚 答案(　　)②

📝 **【解析】** (1)本案中乙区政府征用耕地的行为,侵犯了村民小组作为集体经济组织的财产权,因此丙小组可以提起诉讼。但是,丙小组是不具备法人资格的组织。《行政诉讼法解释》第14条第2款规定:"不具备法人资格的其他组织向人民法院提起诉讼的,由该组织的主要负责人作诉讼代表人;没有主要负责人的,可以由推选的负责人作诉讼代表人。"据此,丙小组非耕地63亩被征用,该小组的主要负责人(比如村民推选的小组长)作为诉讼代表人可以以丙小组的名义起诉,或者由全体村民(而不是其中32户村民)推选的负责人以丙小组的名义起诉,但是32户村民没有资格以某村丙小组的名义起诉。因此,A项错误。

(2)《行政诉讼法解释》第16条规定:"农村土地承包人等土地使用权人对行政机关处分其使用的农村集体所有土地的行为不服,可以自己的名义提起诉讼。"本案中,征用土地的行为影响了袁某等32户村民的土地承包经营权。因此,B项正确。

(3)《行政诉讼法解释》第19条规定:"当事人不服经上级行政机关批准的具体行政行为,向人民法

---

①司法部国家司法考试中心:《2008年国家司法考试试题解析》,法律出版社,第168页。
参考答案:②B

院提起诉讼的,应当以在对外发生法律效力的文书上署名的机关为被告。"本案中,乙区政府征用土地经过了甲市政府批准,但是在对外发生法律效力的文书上署名的机关是哪个机关,题干并未透露,所以,无法判断本案的被告。因此,C项错误。

(4)违法的具体行政行为原则上要撤销,但撤销有部分撤销,也有全部撤销,本案中,甲政府批复同意本市乙区政府征用乙区某村丙小组非耕地63亩,并将其中48亩使用权出让给某公司用于建设商城,袁某等认为征地中有袁某等32户村民的责任田32亩,所以,即使行政行为违法,也只能部分撤销涉及32亩土地的部分,而不是将征地批复全部撤销,故D项错误。

7. 一公司为股份制企业,认为行政机关作出的决定侵犯企业经营自主权,下列哪些主体有权以该公司的名义提起行政诉讼?(2013-2-82,多)

A. 股东
B. 股东大会
C. 股东代表大会
D. 董事会

答案(①)

【解析】股份制企业的股东大会、股东代表大会、董事会等认为行政机关作出的行政行为侵犯企业经营自主权的,可以以企业名义提起诉讼。在民事规则中,法定代表人代表企业开展民事活动,在诉讼中,法定代表人自然代表企业开展诉讼活动,所以有权代表企业起诉的只有法定代表人。在行政诉讼中,法定代表人自然也可以代表企业起诉。不过,与民事诉讼制度不同的是,行政诉讼是"3+1"的结构,也就是说,除了法定代表人外,股东大会、股东代表大会、董事会也可以代表公司起诉。为什么行政诉讼要增加三个主体呢?那是因为民诉中原被告双方的地位是平等的,而行政诉讼中原告面对的是"高高在上的"公权力机关。在强大的公权力面前,本质上是自然人的法定代表人很可能沦为政府的"走狗"。此时,如果只能法定代表人有权代表公司起诉,那不是"把所有的鸡蛋都放在了一个篮子中"吗?所以,在行政诉讼中,有权代表企业起诉的是"3+1",这里需要注意以下两个细节:第一,"3+1"股东大会、股东代表大会、董事会和法定代表人有权代表公司起诉,其他主体是无权的,比如,股东个人、债权人,等等。第二,"3+1"只是代表企业以"企业的名义"起诉,原告依然是企业自身,而不是董事会等主体直接成为原告。

8. 某市工商局发现,某中外合资游戏软件开发公司生产的一种软件带有暴力和色情内容,决定没收该软件,并对该公司处以3万元罚款。中方投资者接受处罚,但外方投资者认为处罚决定既损害了公司的利益也侵害了自己的权益,向法院提起行政诉讼。下列哪一选项是正确的?(2009-2-47,单)

A. 外方投资者只能以合资公司的名义起诉
B. 外方投资者可以自己的名义起诉
C. 法院受理外方投资者起诉后,应追加未起诉的中方投资者为共同原告
D. 外方投资者只能以保护自己的权益为由提起诉讼

答案(②)

【解析】(1)中外合资企业、中外合作企业、联营企业的联营、合资、合作各方,认为联营、合资、合作企业权益或者自己一方合法权益受到具体行政行为侵害的,均可以自己的名义提起诉讼。本条规定事实上有其特殊的政治和历史背景,并不能完全从法律逻辑的角度去理解。中外合资企业、中外

参考答案:①BCD ②B

合作企业、联营企业是改革开放后,中国招商引资而出现的企业类型,但那时候我们对社会主义经济规律的认识有误区,认为最好要采取和外商联营、合营等方式,而且中方一定要绝对控股,股份占到51%以上,否则,该企业就是存在剥削的资本主义企业,与社会主义的经济体制不相容。此时,外方投资人所占的资本比例较小,无法代表企业对抗地方政府的违法行政行为,利益受损时无法得到有效救济,这极大影响了外方投资人的投资热情;此时,为了吸引外资,本条规则应运而生,允许投资人自己直接作为原告。所以,A选项错,B选项正确,此外,当具体行政行为针对联营企业、中外合资或合作企业作出时,此时利益受到损害的投资人如果能够代表企业起诉的话,当然能够以企业名义起诉。

(2)行政机关的同一具体行政行为涉及两个以上利害关系人,其中一部分利害关系人对具体行政行为不服提起诉讼,人民法院应当通知没有起诉的其他利害关系人作为第三人参加诉讼。可知,法院应追加未起诉的中方投资者为第三人,而不是共同原告。在行政诉讼中,存在共同原告的制度,比如本题中如果中方和外方投资者同时起诉,则两者为共同原告,但不存在追加共同原告的制度,未起诉的利害关系人,均应追加为第三人,而非共同原告,因此,C项错误。

(3)投资人认为企业权益或者自己一方合法权益受到具体行政行为侵害的,均可以以自己的名义提起诉讼。所以,D选项表达过于绝对。

【设题陷阱与常见错误分析】 2009-2-47,2013-2-82和2008-2-86三道题目考生之所以会选择错误,第一,并未从行政法角度彻底理解原告资格的问题,习惯于从民事思维角度分析问题;第二,应试时无法将行政法知识点回想起来,有效地将知识和题目结合到一起,应试技巧为如果命题人不考查这三处,企业名称就会很简短,甲企业、乙企业、腾讯公司和万达公司,等等,但如果企业名称表述长了,就是从组织体角度考查行政法原告资格的特殊内容了,比如甲股份有限公司、乙中外合资企业、丙非国有企业等。

三、行政诉讼的第三人

1. 甲县宋某到乙县访亲,因醉酒被乙县公安局扣留24小时。宋某认为乙县公安局的行为违法,提起行政诉讼。下列哪些说法是正确的?(2012-2-79,多)

A. 扣留宋某的行为为行政处罚
B. 甲县法院对此案有管辖权
C. 乙县法院对此案有管辖权
D. 宋某的亲戚为本案的第三人

答案(　①　)

【解析】(1)对于醉酒的人强制约束到酒醒是典型的行政强制措施,该行为的目的是防止醉酒的人在神志不清的情况下对自身、他人构成威胁,侧重于对于危险的预防,而不是对酒醉之人的惩罚。如果酒醉之人在醉酒过程中损害了他人财物,公安机关对他进行罚款、拘留等则是一种具有惩戒性的处罚手段,故而,A选项错误。

(2)对限制人身自由的行政决定不服提起的诉讼,由被告所在地或者原告所在地人民法院管辖。故B、C选项正确。本知识点可以概括为,被关了的人诉关了的行为,原告所在地和被告所在地法院均具有管辖权。"关了的人"是指必须是被限制人身自由的人起诉,"诉关了的行为"是要看三个字"诉求""关",不管是既人身又财产,还是只有人身,也不管人身类行政行为是拘留,还是强制措施,只要当事人的"诉讼请求"里有"关"了的请求,那么原被告所在地的法院均具有管辖权。最后,还需要注意原

参考答案:①BC

第十一章 行政诉讼参加人

告所在地包括原告的户籍所在地、经常居住地和被限制人身自由地。

(3)公民、法人或者其他组织同被诉行政行为有利害关系但没有提起诉讼,或者同案件处理结果有利害关系的,可以作为第三人申请参加诉讼,或者由人民法院通知参加诉讼。但是,亲属关系仅仅会让宋某的亲戚具有事实上的利害关系,而在行政机关限制宋某人身自由的法律关系中,其亲戚是没有任何法律地位的,所以,宋某的亲戚既不能起诉做原告,他人起诉时,也没有成为第三人的资格,故 D 选项错误。

2. 村民甲带领乙、丙等人,与造纸厂协商污染赔偿问题。因对提出的赔偿方案不满,甲、乙、丙等人阻止生产,将工人李某打伤。公安局接该厂厂长举报,经调查后决定对甲拘留15日、乙拘留5日,对其他人未作处罚。甲向法院提起行政诉讼,法院受理。下列哪些人员不能成为本案的第三人?(2012-2-82,多)

A. 丙
B. 乙
C. 李某
D. 造纸厂厂长

答案( )①

【解析】(1)我们首先分析乙和丙是否有资格作为第三人。乙、丙都参与了违法行为,但结果却不同,乙受到处罚,而丙却未受到处罚。丙不是本案的被处罚人,与公安局对甲、乙作出的行政处罚没有利害关系,法院审查拘留15日是否合法,不会直接触及丙的利益,丙不能成为本案第三人。乙是另外一个行为拘留5日的被处罚人,与拘留15日引发的诉讼有一定的利害关系,可以作为第三人,在一个行政处罚案件中,行政机关处罚了两个以上的违法行为人,其中一部分人向法院起诉。而另一部分被处罚人没有起诉的,没有起诉的可以作为第三人参加诉讼。但这里还需要注意的是,通知方式为"可以"通知,因为拘留15日和拘留5日两个行为各自独立,法院完全可以通过两个诉讼分别审理。

(2)造纸厂厂长本人的身份为举报人,与公安局对甲、乙作出的行政处罚没有直接的法律上的利害关系,不能作为第三人。

(3)工人李某作为受害人,认为拘留15日的行为处罚过轻,可以要求加重甲的处罚,因此可以作为第三人,通知方式为应当通知,因为拘留15日是一个独立的行为,对于行为违法性法院只能判断一次。

综上可见,丙和造纸厂厂长不是本案的第三人。

【设题陷阱与常见错误分析】对《行政诉讼法》第三人的规定考生容易识记,但法条规定过于原则化给考生准确运用带来了很大挑战。一些考生错误地认为,本题中乙与被诉具体行政行为不存在利害关系,不能成为第三人。

3. 李某从田某处购得一辆轿车,但未办理过户手续。在一次查验过程中,某市公安局认定该车系走私车,予以没收。李某不服,向省公安厅申请复议,后者维持了没收决定。李某提起行政诉讼。下列哪一选项是正确的?(2009-2-46,单)

A. 省公安厅为本案的被告
B. 田某不能成为本案的第三人
C. 市公安局所在地的法院对本案有管辖权
D. 省公安厅所在地的法院对本案有管辖权

答案( )②

【解析】(1)《行政诉讼法》第26条规定:"经复议的案件,复议机关决定维持行政行为的,作出原行政行为的行政机关和复议机关是共同被告;复议机关改变原行政行为的,复议机关是被告。"本

参考答案:①AD ②本题司法部当年答案为C,新法答案为CD

题中,李某不服某市公安局的没收决定,向省公安厅申请复议,而省公安厅维持了某市公安局的没收决定,因此某市公安局和省公安厅是被告。命题人在司法部国家司法考试中心组编的《国家司法考试试题解析汇编2009－2014》中认为,被告为某市公安局和省公安厅,但A选项只说了一个,故A项错误,由于这是权威观点,所以本题我们也采纳该书的观点。

但多说一点一家之言,如果严格依据语言习惯的话,A选项的表达也可以是正确的。我们能说省公安厅为本案的被告,因为省公安厅确实是本案的被告,但不能说被告为省公安厅,因为被告有两个机关。类似的,你可以说李佳是山东大学的老师,但不能说山东大学的老师是李佳。可能不同的读者对语法有不同的把握,对这样的争议点,笔者认为考生大可不必纠结。第一,本题是旧题新考,这样的题特别容易产生争议,当年旧法的被告只有某市公安局一个,命题人当年根本就没有想考我们语法。第二,命题人在类似的语言表达上也没有出过这样争议表达的题目,比如政府工作部门县公安局的复议机关,命题人在选项中一般都选取"本案的复议机关应当是市公安局""李某应当向市公安局申请复议"这样的没有争议的表达,对此,可参看2014卷二第49题A选项和第80题A选项,所以,考生大可不必为此纠结。

(2)本题中,李某从田某处购得一辆汽车,因为被某市公安局认定该车系走私的车予以没收,向法院提起行政诉讼的。而恰恰是这"走私车"的认定,与田某有内在的利害关系。一方面,如果法院支持某市公安局的认定,李某将因此要求田某承担相应的责任,田某的权利义务与被诉具体行政行为有直接的关联;另一方面,针对被诉具体行政行为,若田某不能作为第三人参加诉讼,极有可能无法获得司法救济。一旦被诉具体行政行为被法院维持,田某将不能再行提起行政诉讼。而李某要求田某承担责任,田某只能充当被告。且须受行政诉讼判决的拘束,不能以所销售汽车不是走私车作为抗辩理由。因此,结合本题的细节,田某可以成为本案的第三人。B项的说法错误。

(3)只要经过复议,不管维持、改变,管辖法院就有原机关所在地和复议机关所在地两个地方。本题中,经过复议后,地域管辖法院为省公安厅或市公安局所在地的法院,所以,C、D选项均为正确。

【设题陷阱与常见错误分析】本题并没有问基层还是中级法院管辖,考生不要画蛇添足,尤其是那些将级别管辖与地域管辖的知识点经常混为一谈的同学更要注意。管辖法院就低原则指的是存在两个被告的情况下,以低级别的被告确定级别管辖,是级别的就低,而非地域的就低。地域管辖问题上,只要经过复议,管辖法院就是原机关所在地和复议机关所在地。本题只问了地域管辖,何苦非要往级别管辖上思考呢?

4. 段某拥有两块山场的山林权证。林改期间,王某认为该山场是自家的土改山,要求段某返还。经村委会协调,段某同意把部分山场给与王某,并签订了协议。事后,段某反悔,对协议提出异议。王某请镇政府调处,镇政府依王某提交的协议书复印件,向王某发放了山林权证。段某不服,向县政府申请复议,在县政府作出维持决定后向法院起诉。下列哪些选项是正确的?(2009－2－84,多)

A. 对镇政府的行为,段某不能直接向法院提起行政诉讼
B. 县政府为本案第三人
C. 如当事人未能提供协议书原件,法院不能以协议书复印件单独作为定案依据
D. 如段某与王某在诉讼中达成新的协议,可视为本案被诉具体行政行为发生改变

答案(　　)①

【解析】(1)侵犯已依法取得的自然资源的所有权或使用权的具体行政行为案件,属于复议前

参考答案:①AC

置案件,但需要同时满足三个条件,第一,自然资源所有权使用权;第二,已取得;第三,给了别人(广义确认)。在本题A选项中,林地属于自然资源,第一个条件满足;王某认为该山场是自家的土改山,第二个条件"认为已经取得"满足;向王某发放了山林权证,第三个条件"给了别人"满足。所以,对镇政府的行为,段某不能直接向法院提起行政诉讼,应当先复议后起诉。

(2)行政机关作为被告型的第三人参与行政诉讼,只有三种情况:共同行为"告漏了",假共同行为和多个机关作出相互矛盾的行为非被告的主体,并没有包含本题情形,而且,按照新的《行政诉讼法》第26条的规定,在复议维持之后,作出原行政行为的行政机关和复议机关是共同被告,那么县政府是不能直接作为第三人的。因此,B项错误。

(3)对于本题,复印件由于无法核对,其效力就处于不能完全否定,也不能完全肯定的"将信将疑"的状态,法律将其规定为不能单独作为定案依据,说明了法律对其效力既没有完全否定,也没有完全肯定的态度,需要等待其他相关证据一起去证明待证事实。故而C项正确。

(4)最高人民法院《关于行政诉讼撤诉若干问题的规定》第4条规定:有下列情形之一的,可以视为"被告改变其所作的具体行政行为":①根据原告的请求依法履行法定职责;②采取相应的补救、补偿等措施;③在行政裁决案件中,书面认可原告与第三人达成的和解。因此,段某与王某在诉讼中达成新的协议并不能直接视为改变具体行政行为,只有当被告书面认可该协议之后,方能视为改变。故D项错误。

【设题陷阱与常见错误分析】 本题最主要的错误集中于D选项,因为考生对于细节掌握不到位,忽略了法条中的"书面认可"而陷入命题人的陷阱当中。

【归纳总结】 一般情况下,行政机关改变行为法律依据、事实依据或行为结果三个要素其中之一,都属于行政法意义的改变,但复议改变是例外,复议改变只包括改变行为处理结果。

5. 肖某提出农村宅基地用地申请,乡政府审核后报县政府审批。肖某收到批件后,不满批件所核定的面积。下列哪些选项是正确的?(2008-2-82,多)

A. 肖某须先申请复议,方能提起行政诉讼
B. 肖某申请行政复议,复议机关为县政府的上一级政府
C. 肖某申请行政复议,应当自签收批件之起60日内提出复议申请
D. 肖某提起行政诉讼,县政府是被告,乡政府为第三人

答案(①)

【解析】 (1)必须是侵犯已经依法取得的自然资源权益,才属于复议前置的案件。本案中,肖某是初次申请使用农村宅基地,没有"已经取得"该宅基地,所以,不需要复议前置。故A项错误。

(2)B选项的难度在于确立复议被申请人,只有先确定好复议被申请人,才能顺藤摸瓜地确立复议机关。第一步,复议被申请人的确立。对于经批准的具体行政行为,提起行政救济,究竟告上级,还是告下级,完整的口诀是"诉讼看名义,复议直接告上级,许可诉讼有例外"。下级行政机关经上级行政机关批准作出具体行政行为的,批准机关为被申请人。而行政诉讼采纳的是形式标准被告,一般是"看名义"的,行政复议采纳的是实质标准,经过上级批准,意思表示作出者一般是上级行政机关,所以,复议的被申请人永远是行政级别比较高的上级行政机关。综上可知,乡政府审核后报县政府审批,行政级别较高的为县政府,所以,县政府为本案的复议被申请人;第二步,复议机关一般是被申请人的上一级行政机关,本题被申请人为县政府,复议机关自然是县政府的上一级行政机关,故B项正确。

参考答案:①BC

(3)公民、法人或者其他组织认为具体行政行为侵犯其合法权益的,可以自知道该具体行政行为之日起60日内提出行政复议申请;但是法律规定的申请期限超过60日的除外。同时,根据《行政复议法实施条例》第15条第1款第(2)项的规定,载明具体行政行为的法律文书直接送达的,行政复议申请期限自受送达人签收之日起计算,故C项正确。

(4)诉讼看名义,当事人不服经上级行政机关批准的具体行政行为,向人民法院提起诉讼的,应当以在对外发生法律效力的文书上署名的机关为被告。本案中,题干只说明乡政府审核后报县政府审批,对于谁在对外发生法律效力的文书上署名并未告知,无法判断行政诉讼的被告。因此D项的表述过于绝对。同时,D选项还有另外一个错误,即使县政府可以作为被告,乡政府也无法成为第三人,行政诉讼中被告型的第三人只有三种情况:假共同行为、共同行为"告漏了"和多个机关作出相互矛盾的行政决定,没有其他情况了。

6. 村民甲、乙因自留地使用权发生争议,乡政府作出处理决定,认定使用权归属甲。乙不服向县政府申请复议,县政府以甲乙二人争议属于农村土地承包经营纠纷,乡政府无权作出处理决定为由,撤销乡政府的决定。甲不服向法院起诉。下列说法正确的是:(2013-2-100,任)

A. 县政府撤销乡政府决定的同时应当确定系争土地权属
B. 甲的代理人的授权委托书应当载明委托事项和具体权限
C. 本案被告为县政府
D. 乙与乡政府为本案的第三人

答案(   )①

【解析】(1)与行政诉讼相比,在行政复议制度中,复议机关对被诉行政行为有较大的变更权限。行政诉讼的变更判决的适用空间极窄,只有"行政处罚显失公正,其他行为款额认定、确定有误"才适用变更判决。而行政复议变更决定的适用空间大为拓展,具体表现在:第一,所有的具体行政行为,均可以变更,而不局限于行政处罚和款额类行政行为。第二,变更的理由包括①明显不当,②适用法律依据错误,③行政行为认定事实不清,证据不足,但是经行政复议机关审理查明事实清楚、证据确凿、违反法定程序、超越职权的,一般不应作出变更决定,而应根据案件具体情形作出撤销或者确认违法决定。虽然复议机关变更的权限大为扩大,但是否选择变更还是由复议机关自主选择的,变更决定与撤销、确认违法决定均是可供复议机关选择的复议决定类型,变更决定并不具有优先使用的地位,所以,选项A中"应当确定系争土地权属"表达过于绝对,仅从《行政复议法》一般原理,即可判断A选项错误。

(2)当事人委托诉讼代理人,应当向人民法院提交由委托人签名或者盖章的授权委托书。委托书应当载明委托事项和具体权限,这是各诉讼法的一般做法,B项正确。

(3)县政府作出撤销乡政府的决定属于复议改变案件,应当以复议机关即县政府为被告,C项正确。

(4)本案乙是自留地使用权争议的一方当事人,作为物权关系人与县政府的撤销决定有法律上的利害关系,可以作为第三人。但是,被告型的第三人只有三种情况(假共同行为;共同行为"告漏了";多个机关作出相互矛盾的决定,非被告方作为第三人),并不包括本案情况,乡政府在本案中是作出具体行政行为的原机关,不能作为行政诉讼中的第三人,故D项错误,不选。

【设题陷阱与常见错误分析】本题难度很大,常出现错误集中于选项A和D。对于A选项,不

参考答案:①BC

少考生认为复议机关县政府有较大的变更权限,在撤销乡政府决定的同时应当确定系争土地权属。但实际上,究竟应当是变更、撤销还是确认违法是由复议机关裁量的,变更决定并非复议机关的唯一选项。除此以外,还会有考生在选项D上犯错,认为乡政府有权作为第三人,这是将本案与另外一种情况"两个以上行政机关作出相互矛盾的行政行为,非被告的行政机关是第三人"混淆起来了,请区分下面两个例子:

【例1】 甲市土地局作出土地登记,将某地块登记给了小新(1号行为),乙县政府将同一地块登记给了小白(2号行为)。小白就甲市土地局的行政登记提起诉讼,甲市土地局作为被告,乙县政府是否应当作为第三人呢?

答:可以,既然1、2号行为相互矛盾,法院审理1号行为合法违法,会直接影响到县政府2号行为的合法性,1号和2号行为在诉讼判决结果作出前,均合法有效,而判决结果一旦作出,必然有一个行为被撤销。所以,乙县政府应当成为第三人。

【例2】 市土地局作出土地登记,将某地块登记给了小新,小白向市政府申请复议,市政府认为市土地局对于该事项无管辖权,于是作出土地登记,将该地块登记给了小白。小新不服提起诉讼,原机关市土地局是否应当作为第三人呢?

答:市土地局无权成为第三人,因为它与本案的审理结果没有法律上的利害关系。例1和例2表面上相似,本质上却存在着巨大的差异。例1中,1号和2号行为在诉讼判决结果作出前,均合法有效,例2属于复议改变,市政府将地块登记给了小白的时候,市土地局的行为事实上已经被市政府撤销,丧失了法律效力。所以,法院审理对象只有改变后的新行政行为,而法院对新行为合法违法的判断,已经与原机关的行为效力无关了,原行为在诉讼之前已经被复议机关将其效力否定掉了。所以,土地局无权成为第三人。

> **【技术流】** 提示考生法条词汇使用规律,"应当"的词汇意义是"原则上如此",并不是必需的意思。
>
> 第一种情况,如果法条结构为"应当A,但是,特别情况时可以B",选项表达为"应当A",该选项是在表达"原则上是A"的意思,所以,该选项是正确的,比如,《行政复议法》第9条规定:"行政复议申请期应当是60日,但法律规定超过60日的除外"。如果选项只表达"行政复议申请期应当是60日",该选项只是在表达复议申请期原则上是60日,这是正确的。
>
> 第二种情况,如果法条结构为"应当A,或B",选项表达为"应当A",该选项是错误的,因为A和B两种情况不是主次关系,而是并列关系,所以不可以说"原则上是A",那样就把B情况的地位降低了。比如,本题所涉及的《行政复议法》第28条:"具体行政行为有下列情形之一的,决定撤销、变更或者确认该具体行政行为违法;决定撤销或者确认该具体行政行为违法的,可以责令被申请人在一定期限内重新作出具体行政行为:(1)主要事实不清、证据不足的;(2)适用依据错误的;(3)违反法定程序的;(4)超越或者滥用职权的;(5)具体行政行为明显不当的。"如果选项为对于某种情况,复议机关应当变更,该选项就是在表达原则上是变更决定,而撤销、确认违法决定只是次要的陪衬,该选项是错误的。

第十二章 行政诉讼的管辖

命题规律

管辖的内容较少,考生应当重点掌握:第一,级别管辖中的中院管辖,复议维持后级别管辖的确立规则;第二,地域管辖中的经过复议案件和限制人身自由的情形。管辖题目之所以会出错,主要是应试步骤没有掌握牢固,考场上眉毛胡子一把抓。

真题分布情况

级别管辖	2016-2-49,2015-4-6,2012-2-97,2012-4-6,2011-2-43,2011-2-100
地域管辖	2016-2-49,2016-2-99,2015-2-82,2015-4-6,2014-2-49,2012-2-79,2011-4-6

1. 甲、乙两村分别位于某市两县境内,因土地权属纠纷向市政府申请解决,市政府裁决争议土地属于甲村所有。乙村不服,向省政府申请复议,复议机关确认争议的土地属于乙村所有。甲村不服行政复议决定,提起行政诉讼。下列哪个法院对本案有管辖权?(2007-2-39,单)

A. 争议土地所在地的基层人民法院
B. 争议土地所在地的中级人民法院
C. 市政府所在地的基层人民法院
D. 省政府所在地的中级人民法院

答案(　　)①

【解析】 本题正确的做题顺序是:

第一步,确定本案的被告,由于属于复议改变,所以被告为省政府。接着确定管辖法院。先级别,后地域。

第二步,级别管辖:由于被告为省政府,所以,管辖法院为中院。

第三步,地域管辖:由于是不动产案件,所以就是不动产所在地法院,也就是争议土地所在地法院。综上,本案应该由不动产所在地的中级法院管辖。

【设题陷阱与常见错误分析】 本题之所以有同学会犯错,是因为在地域管辖确定标准上,没有按照做题顺序,考虑这是经过复议的案件,所以,复议机关所在地,也就是省政府所在地法院有管辖权。但这首先是个不动产案件,所以,排除其他情形,只能是在不动产所在地法院起诉。管辖的知识点做题

参考答案:①B

顺序很重要,否则,做题很容易思路紊乱,顾此失彼。具体顺序如下图:

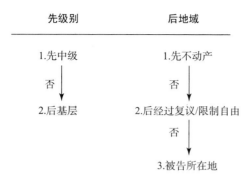

管辖知识点做题顺序

(1)根本顺序:"先级别,后地域"。既不要合二为一,合并考虑;也不要颠倒顺序。
(2)级别顺序:先中级,后基层。
(3)地域顺序:最先考虑是否是不动产案件;如果不是,接着考虑的是两种次特殊情形,是否是经过复议的案件或者是否是限制人身自由案件;如果还不是,最后按照原告就被告的逻辑,确定由被告所在地法院管辖。

2. 县计生委认定孙某违法生育第二胎,决定对孙某征收社会抚养费**40000元**。孙某向县政府申请复议,要求撤销该决定。县政府维持该决定,并在征收总额中补充列入遗漏的**3000元**未婚生育社会抚养费。孙某不服,向法院起诉。下列哪些选项是正确的?(2010-2-86,多)

A. 此案的被告应为县计生委与县政府
B. 此案应由中级法院管辖
C. 此案的复议决定违法
D. 被告应当在收到起诉状副本之日起10日内提交答辩状

答案(　　)①

【解析】(1)《行政诉讼法》第26条规定:"经复议的案件,复议机关决定维持原行政行为的,作出原行政行为的行政机关和复议机关是共同被告;复议机关改变原行政行为的,复议机关是被告。"同时,《行政诉讼法司法解释》(2015年)第6条规定:"行政诉讼法第26条第2款规定的'复议机关改变原行政行为',是指复议机关改变原行政行为的处理结果。"本题中,县计生委决定对孙某征收社会抚养费40000元,县政府维持该决定,但在征收总额中补充列入遗漏的3000元未婚生育社会抚养费,这属于部分变更原具体行政行为处理结果,构成复议改变。因此,应当以县政府为被告。A项错误。

(2)对国务院部门或者县级以上地方人民政府(县级政府、市级政府和省级政府)所作的行政行为提起诉讼的案件,由中级人民法院管辖。本题中,被告是县级政府,因此,应当以由中级人民法院管辖。B项正确。

(3)类似于刑事诉讼法中的"上诉不加刑":行政复议机关在申请人的行政复议请求范围内,不得作出对申请人更为不利的行政复议决定。本题中,县计生委决定对孙某征收社会抚养费40000元,县政府维持该决定,但在征收总额中补充列入遗漏的3000元未婚生育社会抚养费,复议决定作了对申请人更为不利的变更,加重了当事人的负担,是违法的。C项判断正确。

(4)被告举证和提交答辩状的期限为15日,因此,D项错误。

参考答案:①BC

3. 某药厂以本厂过期药品作为主原料,更改生产日期和批号生产出售。甲市乙县药监局以该厂违反《药品管理法》第49条第1款关于违法生产药品规定,决定没收药品并处罚款20万元。药厂不服向县政府申请复议,县政府依《药品管理法》第49条第3款关于生产劣药行为的规定,决定维持处罚决定。药厂起诉。关于本案的被告和管辖,下列说法正确的有:(2012-2-97,任)

A. 被告为乙县药监局,由乙县法院管辖
B. 被告为乙县药监局,甲市中级法院对此案有管辖权
C. 被告为乙县政府,乙县法院对此案有管辖权
D. 被告为乙县政府,由甲市中级法院管辖

答案(①)

【解析】《行政诉讼法》第26条规定:"经复议的案件,复议机关决定维持原行政行为的,作出原行政行为的行政机关和复议机关是共同被告;复议机关改变原行政行为的,复议机关是被告。"本题的确立被告的核心在于复议机关作出的是维持决定,还是复议改变决定。复议机关改变原行政行为是指复议机关改变原行政行为的处理结果。本案中,市乙县药监局以该厂违反《药品管理法》第49条第1款关于违法生产药品规定为根据,决定没收药品并处罚款20万元,而县政府的复议决定并没有改变行为处理结果,只是改变了行为的法律依据,所以,按照新司法解释,该情形不属于改变,应当属于维持。复议机关维持原具体行政行为,那么被告就应该是县药监局和县政府。至此,我们可以判断,本题并没有正确答案,因为被告均错误。如果县政府是将罚款20万元,改为了罚款10万元,那就属于复议改变,被告就只有县政府了。

被告是县药监局和县政府,管辖法院的级别如何确定呢?按照《行政诉讼法》第15条的规定,对国务院部门或者县级以上地方人民政府所作的行政行为提起诉讼的案件,由中级人民法院管辖。如果以县药监局来决定法院级别,那就是基层法院管辖,但如果按照县政府来决定管辖法院的级别,就是中院管辖。对此,《行政诉讼法司法解释》(2015年)第8条规定:"作出原行政行为的行政机关和复议机关为共同被告的,以作出原行政行为的行政机关确定案件的级别管辖。"司法解释采用了就低原则,管辖法院按县药监局来确定,所以,本题的管辖法院为基层法院。

在地域管辖的问题上,《行政诉讼法》第18条规定:"行政案件由最初作出行政行为的行政机关所在地人民法院管辖。经复议的案件,也可以由复议机关所在地人民法院管辖。"虽然貌似原机关和复议机关所在地都有管辖权。此处的地域管辖和级别管辖的基层法院的一复合,我们便会发现,地域管辖的原机关所在地和复议机关所在地其实是重合的,都是县法院。

根据新司法解释,本题无答案。

【设题陷阱与常见错误分析】考生需要注意,作为行政法不定项选择题本题的难度是较大的,综合程度也是很高的。但本题只要思路清楚,先找出行政主体,再找出管辖法院(做法院管辖的题目,一定要先级别,后地域),先找出行政主体,再找出复议机关。采用抽丝剥茧的方式慢慢推导,本题也不算难以应对。但是,思维切忌跳跃,否则很容易选错选项。

4. 市工商局认定豪美公司的行为符合《广告法》第28条第2款第2项规定的"商品或者服务有关的允诺等信息与实际情况不符,对购买行为有实质性影响"情形,属发布虚假广告,予以行政处罚。豪美公司向省工商局申请行政复议,省工商局受理。如省工商局在复议时认定,豪美公司的行为符合《广告法》第28条第2款第4项规定的"虚构使用商品或者接受服务的效果"情形,亦属发布虚假广告,在改变处罚依据后维持了原处罚决定。公司不服起诉。下列说法正确的是。(2016-2-99,任)

参考答案:①根据新法,本题无答案

A. 被告为市工商局和省工商局
B. 被告为省工商局
C. 市工商局所在地的法院对本案有管辖权
D. 省工商局所在地的法院对本案无管辖权

答案(　　)①

【解析】（1）在被告的确立上，复议改变只包括改变处理结果，这就意味着如果只是改变了法律依据或事实依据的，并不算改变，而会被归类于维持。省工商局仅仅改变处理法律依据，而没有改变行政处罚的内容本身，属于复议维持，按照复议维持后的被告确立规则，被告应当为原机关和复议机关，所以，本题被告应该为市工商局和省工商局，A选项正确，B选项错误。

（2）在地域管辖上，为便利原告起诉，经复议的案件，既可以由原机关所在地法院管辖，也可以由复议机关所在地法院管辖，通俗地说，当事人既可以在"儿子"家门口（原机关所在地）起诉，也可以在"爹"家门口（复议机关所在地）起诉，所以本案中市工商局所在地的法院和省工商局所在地的法院对本案都享有管辖权。所以，C选项正确、D选项错误。需要特别注意的是，本案的C、D选项只涉及了地域管辖的知识，只问了某机关所在地法院有无管辖权，并未涉及级别管辖的知识，考生在应试时切莫画蛇添足。

5. 某区环保局因某新建水电站未报批环境影响评价文件，且已投入生产使用，给予其罚款10万元的处罚。水电站不服，申请复议，复议机关作出维持处罚的复议决定书。下列哪一说法是正确的？（2014－2－49，单）

A. 复议机构应当为某区政府
B. 如复议期间案件涉及法律适用问题，需要有权机关作出解释，行政复议终止
C. 复议决定书一经送达，即发生法律效力
D. 水电站对复议决定不服向法院起诉，应由复议机关所在地的法院管辖

答案(　　)②

【解析】（1）选项A涉及复议机关和复议机构的区别以及复议机关的确定问题。复议机关是以自己名义处理行政争议、作出复议决定并对此承担责任的行政机关；行政复议机构是行政复议机关中具体办理行政复议事项的机构，实践中，一般是由行政机关的内设机构法制办作为复议机构。复议机关类似法院，而复议机构则类似于法院中的行政庭。考生如能清晰地掌握二者的区别，即可以轻松判断出选项A是错误的。因为区政府虽有可能作为复议机关，但不可能成为具体处理复议案件的复议机构，在区政府为复议机关的情况下，复议机构应为区政府法制办公室。

如果考生不清楚复议机关与复议机构的区别，从复议机关的确定中也可以判断出选项A的错误性。对区环保局作出的决定不服，复议机关可以是市环保局或者区政府。所以，选项A即使为复议机关应为某区政府也是错误的。

（2）复议中止是复议案件暂时停止审理，等中止因素消除后，即可恢复案件审理的制度。复议终止是复议案件终结审理，复议终止后不会出现恢复审理的情况。选项B如复议期间案件涉及法律适用问题，需要有权机关作出解释，应为复议中止，而非复议终止，选项B错误。

（3）行政复议决定书一经送达，即发生法律效力。选项C是正确的。

（4）只要经过复议，不管维持、改变，管辖法院就有原机关所在地和复议机关所在地两个地方，本题D选项表达不完整，错误。

参考答案：①AC　②C

【设题陷阱与常见错误分析】考生因为平时未注重基本概念的识别而出现错误,如 A 选项中的复议机关和复议机构,C 选项中的终止与中止。

6. A 市李某驾车送人前往 B 市,在 B 市甲区与乙区居民范某的车相撞,并将后者打伤。B 市甲区公安分局决定扣留李某的汽车,对其拘留 5 日并处罚款 300 元。下列哪些选项是正确的?(2008-2-83,多)

A. 李某可向 B 市公安局申请行政复议
B. 对扣留汽车行为,李某可向甲区人民法院起诉
C. 李某应先申请复议,方能提起行政诉讼
D. 范某可向乙区人民法院起诉

答案( )①

【解析】(1)县级以上人民政府工作部门作为被申请人,复议机关为本级人民政府或者上一级主管部门,所以,甲区公安分局作为复议被申请人时,复议机关是 B 市公安局和甲区人民政府。A 项正确。

(2)本案的被告为区公安分局,管辖法院的级别应当为基层人民法院。对于限制人身自由案件的特殊地域管辖,只有"被关了的人诉关了的行为"才会由原告所在地或被告所在地的法院管辖,具体而言:首先需要判断原告是否是"被限制人身自由"的人,只有被限制人身自由的人,才可以享受原被告所在地的法院均具有管辖权的待遇,而受害人起诉的话,受害人并没有被限制人身自由,只能在被告所在地起诉。而后需要判断三个字"诉求""关",不管是既人身又财产,还是只有人身,也不管人身类行政行为是拘留,还是强制措施,只要当事人的"诉讼请求"里有"关"了的请求,那么原被告所在地的法院均具有管辖权。对于本案,原告只诉了扣留财产的行为,不满足限制人身自由案件特别地域管辖的要件,那就只能按照最一般规则由甲区公安分局所在地法院管辖。最后,将级别和地域管辖的结论重合起来,本案应由甲区公安分局所在地基层法院,即甲区人民法院管辖。选项 B 正确。

(3)本案不满足复议前置三种情况的任何一种,被处罚人对治安管理处罚决定不服的,可以依法申请行政复议或者提起行政诉讼。C 项错误。

(4)范某是受害人,并非拘留 5 日的被处罚人,不满足"被关了的人诉关了的行为"的构成要件,只可以在被告所在地法院起诉,原告所在地法院对于本案没有管辖权。D 项错误。

【设题陷阱与常见错误分析1】考生没有完全记住"被关了的人诉关了的行为"时,才由原告所在地和被告所在地管辖,做题时丢三落四、顾此失彼,而陷入命题人的陷阱中。

【设题陷阱与常见错误分析2】有考生认为 B 选项的"可以"使用错误,选项应当表达为"李某应当向甲区人民法院起诉"。这种错误观点是不懂命题人词汇使用习惯所致。在司法考试中,行政法的命题人认为"可以"是"能够"的意思,所以,在选项中出现的"可以",考生应当自动切换做同义词"能"。比如,本题中"李某可向甲区人民法院起诉"就意味着"李某能够向甲区人民法院起诉",这种表达是没有问题的,又如,合法的行政行为,法律规定判决形式应当为驳回原告诉讼请求,但真题表达为"可以驳回原告诉讼请求",该选项正确。非阅读技术流的书籍,无法应对这样的题目。

7. 崔某不服甲市乙县政府向谭某发放集体土地建设用地使用证,向甲市政府申请行政复议。甲市政府驳回崔某的复议请求,但改变了集体土地建设用地使用证所认定的主要事实。崔某不服,提起行政诉讼。下列哪些说法是正确的?(2008延-2-83,多)

参考答案:①AB

A. 崔某可向乙县法院提起诉讼
B. 崔某可向甲市中级法院提起诉讼
C. 被告为乙县政府
D. 谭某为第三人

答案（　　）①

【解析】（1）甲市政府作为复议机关仅仅改变了集体土地建设用地使用证所认定的主要事实，并没有改变行为的处理结果，所以，应当属于复议维持，应当由作出原行政行为的行政机关（县政府）和复议机关（市政府）作为共同被告，C 选项错误。

（2）关于管辖，遵照"先级别，后地域"的逻辑。第一，级别管辖。本案被告为县政府和市政府。原行政机关和复议机关为共同被告的，以原行政机关确定案件的级别管辖，那么应当以市政府来确定管辖法院的级别，就应当由中级法院管辖，至此，我们就已经可以得出 A 选项是错误的，B 选项是正确的。第二，地域管辖。本案涉及集体土地，为不动产案件，应当由不动产所在地人民法院管辖。最终，本案应当由不动产所在地的中院管辖，崔某应当向甲市中级法院提起诉讼。综上，A 选项错误，B 选项正确。

（3）崔某和谭某均为物权关系人，物权关系是法律所承认的法律上的利害关系，其中一部分利害关系人对具体行政行为不服提起诉讼，人民法院应当通知没有起诉的其他利害关系人作为第三人参加诉讼。因此选项 D 正确。

【设题陷阱与常见错误分析】 本题常见错误有两类：第一类，同 2008 年第 83 题所犯的错误一样，认为 B 选项的"可以"错误，这是不熟悉命题词汇使用习惯所致。第二类，是没有遵照"先级别，后地域"的管辖做题步骤而出错。有考生先考虑了地域管辖，认为应当由不动产所在地法院管辖，那么，就应当选 A 项。但事实上，按照级别管辖的逻辑，本案只能是中院管辖，某片土地在乙县政府，当然也必然在甲市的地盘之上，就好像中关村位于海淀区，那是否位于北京市呢？可知，甲市也是不动产所在地，所以，答案依然为 B 选项。如果考生按照"先级别，后地域"的逻辑，都不用费这样的周章，直接在确定了级别管辖后，就可以解出题目的答案了。

参考答案：①BD

第十三章 行政诉讼的受案范围

命题规律

行政诉讼管辖制度是每年必考的重点,在主观题当中都有极高的考查频度,学习本章内容应当和第五章"具体行政行为一般原理"结合起来,切不可死记硬背,应当结合题目来理解、掌握。对于抽象行政行为附带性审查和行政合同,属于新法新增内容,相关的细节在2015、2016年已经考查,在2017年题目中还会继续浓墨重彩地考查。

真题分布情况

具体行政行为可受案	2016-2-83,2015-2-98,2013-2-98,2013-4-6,2012-2-85, 2012-4-6,2011-2-80,2011-2-97,2011-4-6,2010-4-6
行政合同可受案	2016-2-83,2015-2-98
抽象行政行为附带性受案	2016-2-83,2016-4-6,2015-2-98

1. 市林业局接到关于孙某毁林采矿的举报,遂致函当地县政府,要求调查。县政府召开专题会议形成会议纪要:由县林业局、矿产资源管理局与安监局负责调查处理。经调查并与孙某沟通,三部门形成处理意见:要求孙某合法开采,如发现有毁林或安全事故,将依法查处。再次接到举报后,三部门共同发出责令孙某立即停止违法开采,对被破坏的生态进行整治的通知。就上述事件中的行为的属性及是否属于行政诉讼受案范围,下列说法正确的是:(2013-2-98,任)

A. 市林业局的致函不具有可诉性
B. 县政府的会议纪要具有可诉性
C. 三部门的处理意见是行政合同行为
D. 三部门的通知具有可诉性

答案(①)

【解析】(1)清官难断家务事,内部行政行为不可诉。内部行政行为,指的是行政主体为了管理内部事务,对其内部组织或个人实施的行为。典型的内部行为有上级行政机关决定下属机构的设立、增加、减少、合并;对行政组织内部权力的划定、调整;行政机关对公务员的奖惩、任免、培训、辞职等事项的内部管理行为等。A项市林业局的致函行为和B项县政府的会议纪要是内部组织的行为,并不对外部主体产生权利义务的处分,都属于内部行为,A项正确,B项错误。

参考答案:①AD

(2)具体行政行为是单方的,而行政合同是双方的。三部门的处理意见即行政机关对孙某权利义务的单方处分,不是和孙某双方协商的结果,因此不是行政合同。C项错误。

(3)D项责令孙某立即停止违法开采,行政机关对孙某做出了影响其权利义务的安排,都无法继续采矿了,还没有权利义务上的影响吗?所以,该通知属于具体行政行为,可以起诉,D项正确。

【设题陷阱与常见错误分析】 受案范围一章的内容侧重于对知识点的理解及其运用,而不靠死记硬背。命题人认为,本章内容"往往涉及对行为性质的判定、不属于行政诉讼受案范围事项的适用。目前,考生对有关行政诉讼受案范围的规定基本都能掌握,但在如何理解和应用方面仍然存在一定的偏差。"①比如,在本题中,一些考生会因为无法区别内部行为和外部行为而作出错误判断。

2. 下列选项属于行政诉讼受案范围的是:(2015-2-98,不定)
A. 方某在妻子失踪后向公安局报案要求立案侦查,遭拒绝后向法院起诉确认公安局的行为违法
B. 区房管局以王某不履行双方签订的房屋征收补偿协议为由向法院起诉
C. 某企业以工商局滥用行政权力限制竞争为由向法院起诉
D. 黄某不服市政府发布的征收土地补偿费标准直接向法院起诉

答案(　　)②

【解析】 (1)行政行为、立法行为和司法行为有着明确的界限,方某在妻子失踪后向公安局报案要求立案侦查,遭拒绝后向法院起诉确认公安局的行为违法不应当属于行政诉讼受案范围。因为刑事侦查行为属于刑事诉讼法明确授权的刑事司法行为,不属于行政行为,不属于行政诉讼受案范围,A项错误。

(2)2014年修改的《行政诉讼法》明确将行政合同(行政协议)纳入了受案范围,如果政府对于房屋征收补偿协议有违约行为,不依法履行、未按照约定履行或者违法变更、解除行政协议的,属于行政诉讼受案范围。行政合同可受案依然遵守"民告官"的行政诉讼的基本格局。如果公民、法人或者其他组织不履行协议或未按照约定履行协议,行政机关可以以公民、法人或者其他组织为被告提起行政诉讼吗?答案是否定的。本题的陷阱点在于,并不是政府违约,而是公民王某违约,行政诉讼只有"民告官",而没有涉及"官告民"的制度,对此,区房管局只能以王某不履行双方签订的房屋征收补偿协议为由向法院提起民事诉讼,而不可提起行政诉讼。行政合同也属于行政行为的一种,具有行政行为的执行力,如果王某不履行行政合同,法院可以直接予以强制执行,何必要提起行政诉讼呢?可见,B选项表达错误。

(3)公民、法人或其他组织认为行政机关滥用行政权力排除或者限制竞争,提起行政诉讼,按照《行政诉讼法》第12条第8款的规定,属于行政诉讼的受案范围,据此可知,C项正确。

(4)具体行政行为的约束对象是特定的,如果一个行政行为是针对不特定对象作出的,那么该行政行为一定不是具体行政行为,而是它的反面——抽象行政行为。D选项政府发布的征收土地补偿费标准的约束对象不确定,并可以反复适用,故在行为性质上属于抽象行政行为。新《行政诉讼法》允许公民、法人或其他组织对部分抽象行政行为附带性地提出审查要求。当事人在对具体行政行为提起诉讼时,可以一并请求对抽象行政行为进行审查。其中的"一并"就意味着当事人不能直接起诉抽象行政行为,而只能间接对其提出审查要求,当事人正确的做法是:先对具体行政行为提起诉讼,同时,要求法院

---
①司法部国家司法考试中心编:《国家司法考试试题解析汇编(2010-2015)》(卷二),法律出版社2015年版,第325页。
参考答案:②C

予以审查抽象行政行为,我们形象地将其比喻为"搭便车的审查方式",抽象行政行为搭具体行政行为的便车。在本题中,黄某不服该抽象行政行为直接向法院起诉该标准是不属于受案范围的,D项不当选。除此以外,考生还应注意以下细节:第一,允许当事人向法院提出附带性审查的只有其他规范性文件(国务院制定的其他规范性文件除外)。第二,附带性审查的抽象行政行为必须与被诉的具体行政行为之间具有关联性。第三,公民、法人或者其他组织一并请求法院对其他规范性文件进行审查,应当在一审开庭前提出;有正当理由的,也可以在法庭调查中提出。

3. 对于下列起诉,哪些不属于行政诉讼受案范围?(2016-2-83,多)

A. 某公司与县政府签订天然气特许经营协议,双方发生纠纷后该公司以县政府不依法履行协议向法院起诉

B. 环保局干部孙某对定期考核被定为不称职向法院起诉

C. 李某与房屋征收主管部门签订国有土地上的房屋征收补偿安置协议,后李某不履行协议,房屋征收主管部门向法院起诉

D. 县政府发布全县征地补偿安置标准的文件,村民万某以文件确定的补偿标准过低为由向法院起诉

答案(①)

【解析】(1)A选项天然气特许经营协议属于行政合同,行政机关不履行合同的行为,属于行政诉讼的受案范围。

(2)对公务员的考核决定属于内部行为,不属于具体行政行为,B选项的行为不可诉。

(3)国有土地上的房屋征收补偿安置协议属于行政合同,但行政诉讼是"民告官"的诉讼,没有"官告民"的诉讼,因此,在李某不履行协议的情况下,行政机关可以直接强制执行,不需要通过行政诉讼解决该问题。C选项的行为不可诉。

(4)因为补偿标准是针对不特定的对象作出的,其行为性质属于抽象行政行为,当事人对抽象行政行为不服,不能够直接起诉,只能够在提起具体行政行为的诉讼时,一并要求法院审查该抽象行政行为。D选项的行为不可诉。

4. 下列当事人提起的诉讼,哪些属于行政诉讼受案范围?(2011-2-80,多)

A. 某造纸厂向市水利局申请发放取水许可证,市水利局作出不予许可决定,该厂不服而起诉

B. 食品药品监管局向申请餐饮服务许可证的李某告知补正申请材料的通知,李某认为通知内容违法而起诉

C. 化肥厂附近居民要求环保局提供对该厂排污许可证监督检查记录,遭到拒绝后起诉

D. 某国土资源局以建城市绿化带为由撤回向一公司发放的国有土地使用权证,该公司不服而起诉

答案(②)

【解析】本题的关键是理解具体行政行为的处分性。处分性的含义为"必然影响当事人权利义务"的意思表示。这里的"影响",包括主观和客观两个维度,主观上有影响当事人权利义务的目的,客观上产生了影响当事人权利义务的效果,处分性的影响一定要"主客观相统一"。

(1)A项中,某造纸厂向市水利局申请发放取水许可证,市水利局作出不予许可决定,这个不予许可的决定剥夺了当事人有获得许可,从事该许可活动的机会,影响了相对人造纸厂的权利义务,因此属

参考答案:①BCD ②ACD

于行政诉讼受案范围。A项应选。

(2)B项中,准备性、部分性行政行为是为最终作出权利义务安排进行的程序性、阶段性工作行为,比如,交通处罚告知书、行政许可材料补正通知书和行政强制执行中的催告行为。在行政许可领域,也存在大量的准备性行政行为,比如,受理行政许可申请通知、材料补正通知、不予听证通知、告知陈述申辩权等,这些尚在酝酿中的行政行为,不具有最终性,不必然影响权利义务,一般不可诉。只有等整个许可程序完结,瓜熟蒂落地作出准予许可或不予许可决定时才可以起诉。行政机关只是告知当事人补正材料,又没有确定性地拒绝当事人的许可申请,所以,B项不属于行政诉讼受案范围。

(3)C项中,化肥厂附近居民要求环保局提供对该厂的排污许可证监督检查记录,遭到拒绝,该拒绝行为侵犯了要求公开的这些特定居民的知情权,处分了当事人的权利义务,对于该行政不作为当事人可以提起行政信息公开之诉。C项属于行政诉讼受案范围。

(4)某国土资源局以建城市绿化带为由撤回向一公司发放的国有土地使用权证,撤回许可证是独立的具体行政行为,满足具体行政行为特定性(对象为该公司)、处分性(撤回后当事人无法继续使用该片土地)、外部性(该公司与国土局没有任何内部关系)和行政性的四大特性,应当属于受案范围。考生应当特别注意,撤回、撤销和注销均为独立的具体行政行为的类型,所以,D项属于受案范围。

【设题陷阱与常见错误分析】 有考生在做受案范围题目的时候采用死记硬背的方法,因无法将D选项的撤回对应为自己熟知的行政处罚、行政许可、行政强制和行政不作为等几类行为而将D选项排除,但实际上具体行政行为有数十种之多,无法一一列举,比如撤回本身就是一种独立的具体行政行为类型。但如果采用理解的方式应对这类题目,即使不知道撤回是独立的一种具体行政行为,同样可以判断其满足具体行政行为的要素,自然属于受案范围。

5. 当事人不服下列行为提起的诉讼,属于行政诉讼受案范围的是:(2011-2-97,任)
A. 某人保局以李某体检不合格为由取消其公务员录用资格
B. 某公安局以新录用的公务员孙某试用期不合格为由取消录用
C. 某人保局给予工作人员田某记过处分
D. 某财政局对工作人员黄某提出的辞职申请不予批准

答案(　　)①

【解析】 对于内部行为和外部行为(具体行政行为)的区分,应当遵守"内外看身份"的逻辑,如果该行为以行为对象的内部身份为前提,则该行为是外部行为,如果该行为的行为对象不具有内部身份,以普通人的身份出现,则该行为是内部行为。A选项中,李某并未取得公务员的身份,仍然是普通人的身份,所以该争议属于法院可以插手的行政争议,A选项属于行政诉讼受案范围。而B、C、D项都是对于公务员的内部管理行为,以公务员的内部身份为前提,B选项明确指出孙某的身份为公务员,C、D项均指出行为对象为工作人员,所以,只能按内部救济途径寻求救济。

【设题陷阱与常见错误分析】 考生因为无法区分选项A和B中的行为性质而出现错误,选项A中,李某尚未进入公务员队伍,行政机关取消公务员录用资格,本质上属于不予录用,针对的对象不具有任何内部的身份;而在B选项中,孙某已成为公务员,具备了公务员的身份,所以,某公安取消录用是对于公务员的内部管理行为。因此,A、B选项中的两个行为性质不同,相应的救济渠道也有区别。

【归纳总结】 未录用前→不予录用,录用后试用期考核不合格→取消录用,试用期合格后→开除或辞退。

参考答案:①A

6. 郑某因某厂欠缴其社会养老保险费,向区社保局投诉。2004 年 9 月 22 日,该局向该厂送达《决定书》,要求为郑某缴纳养老保险费 1 万元。同月 30 日,该局向郑某送达告知书,称其举报一事属实,并要求他缴纳养老保险费(个人缴纳部分)2000 元。郑某不服区社保局的《决定书》向法院起诉,法院的生效判决未支持郑某的请求。2005 年 4 月 19 日,郑某不服告知书向市社保局申请复议,后者作出不予受理决定,郑某不服提起诉讼。下列选项正确的是:(2009 - 2 - 100,任)

A. 郑某向市社保局提出的复议申请已超过申请期限

B. 区社保局所在地的法院和市社保局所在地的法院对本案均有管辖权

C. 郑某的起诉属重复起诉

D. 如郑某对告知书不服直接向法院起诉,法院可以被诉行为系重复处理行为为由不受理郑某的起诉

📖 答案(　　　　)①

💡【解析】(1)当事人应当自知道该具体行政行为之日起 60 日内提出行政复议申请,本题中,郑某于 2004 年 9 月 30 日收到告知书,之后于 2005 年 4 月 19 日申请复议,确实已超过了复议申请时效。A 项正确。

(2)《行政诉讼法》第 18 条规定:"行政案件由最初作出行政行为的行政机关所在地人民法院管辖。经复议的案件,也可以由复议机关所在地人民法院管辖。"根据新法,只要经过复议,不管维持、改变和不作为,管辖法院就有原机关所在地和复议机关所在地两个地方。这是和旧法规定不一样的。因此,区社保局所在地的法院和市社保局所在地的法院对本案均有管辖权。故 B 项正确。

(3)考生应当判断《决定书》和《告知书》是两个独立的具体行政行为,30 日送达的告知书并不是重复处理行为,构成重复处理必须注意,前一次处理和后一次处理结果在适用法律规则、事实证据和处理结果三要素上,均没有实质性改变,也就是说,三个要素需要两次处理一模一样。如果后一次处理作出了实质变化,那么后一次处理属于另外一个可诉的新行政行为。9 月 30 日在行为处理结果上做出了调整,增加了 2000 元,《告知书》的内容与《决定书》的内容不同,不属于重复处理行为,故 D 项错误。

(4)《决定书》和《告知书》是两个独立的具体行政行为,而郑某第一次诉的是《决定书》,2005 年 4 月 19 日诉的是《告知书》,诉讼标的不同,因此,不属于重复起诉。故 C 项错误。

👤【设题陷阱与常见错误分析】考生会因为无法识别题干中存在两个行政行为而出错,也有可能会因为没有注意到当事人提起行政诉讼的两次诉讼请求不同而出错,所以,"找主体,看行为,分阶段,辨诉求"永远是行政法做题的核心要素。另外,会有同学仅仅凭借 30 日的行为名称为"告知书"作出判断,认为该《告知书》为阶段性行政行为不可诉,但做行政法的题目考生应当记住,永远应当关注的是行为内容,而不是其表面的名称。

7. 下列案件属于行政诉讼受案范围的有:(2005 - 2 - 98,任)

A. 某区房屋租赁管理办公室向甲公司颁发了房屋租赁许可证,乙公司以此证办理程序不合法为由要求该办公室撤销许可证被拒绝。后乙公司又致函该办公室要求撤销许可证,办公室作出"许可证有效,不予撤销"的书面答复。乙公司向法院起诉要求撤销书面答复

B. 某区审计局对丙公司的法定代表人进行离任审计过程中,对丙、丁公司协议合作开发的某花园工程的财务收支情况进行了审计,后向丙、丁公司发出了丁公司应返还丙公司利润 30 万元的通知。丁公司对通知不服向法院提起诉讼

参考答案:①综上,本题司法部当年公布答案为 A,新法答案为 AB

C. 某市经济发展局根据 A 公司的申请,作出鉴于 B 公司自愿放弃其在某合营公司的股权,退出合营公司,恢复 A 公司在合营公司的股东地位的批复。B 公司不服向法院提起诉讼

D. 某菜市场为挂靠某行政机关的临时市场,没有产权证。某市某区工商局向在该市场内经营的 50 户工商户发出通知,称自通知之日起某菜市场由 C 公司经营,各工商户凭与该公司签订的租赁合同及个人资料申办经营许可证。50 户工商户对通知不服向法院提起诉讼

答案( )①

【解析】(1)A 选项中,办公室作出的"许可证有效,不予撤销"的书面答复,是对原已生效的行政行为的简单重复,并没有形成新的事实或者权利义务状态,并未改变之前拒绝撤销许可证这一答复的内容,属于重复处理行为,不属于行政诉讼受案范围。因此,A 项不选。

(2)B 选项中,审计局向丁公司发出的应返还丙公司利润 30 万元的通知,满足具体行政行为的各项属性,特定性(丁公司)、处分性(增加了当事人财产的负担)、外部性(丁公司与行政机关间不具有内部身份)和行政性(非国家行为或司法行为),其行为性质属于具体行政行为,属于行政诉讼受案范围。因此,B 项应选。

(3)C 选项中,市经济发展局恢复 A 公司在合营公司的股东地位的批复,满足具体行政行为的各项属性,特定性(A 公司)、处分性(恢复了其股东地位,增加当事人权利)、外部性(A 公司并不具备内部身份)和行政性(非国家行为或司法行为),其行为性质属于具体行政行为,属于行政诉讼受案范围。C 项应选。

(4)D 选项中,具体行政行为与抽象行政行为的区别不在于人数多寡,而在于行为的约束对象是否特定。区工商局的通知针对的对象虽然很多,但是通知发出时其约束对象是特定的,是具体行政行为,属于行政诉讼受案范围,D 项应选。

【设题陷阱与常见错误分析】考生因无法判断 B、C 选项的行政行为的具体性质而无法解答题目,司法考试中考生重点掌握的具体行政行为是行政处罚、行政许可、行政强制和信息公开,但事实上,在实践中,法院可受案的具体行政行为有数十种,考生不需要一一判断行为的具体性质,只需要借助特定性、处分性、行政性和外部性的性质判断该行为属于具体行政行为后,即可得出答案。

8. 甲公司与乙公司签订建设工程施工合同,甲公司向乙公司支付工程保证金 30 万元。后由于情况发生变化,原合同约定的工程项目被取消,乙公司也无资金退还甲公司,甲公司向县公安局报案称被乙公司法定代表人王某诈骗 30 万元。公安机关立案后,将王某传唤到公安局,要求王某与甲公司签订了还款协议书,并将扣押的乙公司和王某的财产移交给甲公司后将王某释放。下列哪些说法是正确的?(2006-2-90,多)

A. 县公安局的行为有刑事诉讼法明确授权,依法不属于行政诉讼的受案范围

B. 县公安局的行为属于以办理刑事案件为名插手经济纠纷,依法属于行政诉讼的受案范围

C. 乙公司有权提起行政诉讼,请求确认县公安局行为违法并请求国家赔偿,法院应当受理

D. 甲公司获得乙公司还款是基于两公司之间的债权债务关系,乙公司的还款行为有效

答案( )②

【解析】(1)公民、法人或者其他组织对公安、国家安全等机关依照《刑事诉讼法》的明确授权实施的行为不服提起诉讼的,不属于人民法院行政诉讼的受案范围。我们区分刑事司法行为与行政行为的标准为"客观上看授权,主观上看目的"。第一,客观上看授权。在《刑事诉讼法》明确授权范围之

参考答案:①BCD ②BC

内的行为是刑事司法行为,不属于行政法的领域。但公安、国家安全等机关在《刑事诉讼法》授权范围之外所实施的行为,均不属于刑事诉讼法的领域,而被认为属于行政法管辖,例如,没收财产或实施罚款等。从本案情况来看,公安机关要求王某与甲公司签订了还款协议书,并将扣押的乙公司和王某的财产移交给甲公司,并非《刑事诉讼法》授权范围内所实施的行为,所以,从客观上该行为不属于刑事司法行为。第二,主观上有目的。实践中,公安、国安等国家机关经常假借刑事侦查之名,干预经济纠纷。这种假刑事行为,违背了《刑事诉讼法》授权的目的,不应将其视为刑事侦查行为,当事人不服的,可以提起行政诉讼。纯正的刑事司法行为,必须客观上很刑事(有授权),主观上也很刑事(为了犯罪侦查等),若欠缺任一要素,使得血统不纯正之后,就会被划归为行政行为之列。本案中,公安机关以办理刑事案件为名插手经济纠纷,从主观目的上来看,该行为也不属于刑事司法行为,应当属于行政行为,属于行政诉讼受案范围。因此,A项的说法错误,B项正确。

(2)在本案中,乙公司的财产被公安局扣押并被移交给甲公司,公安局的行为侵犯了乙公司的权益,故当然可以提起行政诉讼,C项正确。

(3)甲、乙两公司的债权债务关系需要通过民事诉讼来确定,在本案中,乙公司的还款行为是在公安机关非法强迫下作出的,违反了当事人真实的意思表示,还款行为应属无效,D项的说法错误。

9. 法院应当受理下列哪些对政府信息公开行为提起的诉讼?(2012-2-85,多)
   A. 黄某要求市政府提供公开发行的2010年市政府公报,遭拒绝后向法院起诉
   B. 某公司认为工商局向李某公开的政府信息侵犯其商业秘密向法院起诉
   C. 村民申请乡政府公开财政收支信息,因乡政府拒绝公开向法院起诉
   D. 甲市居民高某向乙市政府申请公开该市副市长的兼职情况,乙市政府以其不具有申请人资格为由拒绝公开,高某向法院起诉

答案(   )①

【解析】(1)依据最高人民法院《政府信息公开案件规定》第2条的规定,要求行政机关提供政府公报、报纸、杂志、书籍等公开出版物,行政机关予以拒绝的行为不属于行政诉讼的受案范围。故A选项不应选。既然已经公开出版发行,则应当视为政府已经履行了主动公开的义务。当事人对于这种信息依然强行索要,法院又应当受理这样的案件的话,那么就有法院纵容"刁民"滥诉之虞了。

(2)B、C、D三个选项中,无论是公开还是拒绝公开侵犯了相关当事人的权利,均属于影响当事人权利的具体行政行为,B选项侵害了当事人的隐私权,C、D选项侵害了当事人的知情权,都属于行政诉讼受案范围。

【设题陷阱与常见错误分析】 本题是关于政府信息公开行政案件受案范围的综合性题目。对于A选项做错的考生是因为他们对于《审理政府信息公开行政案件若干问题的规定》不熟悉。还有考生认为,副市长的兼职情况不属于政府信息,故不属于行政诉讼受案范围,这部分考生是混清了两个层次的问题:第一个层次,是否有资格起诉,第二个层次,是否能够胜诉。在第一个层次中只要原告认为其知情权受到影响,均具有原告资格,行政机关不作为行为均可以受案。在第二个层次中,受案后,原告可否胜诉,那是要予以审查判断的。

参考答案:①BCD

第十四章 行政诉讼程序

命题规律

行政诉讼程序的知识点同样较为零散,但重点也较为突出,考生应当重点掌握两类知识,第一类是传统重点,主要体现在起诉期、审理对象、视为撤诉、缺席判决和先予执行上;第二类是新法新增内容,主要体现在简易程序、立案登记制、调解制度、首长出庭制、行政诉讼和民事诉讼的合并审理上。

真题分布情况

起诉期	2014-2-80,2014-2-84,2013-2-45,2013-2-79,2012-2-46,2012-4-6,2011-2-43,2011-2-48
审理对象	2015-4-6,2014-2-84,2012-2-98,2011-2-46,2011-4-6
简易程序	2016-2-47,2015-2-83,
立案登记	2015-2-82,2015-4-6
视为撤诉和缺席审判	2011-2-50,2013-4-6
行讼和民诉交叉案件	2016-2-85,2010-2-99
行政诉讼其他问题	2015-2-81(适用民诉程序规则)

一、行政诉讼的一般程序

1. 李某不服区公安分局对其作出的行政拘留 5 日的处罚,向市公安局申请行政复议,市公安局作出维持决定。李某不服,提起行政诉讼。下列哪些选项是正确的?(2015-2-82,多)

A. 李某可向区政府申请行政复议
B. 被告为市公安局和区公安分局
C. 市公安局所在地的法院对本案无管辖权
D. 如李某的起诉状内容有欠缺,法院应给予指导和释明,并一次性告知需要补正的内容

答案(　①　)

【解析】(1)《行政复议法》第 12 条第 1 款规定:"对县级以上地方各级人民政府工作部门的具体行政行为不服的,由申请人选择,可以向该部门的本级人民政府申请行政复议,也可以向上一级主管部门申请行政复议。"本案的复议被申请人为区公安分局,复议机关除了上一级公安机关以外,还包括

参考答案:①ABD

同级人民政府,所以 A 选项表达为李某可向区政府申请复议正确,当选。

(2)本案属于复议维持,因此应以市公安局和区公安分局作为共同被告,故而 B 项正确。

(3)经过复议的案件,既可以在原机关所在地起诉,也可以在复议机关所在地起诉,所以,市公安局所在地的法院或复议机关所在地法院均对本案拥有管辖权,故而 C 项错误。

(4)D 选项考查 2014 年新增考点立案登记制,《行政诉讼法》第 51 条规定:"人民法院在接到起诉状时对符合本法规定的起诉条件的,应当登记立案。对当场不能判定是否符合本法规定的起诉条件的,应当接收起诉状,出具注明收到日期的书面凭证,并在七日内决定是否立案。不符合起诉条件的,作出不予立案的裁定。裁定书应当载明不予立案的理由。原告对裁定不服的,可以提起上诉。起诉状内容欠缺或者有其他错误的,应当给予指导和释明,并一次性告知当事人需要补正的内容。不得未经指导和释明即以起诉不符合条件为由不接收起诉状。对于不接收起诉状、接收起诉状后不出具书面凭证,以及不一次性告知当事人需要补正的起诉状内容的,当事人可以向上级人民法院投诉,上级人民法院应当责令改正,并对直接负责的主管人员和其他直接责任人员依法给予处分。"D 项完全符合法律规定,正确。

【设题陷阱与常见错误分析】命题人 2015 年的设题陷阱主要是新旧法对比考查,考生会因为没有掌握考点变动而失分,不过,对于 2017 年的考生而言,这些陷阱已经不构成障碍了。唯独部分考生会认为 A 选项错误,理由是李某已经向市公安局申请过行政复议了,不能再次复议。这部分考生的知识点是掌握准确的,在一般情况下,当事人复议的机会只有一次,复议后是不能再复议的(见下图)。但考生除了掌握知识点,还必须迎合命题人的词语使用习惯,命题人 A 选项"李某可向区政府申请行政复议"的意思是李某拘留决定做出后,除了可以向题干中的市公安局申请复议,还可以向区政府申请复议,而不是李某在行政诉讼后还能再次复议。类似的表达,还有 2005 年第 85 题 A 选项。

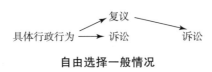

自由选择一般情况

【归纳总结】行政法中的材料补正归纳

行政许可	申请材料不齐全或者不符合法定形式的,应当当场或者在五日内一次告知申请人需要补正的全部内容,逾期不告知的,自收到申请材料之日起即为受理。
信息公开	申请内容不明确的,应当告知申请人作出更改、补充。
行政复议	行政复议申请材料不齐全或者表述不清楚的,行政复议机构可以自收到该行政复议申请之日起五日内书面通知申请人补正。补正通知应当载明需要补正的事项和合理的补正期限。无正当理由逾期不补正的,视为申请人放弃行政复议申请。补正申请材料所用时间不计入行政复议审理期限。
行政诉讼	起诉状内容欠缺或者有其他错误的,应当给予指导和释明,并一次性告知当事人需要补正的内容。不得未经指导和释明即以起诉不符合条件为由不接收起诉状
国家赔偿	申请材料不齐全的,赔偿义务机关应当当场或者在五日内一次性告知赔偿请求人需要补正的全部内容。

2.《反不正当竞争法》规定,当事人对监督检查部门作出的处罚决定不服的,可以自收到处罚决定之日起 15 日内向上一级主管机关申请复议;对复议决定不服的,可以自收到复议决定书之日起 15 日

内向法院提起诉讼;也可以直接向法院提起诉讼。某县工商局认定某企业利用广告对商品作引人误解的虚假宣传,构成不正当竞争,处 10 万元罚款。该企业不服,申请复议。下列哪些说法是正确的?(2014-2-80,多)

　　A. 复议机关应当为该工商局的上一级工商局

　　B. 申请复议期间为 15 日

　　C. 如复议机关作出维持决定,该企业向法院起诉,起诉期限为 15 日

　　D. 对罚款决定,该企业可以不经复议直接向法院起诉

答案(①)

【解析】(1)工商局为政府的工作部门,按照法律规定,当事人对县工商局的处罚不服,可以向市工商局或者县政府申请复议。A 项错误。

(2)《行政复议法》第 9 条规定:"公民、法人或者其他组织认为具体行政行为侵犯其合法权益的,可以自知道该具体行政行为之日起 60 日内提出行政复议申请;但是法律规定的申请期限超过 60 日的除外。"也就是说,复议的申请期"≥60 日",《反不正当竞争法》要对复议期限作例外规定的,必须超过 60 日才会被遵照,B 项错误。这里还需要特别注意:

第一,行政诉讼起诉期为 6 个月,复议申请期为 60 日。行政诉讼的起诉期限原则上为 6 个月,但"有例外,从例外",意味着只要特别法规定和 6 个月不一致的,就应当适用特别法的起诉期。但行政复议原则上为 60 日,但法律规定超过 60 日的除外。那就意味着若特别法规定的多于 60 日的,适用特别法,但若特别法规定的少于 60 日的,仍应适用 60 日。用数学符号表达,行政复议的申请期限为"≥60 日"。

第二,复议申请期限原则上是 60 天,法律可对其作出长于 60 天的例外规定,也就是"≥60 日"。复议审理期限原则上也是 60 天,法律可对其作出短于 60 天的规定,也就是"≤60 日"。申请期限和审理期限的例外条款恰好完全相反,这是因为申请期限限制的对象是申请人,以宽松为宜,给当事人的考虑周期越长越好;而审理期限限制的是复议机关,以严格为宜,给行政机关的周期越短越好,越短说明越高效便民。

(3)《行政诉讼法》第 45 条规定:"公民、法人或者其他组织不服复议决定的,可以在收到复议决定书之日起 15 日内向人民法院提起诉讼。"考生应当注意直接起诉和复议后再起诉的起诉期是不同的,复议后再起诉的起诉期为 15 日。故而 C 项正确。

(3)本案不属复议前置三种情况:纳税争议、行政确权侵犯他人已经取得的自然资源所有权或者使用权、限制或者禁止经营者集中的案件,故而,不需要先复议再来起诉。同时,既然特别法《反不正当竞争法》规定了当事人不服的,可以直接提起行政诉讼,那么更不需要复议前置了,所以,D 项正确。

【设题陷阱与常见错误分析】本题命题角度新颖,所以出错概率会较高,最容易出错的是 B 选项,考生会因为混淆了复议申请期和审理期限,行政诉讼起诉期和复议期限的"但书"条款而出错。比如,有考生认为,既然《反不正当竞争法》明确规定当事人可以 15 日内申请复议,那么,应当按照特别法优于一般法的规则,复议期限应为 15 日,但事实上,按照我们上述规则,特别法规定超过 60 日的才有效。

3. 2009 年 3 月 15 日,严某向某市房管局递交出让方为郭某(严某之母)、受让方为严某的房产交易申请表以及相关材料。4 月 20 日,该局向严某核发房屋所有权证。后因家庭纠纷郭某想出售该房产

参考答案:①CD

时发现房产已不在名下,于 2013 年 12 月 5 日以该局为被告提起诉讼,要求撤销向严某核发的房屋所有权证,并给自己核发新证。一审法院判决维持被诉行为,郭某提出上诉。下列哪些说法是正确的?(2014-2-84,多)

A. 本案的起诉期限为 2 年
B. 本案的起诉期限从 2009 年 4 月 20 日起算
C. 如诉讼中郭某解除对诉讼代理人的委托,在其书面报告法院后,法院应当通知其他当事人
D. 第二审法院应对一审法院的裁判和被诉具体行政行为是否合法进行全面审查

答案(　　)①

【解析】(1)当事人对于行政处罚、行政强制和行政登记等作为类的行政行为直接起诉,起诉期限分为以下三种情况:第一种,全知道。行政机关已将具体行政行为向当事人送达,并告知其诉讼权利或起诉期限的,其起诉期限为当事人知道行政行为之日起的 6 个月内。第二种,知一半。"知一半"是指行政机关向当事人送达的行政决定书,只告知了当事人行政行为的内容,但并未告知其诉讼权利或起诉期限的情况。在"知一半"的情况下,当事人起诉,需要以下两个条件同时满足:①起诉期:知诉权 6 个月内;②最长保护期限:知内容 2 年内。第三种,全不知。"全不知"是指行为虽然客观上作出了,但是行政机关根本没有告知当事人行政行为的内容,当事人后来才知道行为内容的情况。在"全不知"的情况下,当事人起诉,需要以下两个条件同时满足:①起诉期:知内容 6 个月内;②最长保护期限:行为作出 5 年(不动产案件 20 年)内。本案中,郭某事先并不知道房管局向严某核发房屋所有权证的行为,应当适用第三种情形"全不知"。起诉期限应当从郭某知道或者应当知道具体行政行为内容之日开始起算,而不是从具体行政行为作出之日即 4 月 20 日起算。A、B 项错误。

(2)《行政诉讼法解释》第 25 条规定:"当事人解除或者变更委托的,应当书面报告人民法院,由人民法院通知其他当事人。"C 项正确,当选。

(3)人民法院审理上诉案件,应当对原审人民法院的判决、裁定和被诉行政行为进行全面审查,不受上诉范围的限制。D 项正确,当选。

【归纳总结】民事诉讼二审审理对象为当事人的上诉范围;刑事诉讼二审审理对象为一审判决全面审查;行政诉讼二审审理对象最为宽泛,既对一审判决、裁定全面审查,也对被诉行政行为进行审查。

4. 秦某租住江某房屋,后伪造江某的身份证和房屋所有权证,将房屋卖给不知情的吴某。房屋登记部门办理过户时未发现材料有假,便向吴某发放了房屋所有权证。江某发现房屋被卖时秦某已去向不明。江某以登记错误为由,提起行政诉讼要求撤销登记。下列哪些选项是正确的?(2007-2-87,多)

A. 法院应判决房屋登记部门撤销颁发给吴某的房屋所有权证
B. 吴某是善意第三人,房屋登记部门不应当撤销给吴某颁发的房屋所有权证
C. 江某应当先申请行政复议,对复议决定不服的,才能向法院起诉
D. 江某提起行政诉讼最长期限是 20 年,自房屋登记机关作出过户登记之日起计算

答案(　　)②

【解析】(1)秦某使用伪造材料办理了过户登记,行政机关并未发现材料有假,行政机关以虚假的材料为事实依据向吴某发放了房屋所有权证,这属于行政行为所依据的主要证据不足的情形。《行政诉讼法》第 70 条规定:"行政行为有下列情形之一,人民法院判决撤销或者部分撤销,并可以判

参考答案:①CD　②AD

决被告重新作出行政行为:(一)主要证据不足的;(二)适用法律、法规错误的;(三)违反法定程序的;(四)超越职权的;(五)滥用职权的;(六)明显不当的。具体行政行为事实认定不清楚的,构成违法,法院可以判决撤销。被诉具体行政行为主要证据不足的,人民法院应当判决撤销。"有考生认为本案涉及善意第三人"吴某"的利益,撤销意味着"辛辛苦苦一整年,一夜回到解放前",吴某的权利无法得到保护,所以,为保护善意第三人利益,不应撤销,应当判决确认违法。但按照物权登记规则,在办理登记时当事人本人必须亲自到场,房屋所有人江某的信息在行政机关信息系统内的信息要和提交材料相一致才可以办理登记手续,秦某伪造材料在核实材料时应当能够被发现,所以,吴某不可能是善意第三人。因此 A 项正确,B 项错误。

(2)对颁发房屋所有权证不服的案件并非复议前置案件:首先,房屋并不属于自然资源;其次,在获得所有权证之前,当事人并没有"已经取得",不满足当事人认为确认裁决侵犯了已经取得的自然资源所有权或使用权的复议前置的条件,因此 C 项错误。

(3)本案为"全不知"的情形,起诉期为当事人知道行为内容之日起的 6 个月,最长保护时效是对涉及不动产的行政行为从作出之日起的 20 年内、其他行政行为从作出之日起的 5 年内。本题中房屋登记部门办理过户登记的行为,涉及不动产,故江某提起行政诉讼的最长期限是在该行为作出之日起20 年,因此 D 项正确。

【设题陷阱与常见错误分析】 本题最大难度在于 A 选项中法院究竟应当判决撤销,还是确认违法上?但该选项表面是行政法的考题,事实上需要良好的民法基础才可以解出,综合难度很大。

5. 市政府决定,将牛某所在村的集体土地征收转为建设用地。因对补偿款数额不满,牛某对现场施工进行阻挠。市公安局接警后派警察到现场处理。经口头传唤和调查后,该局对牛某处以 10 日拘留。牛某不服处罚起诉,法院受理。下列哪一说法是正确的?(2011-2-46,单)
A. 市公安局警察口头传唤牛某构成违法
B. 牛某在接受询问时要求就被询问事项自行提供书面材料,不予准许
C. 市政府征收土地决定的合法性不属于本案的审查范围
D. 本案不适用变更判决

答案( )①

【解析】(1)原则上,需要传唤违反治安管理行为人接受调查的,应当经公安机关办案部门负责人批准,使用传唤证传唤。但是,对现场发现的违反治安管理行为人,警察经出示工作证件,可以口头传唤,但应当在询问笔录中注明。因为此时如果不口头传唤,事后很难找寻到违法嫌疑人。本题题干交代民警是"现场处理",对牛某可以口头传唤,不构成违法。

(2)被询问人要求就被询问事项自行提供书面材料的,应当准许;必要时,人民警察也可以要求被询问人自行书写。B 选项错误。

(3)在做行政法的题目时一定要注意诉讼请求,"诉什么,审什么,判什么"这是从起诉到判决的一条贯穿始终的线索,题干中特意交代"对处罚不服",所以本案的审查对象是市公安局的行政处罚的合法性,与市政府征收土地的决定无关。C 选项正确。考生需要注意的是,行政诉讼的审理对象只有一个,即"被诉"行政行为,其他行为即使与被诉行为相关,也不是审理对象。当事人如果认为该行为有问题,必须另案提起诉讼。

(4)《行政诉讼法》第77条第1款规定:"行政处罚明显不当,或者其他行政行为涉及对款额的确

参考答案:①C

定、认定确有错误的,人民法院可以判决变更。"若人民法院认为行政处罚显失公正是可以判决变更的,D选项一概排除了拘留行为不能变更,本案的拘留决定有可能显失公正,所以变更判决有适用的可能性,故D选项是错误的,犯了"绝对化"的毛病。

> **【技术流】**像D选项这样的否定性评价的选项(不属于、不具有、不需要,等等),从数据统计的角度来看错误率较高,以2015年为例,否定性评价的选项一共有6道题目,选项表述全部错误,15-50 D. 该组织所申请信息属于依法不应当公开的信息(×);15-79 A. 在作出拒绝公开决定前,佳建委无须书面征求企业联系人是否同意公开的意见(×);15-82 C. 市公安局所在地的法院对本案无管辖权(×);15-84 B. 县公安局提交的现场笔录无当事人签名的,不具有法律效力(×);15-85 D. 孙某的请求不属国家赔偿范围;15-100 B. 张某的赔偿请求不属国家赔偿范围(×)。

6. 1997年沈某取得一房屋的房产证。2001年5月其儿媳李某以委托代理人身份到某市房管局办理换证事宜,在申请书一栏中填写"房屋为沈某、沈某某(沈某的儿子)共有",但沈某后领取的房产证中在共有人一栏空白。2005年沈某将此房屋卖给赵某,并到某市房管局办理了房屋转移登记手续,赵某领取了房产证。沈某某以他是该房屋的共有人为由向某市人民政府申请复议,某市人民政府以房屋转移登记事实不清撤销了房屋登记。赵某和沈某不服,向法院提起行政诉讼。下列哪些说法是正确的?(2006-2-83,多)

A. 沈某某和李某为本案的第三人
B. 某市房管局办理此房屋转移登记行为是否合法不属本案的审查对象
C. 某市房管局为沈某办理换证行为是否合法不属本案的审查对象
D. 李某是否有委托代理权是法院审理本案的核心

答案(　　)①

【解析】 本案中,李某的身份是沈某的委托代理人,不是房屋的所有权人,与被诉行政行为之间不具有法律上的利害关系,不能作为本案的第三人,故A项错误。行政诉讼的审理对象为被诉行政行为的合法性,题干中"某市人民政府以房屋转移登记事实不清撤销了房屋登记。赵某和沈某不服,向法院提起行政诉讼。"可见,当事人的诉讼对象为市政府撤销了房屋登记的复议改变决定,根据"诉什么、审什么、判什么"的一般逻辑,某市房管局办理此房屋转移登记行为和为沈某办理换证行为虽与本案有一定关系,但不是审查对象,B、C项正确。本案中,审查的对象是市政府的复议决定,核心是市政府的复议决定的合法性,李某是否有委托代理权并不是本案重点审查内容,故D项错误。

7. 法院审理行政案件,对下列哪些事项,《行政诉讼法》没有规定的,适用《民事诉讼法》的相关规定?(2015-2-81,多)

A. 受案范围、管辖
B. 期间、送达、财产保全
C. 开庭审理、调解、中止诉讼
D. 检察院对受理、审理、裁判、执行的监督

答案(　　)②

参考答案:①BC　②BCD

【解析】《行政诉讼法》第 101 条规定:"人民法院审理行政案件,关于期间、送达、财产保全、开庭审理、调解、中止诉讼、终结诉讼、简易程序、执行等,以及人民检察院对行政案件受理、审理、裁判、执行的监督,本法没有规定的,适用《中华人民共和国民事诉讼法》的相关规定。"据此可知,A 项错误,B、C、D 项正确。受案范围和管辖行政诉讼具有自身完全独立的特点,故难以准用民事诉讼的制度,而 B、C、D 选项所涉及的内容为程序性的事项,行政诉讼独立特征并不明显,所以,法律允许准用民诉的制度。综上,本题答案为 BCD。

二、行政诉讼的简易程序

1. 交警大队以方某闯红灯为由当场处以 50 元罚款,方某不服起诉。法院适用简易程序审理。关于简易程序,下列哪些说法是正确的?(2016－2－84,多)

A. 由审判员一人独任审理
B. 法院应在立案之日起 30 日内审结,有特殊情况需延期的经批准可延长
C. 法院在审理过程中发现不宜适用简易程序的,裁定转为普通程序
D. 对适用简易程序作出的判决,当事人不得提出上诉

答案(　　)①

【解析】 对于适用简易程序审理的行政案件,由审判员一人独任审理。审限为 45 日,法院应当在立案之日起 45 日内审结,且不存在延期的情形。所以,A 选项正确,B 选项错误。人民法院在审理过程中,发现案件不宜适用简易程序的,裁定转为普通程序。C 选项正确。D 选项错误,简易程序只是法院审理的程序简化,并没有改变行政诉讼两审终审的基本原理,当事人仍然享有上诉权,所以,D 选项错误。

2. 关于行政诉讼简易程序,下列哪些说法是正确的?(2015－2－83,多)

A. 对第一审行政案件,当事人各方同意适用简易程序的,可以适用
B. 案件涉及款额 2000 元以下的发回重审案件和上诉案件,应适用简易程序审理
C. 适用简易程序审理的行政案件,由审判员一人独任审理
D. 适用简易程序审理的行政案件,应当庭宣判

答案(　　)②

【解析】 第一审行政案件,当事人各方同意适用简易程序的,可以适用简易程序。发回重审、按照审判监督程序再审的案件不适用简易程序,A 项正确。而 B 项的发回重审案件不应适用简易程序,所以,B 选项错误。适用简易程序审理的行政案件,由审判员一人独任审理,并应当在立案之日起 45 日内审结。C 项正确,法律只要求 45 天审结案件,并没有当庭宣判制度或定期宣判方面的具体要求,所以,D 项错误。

【设题陷阱与常见错误分析】 有同学在 A 选项上犯错,他们认为该选项错误,理由是缺乏"事实清楚、争议不大"等必备要件,但事实上,该要件为法定简易程序的条件,法律对协定简易程序并没有这方面的要求。有同学没有区别行政诉讼和民事诉讼的简易程序而在 D 选项上犯错。

【归纳总结】 行政诉讼简易程序与民事诉讼简易程序的区别:

(1)民诉的简易程序只能由基本法院(及其派出法庭)在一审案件中审理,行政诉讼只要求一审案件,对于法院的级别没有具体要求。

参考答案:①AC　②AC

(2)民诉简易程序的审限为3个月,行政诉讼为45天。

(3)民诉规定简易程序可以由简便方式送达开庭通知,未经当事人确认或者没有其他证据证明当事人已经收到的,不得缺席审判。行政诉讼没有这方面的规定。

(4)民诉规定当事人双方可就开庭方式向法院申请,由法院决定是否准许。当事人双方同意,可以采用试听传输技术等方式开庭。行政诉讼没有这方面的规定。

(5)民诉规定原则上当庭宣判,行政诉讼没有这方面的规定。

三、行政诉讼特别程序

1. 下列情况属于或可以视为行政诉讼中被告改变被诉具体行政行为的是:(2009-2-99,任)

A. 被诉公安局把拘留三日的处罚决定改为罚款500元

B. 被诉土地局更正被诉处罚决定中不影响决定性质和内容的文字错误

C. 被诉工商局未在法定期限答复原告的请求,在二审期间作出书面答复

D. 县政府针对甲乙两村土地使用权争议作出的处理决定被诉后,甲乙两村达成和解,县政府书面予以认可

答案( )①

【解析】最高人民法院《关于行政诉讼撤诉若干问题的规定》第3条规定:"有下列情形之一的,属于《行政诉讼法》第64条规定的'被告改变其所作的行政行为':(1)改变被诉具体行政行为所认定的主要事实和证据;(2)改变被诉具体行政行为所适用的规范依据且对定性产生影响;(3)撤销、部分撤销或者变更被诉具体行政行为处理结果。"A项把拘留3日的处罚决定改为罚款500元,属于变更被诉具体行政行为处理结果,应选。

《关于行政诉讼撤诉若干问题的规定》第4条规定:"有下列情形之一的,可以视为被告改变其所作的具体行政行为:(1)根据原告的请求依法履行法定职责;(2)采取相应的补救、补偿等措施;(3)在行政裁决案件中,书面认可原告与第三人达成的和解。"可见,C项根据原告的请求依法履行法定职责,由原来的不作为变为作为属于行政行为的改变;D项属于在行政裁决案件中,书面认可原告与第三人达成的和解,考生一定要注意"必须"书面认可才是行政法意义的改变,口头不可。B项被诉土地局更改文字错误的,没有实质性变更行政处罚的内容,不属于改变。

【归纳总结】行政法中的改变一般均包括行为结果、法律依据和事实依据的改变,但有个例外,复议改变只包括改变行为的处理结果。

2. 某县食品药品监管局认定张某销售假药,作出罚款5000元的决定(1号决定)。该局将决定书送达张某后发现有文字错误,遂予以撤销并作出处罚内容相同的决定(2号决定),但决定书上加盖了该局前身某县药品监督管理局的印章。张某不服提起行政诉讼,诉讼期间,该局撤销了2号决定书,作出罚款3000元的决定(3号决定)。下列说法正确的是:(2008延-2-100,任)

A. 2号决定与1号决定错误性质相同,属于文字错误

B. 对同一行为给予三次处罚,既违反一事不再罚要求又构成反复无常

C. 某县食品药品监管局撤销2号决定书、作出3号决定应在一审期间内进行

D. 张某对3号决定不服起诉的,法院应当依法审查3号决定

答案( )②

参考答案:①ACD ②D

【解析】(1)1号决定是文字错误,属于可补正的瑕疵,而2号决定加盖了该局前身某县药品监督管理局的印章,就意味着该处罚决定是以其前身某县药品监督管理局的名义作出的,属于行政行为主体违法和形式违法,如果当事人提起行政诉讼,会出现难以确定被告的情况。两种错误类型的性质完全不同。因此A项错误。

(2)县食品药品监管局在撤销前一罚款决定后,才作出后一罚款决定,当前一处罚决定被撤销后,前一处罚决定已经溯及既往地失去效力,对于当事人不再产生权利义务的处分效果,所以,当事人所面临的有效处罚始终只有一个,没有并存两个以上的罚款决定,并不违反一事不再罚要求。反复无常,是指行政机关作出行政行为时,缺乏明确的标准和客观的事实基础,仅仅凭借个人意志,任性地作出前后不一致的处理决定。在本题中,县食品药品监管局每次改变都存在一定的客观理由,并没有到反复无常的程度,所以,B项错误。

(3)行政机关在一审、二审甚至是再审期间,可以改变被诉具体行政行为,这符合有错必纠的社会主义法治理念。因此C项错误。

(4)根据"诉什么,审什么,判什么"的一般原理,如果当事人对改变后的行为不服提起诉讼的,法院应当就改变后的具体行政行为进行审理,因此D项正确。但同时需要注意的是,如果行政机关在诉讼过程中,改变了被诉行为,对于原行政行为,如果原告不撤诉,那么法院应当继续审理原行政行为;如果原告申请撤诉,法院准予撤诉后,法院可以对于原行政行为不再审理。对于改变后的行政行为,如果原告另行起诉,法院应当予以审理;如果原告没有另行起诉,根据不诉不理的理念,法院不应审理。对此,我们概括为:"旧行为审不审看撤不撤,新行为审不审看诉没诉。"

综上,本题答案为D。

3. 行政诉讼中,起诉状副本送达被告后,下列关于行政诉讼程序的哪种说法是正确的?(2006-2-50,单)

A. 原告可以提出新的诉讼请求,但变更原诉讼请求的,法院不予准许

B. 法庭辩论终结前,原告提出新的诉讼请求的,法院应予准许

C. 法庭辩论终结前,原告提出新的诉讼请求或变更原诉讼请求的,法院应予准许

D. 原告提出新的诉讼请求的,法院不予准许,但有正当理由的除外

答案(①)

【解析】起诉状副本送达被告后,原告提出新的诉讼请求或变更原诉讼请求,人民法院不予准许,但有正当理由的除外,故选项D正确,其他选项错误。本题答案为D选项。考生还应注意的是,对于行政赔偿请求有所不同,当事人有权在一审庭审结束前追加新的赔偿请求。

四、行政诉讼中对其他争议的处理

1. 甲与乙婚后购买一套房屋,产权证载明所有权人为乙。后双方协议离婚,约定房屋赠与女儿,甲可以居住房屋至女儿满18岁,但未办理房屋所有权转移登记。不久,乙与丙签订抵押借款协议,将房屋抵押给丙,2005年10月8日丙取得房产局发放的房屋他项权利证书。2006年11月7日,丙在联系不到乙的情况下,找到甲并出示抵押相关材料和证书,甲才知该房屋已被抵押,遂要求房产局解决。未获得满意答复后于2007年1月16日向法院起诉请求注销该证书,并同时以丙为被告向法院提起民事诉讼,请求确认抵押借款协议无效。下列说法正确的是:(2008延-2-99,任)

A. 甲提起行政诉讼的起诉期限应自2005年10月8日起计算

B. 甲的起诉已过起诉期限

参考答案:① D

· 133 ·

C. 法院应当中止行政诉讼,待民事诉讼审结后再恢复诉讼
D. 法院应当中止民事诉讼,待行政诉讼审结后再恢复诉讼

答案(　①　)

【解析】(1)本题属于"全不知""知一半"和"全知道"三种情况中的"全不知",房产局在2005年10月8日发放了房屋他项权利证书,但是原告甲并不知道该行为的作出,直到2006年11月7日才知道。因此,甲的起诉期限应当从2006年11月7日起计算,直到2007年5月7日,同时,原告起诉时也没有超过不动产案件20年的最长保护时效,因此A、B项错误。

(2)《行政诉讼法解释》第51条规定:"在诉讼过程中,有下列情形之一的,中止诉讼:……(6)案件的审判须以相关民事、刑事或者其他行政案件的审理结果为依据,而相关案件尚未审结的;……中止诉讼的原因消除后,恢复诉讼。"同时,根据《民事诉讼法》第136条第1款第(5)项以及第2款的规定,民事诉讼案件必须以另一案的审理结果为依据,而另一案尚未审结的,应当中止该民事诉讼;该另一案审结后,恢复该民事诉讼。因此,对于民事和行政诉讼交叉案件,则应当遵照"谁为前提、谁优先"的原则。对于本案,民事抵押协议是否有效,将直接影响抵押登记行为的效力,如果丙是善意第三人,抵押协议有效,那么抵押登记实体上应当合法,反之,抵押登记应当违法,可见,民事诉讼对于抵押协议的效力的判断结果是行政审判的前提,所以,本案应当民事优先,行政诉讼应当中止,等待民事诉讼的审判结果。故C项正确,D项错误。

【设题陷阱与常见错误分析】对于A、B选项,考生会因为不熟悉最长保护时效和起诉期的区别而做错;对于C、D选项,难度在于对民法和行政法知识的综合掌握,事实上民行交叉案件的类型并不多,只要考生掌握教材和真题中出现的例子,足以应对2017年的真题。

2. 张某通过房产经纪公司购买王某一套住房并办理了转让登记手续,后王某以房屋买卖合同无效为由,向法院起诉要求撤销登记行为。行政诉讼过程中,王某又以张某为被告就房屋买卖合同的效力提起民事诉讼。下列选项正确的是:(2010-2-99,任)
A. 本案行政诉讼中止,等待民事诉讼的判决结果
B. 法院可以决定民事与行政案件合并审理
C. 如法院判决房屋买卖合同无效,应当判决驳回王某的行政诉讼请求
D. 如法院判决房屋买卖合同有效,应当判决确认转让登记行为合法

答案(　②　)

【解析】《行政诉讼法解释》第51条规定:"在诉讼过程中,有下列情形之一的,中止诉讼:……(6)案件的审判须以相关民事、刑事或者其他行政案件的审理结果为依据,而相关案件尚未审结的;……"新《行政诉讼法》第61条第1款规定:"在行政诉讼中,人民法院认为行政案件的审理需以民事诉讼的裁判为依据的,可以裁定中止行政诉讼。"本案中,王某以房屋买卖合同无效为由,向法院起诉要求撤销登记行为,此后又以张某为被告就房屋买卖合同的效力提起民事诉讼。由于民事诉讼的结果将直接影响行政诉讼的审理,因此,行政诉讼应当中止。A项正确。

考生需要注意的是,当民事诉讼和行政诉讼有所关联时,需要按照逻辑分析,以谁为前提谁优先的方式进行。本案是民事诉讼为行政诉讼的前提,但在一些民事诉讼过程中,当事人可能就行政行为发生争议而提起行政诉讼,而行政审判的结果将成为民事审判如何裁判的前提。例如,某男士死亡后,妻子与男子的母亲就遗产继承发生争议,而男子的母亲对当初的婚姻登记行为提出异议,向法院提起行

参考答案:①C　②A

政诉讼要求撤销婚姻登记,在这里,婚姻登记行为的合法性将直接影响婚姻法律关系的效力,进而决定遗产的继承问题,因此,行政诉讼的结果将成为民事审判的前提。

新《行政诉讼法》第61条第1款规定:"在涉及行政许可、登记、征收、征用和行政机关对民事争议所作的裁决的行政诉讼中,当事人申请一并解决相关民事争议的,人民法院可以一并审理。"在新《行政诉讼法》中,除了许可和裁决案件可以合并审理外,登记、征收、征用案件也可以合并审理行政争议和民事争议了。不过,根据《行政诉讼法司法解释》(2015年)第17条的规定,已经申请仲裁或者提起民事诉讼的,人民法院应当作出不予准许一并审理民事争议的决定,并告知当事人可以依法通过其他渠道主张权利。本案题干说"王某又以张某为被告就房屋买卖合同的效力提起民事诉讼",所以,自然不能合并审理了,B选项错误。当然,中国语言博大精深,有同学可能会指出,在行政诉讼过程中,"提起"可能有两种解释,"欲提起"与"已提起","欲提起"如果当事人申请,那是可能会合并审理的,但是"已提起"则不能一并审理民事争议。对于这样的内容,大家大可不必烦忧,本题为旧题新解,由于出题角度并没有按照新法来,自然在有些措辞上不会那么严丝合缝。其实,不管你对于"提起"做何种解释,本题B选项无论如何都不能选,因为要决定民事与行政案件合并审理必须根据当事人申请才可以,题干没有提供当事人申请的信息,B选项必然会是错误的了。

本题中,如法院判决房屋买卖合同无效,则房管局据此办理的转让登记手续便丧失了法律依据,应当撤销;如法院判决房屋买卖合同有效,则房管局据此办理的转让登记手续的行为是合法的。根据《行政诉讼法》第69条的规定,行政行为证据确凿,适用法律、法规正确,符合法定程序的,或者原告申请被告履行法定职责或者给付义务理由不成立的,人民法院判决驳回原告的诉讼请求。2014年修改后的《行政诉讼法》取消了确认合法和维持判决,所以,D选项较为容易排除。对于C选项,如果作为行政登记的基础关系——买卖合同无效的话,那么行政行为必然违法,行政行为违法的情况下法院不应判决驳回诉讼请求,而应当撤销登记。C、D项均错误。

【设题陷阱与常见错误分析】 本题选项C、D的判断相对复杂,需要考生分析民法中的房屋买卖合同与行政法中的被诉具体行政行为合法之间的关系。如果考生的民法基础较为薄弱,极易错误判断。

3. 甲、乙两村因土地使用权发生争议,县政府裁决使用权归甲村。乙村不服向法院起诉撤销县政府的裁决,并请求法院判定使用权归乙村。关于乙村提出的土地使用权归属请求,下列哪些说法是正确的?(2016－2－85,多)

　　A. 除非有正当理由的,乙村应于第一审开庭审理前提出
　　B. 法院作出不予准许决定的,乙村可申请复议一次
　　C. 法院应单独立案
　　D. 法院应另行组成合议庭审理

答案(①)

【解析】 (1)《最高人民法院关于适用〈中华人民共和国行政诉讼法〉若干问题的解释》第17条第1款规定:"公民、法人或者其他组织请求一并审理行政诉讼法第六十一条规定的相关民事争议,应当在第一审开庭审理前提出;有正当理由的,也可以在法庭调查中提出。"可知,乙村若非有正当理由应于第一审开庭审理前提出一并解决民事争议。故A选项正确,当选。

(2)有权利必然有救济,对不予准许的决定可以申请复议一次。故B选项正确,当选。

参考答案:①AB

(3)法院在行政诉讼中一并审理相关民事争议的,民事争议应当单独立案,这是合并审理制度的一般规则,但有唯一的例外,审理行政机关对民事争议所作裁决的案件,一并审理民事争议的,不另行立案。为什么行政裁决案件不分别立案呢?原因如下:行政裁决纠纷和民事纠纷在本质上是一体的,表面上看行政诉讼部分是审查行政裁决的合法性,"但解决行政裁决的合法性并不是当事人的最终目的,他们的最终目的在于解决平等主体之间的民事争议"①。民事争议是作为行政行为处理的对象而存在的,并不是在行政争议之外还有一个相关联的民事争议。正是基于这一特点,在行政裁决案件中一并解决民事争议,并不需要作出两个不同诉讼类型的划分,只要直接触及作为行政裁决对象的民事争议,就可以实现终极解决争议的目的。②故 C 选项错误,不选。

(4)行政诉讼一并解决民事争议应当分别裁判,但都是由同一个审判组织行政审判合议庭来审理,而不是另行组成合议庭审理。故 D 选项错误,不选。

【设题陷阱与常见错误分析】本题错误率较高的选项为 B 与 C 项。B 选项考生会选择错误的原因在于,只知道有行政复议,而忽略了在诉讼程序中还存在司法复议制度。在民事诉讼和行政诉讼中,对于法院作出的不予先予执行、不予回避等事项,法律不可能不赋予当事人救济的机会,一般会允许当事人申请复议一次。C 选项错误的原因是对于合并审理制度理解得不透彻,行政和民事案件合并审理制度原则上均需要单独立案,但审理时可以合并审理,不过,行政裁决是唯一的例外,裁决案件"合并立案,合并审理"。

4. 区工商局以涉嫌虚假宣传为由扣押了王某财产,王某不服诉至法院。在此案的审理过程中,法院发现王某涉嫌受贿犯罪需追究刑事责任。法院的下列哪种做法是正确的?(2006-2-43,单)

A. 终止案件审理,将有关材料移送有管辖权的司法机关处理
B. 继续审理,待案件审理终结后,将有关材料移送有管辖权的司法机关处理
C. 中止案件审理,将有关材料移送有管辖权的司法机关处理,待刑事诉讼程序终结后,恢复案件审理
D. 继续审理,将有关材料移送有管辖权的司法机关处理

答案(③　)

【解析】法院在行政诉讼过程中,认为受行政行为处理的原告或第三人的行为已构成犯罪的,将有关犯罪材料移送公安、检察机关按刑事诉讼程序处理。法院对于原行政案件有两种处理方式:第一种,犯罪行为与行政机关之前认定的行政违法行为具有相关性,那么法院应中止行政诉讼,等刑事案件审结确认是否犯罪后,再恢复行政诉讼程序。第二种,犯罪行为与行政机关之前认定的行政违法行为没有相关性,是两项独立的行政行为,法院就应当继续审理原来的行政诉讼,而无须等待刑事案件的审判结果。对于本案,虚假宣传与受贿犯罪是两样独立的违法行为,刑事责任与行政审判没有关系,法院应当将涉嫌受贿犯罪的有关材料移送有管辖权的司法机关处理,对基于涉嫌虚假宣传而扣押的合法性继续审理。

---

①王小红著:《行政裁决制度研究》,知识产权出版社 2011 年版,第 48 页。
②李广宇著:《新行政诉讼法逐条解释》(下),法律出版社 2015 年版,第 493-494 页。
参考答案:③D

第十五章 行政诉讼证据

命题规律

行政诉讼的证据制度和民事诉讼高度类似,在证据的种类、证据的三性、证据提交规则等内容上可以说是完全一致的,但行政诉讼的证据制度也会有自己的独立的特点,这些地方经常会有题目出现,最典型的就是举证责任分配。

真题分布情况

举证责任分配	2015-2-79,2014-2-48,2014-2-84,2012-2-81,2012-2-98
提供证据要求	2015-2-84,2014-2-98,2011-2-82,
质证	2012-2-98
认证	2015-2-84,2014-2-98,2012-2-98

一、举证责任与举证期限

1. 许某与汤某系夫妻,婚后许某精神失常。二人提出离婚,某县民政局准予离婚。许某之兄认为许某为无民事行为能力人,县民政局准予离婚行为违法,遂提起行政诉讼。县民政局向法院提交了县医院对许某作出的间歇性精神病的鉴定结论。许某之兄申请法院重新进行鉴定。下列哪些选项是正确的?(2009-2-87,多)

A. 原告需对县民政局准予离婚行为违法承担举证责任
B. 鉴定结论应有鉴定人的签名和鉴定部门的盖章
C. 当事人申请法院重新鉴定可以口头提出
D. 当事人申请法院重新鉴定应当在举证期限内提出

答案(①)

【解析】(1)行政诉讼的举证责任分配规则为被告对作出的行政行为负有举证责任,应当提供作出该行政行为的证据和所依据的规范性文件。但一般规则也有例外,原告在特定的情况下对特定事项也需要承担举证责任,第一,原告应当举证证明自己的起诉符合起诉条件;第二,在起诉被告不履行法定职责的案件中,原告应当提供其在行政程序中曾经向被告提出申请的证据材料;第三,在行政赔偿、补偿诉讼中,原告应当对被诉行政行为造成损害的事实提供证据。本案准予离婚行为的违法性并

参考答案:①BD

不属于原告承担举证责任的范围,故 A 项错误。

(2)鉴定结论(2014 年《行政诉讼法》改为了鉴定意见)应有鉴定人的签名和鉴定部门的盖章,因此,B 项正确。

(3)原告或者第三人有证据或者有正当理由表明被告据以认定案件事实的鉴定结论可能有错误,在举证期限内书面申请重新鉴定的,人民法院应予准许。因此,C 项错误,D 项正确。

【归纳总结】

应当在举证期限届满前提出的申请
证据调取
证据保全
证人出庭
重新鉴定
重新传唤

【设题陷阱与常见错误分析】 本题会有同学因对于法条的细节内容记忆不够牢固而出错,比如 C 选项是否可以口头,如果考生认真学习了我们教材中口头问题的归纳,回答 C 选项简直易如反掌;同理,D 选项申请重新鉴定的期限也有同学因为记忆不牢固而出错。

2. 市城管执法局委托镇政府负责对一风景区域进行城管执法。镇政府接到举报并经现场勘验,认定刘某擅自建房并组织强制拆除。刘某父亲和嫂子称房屋系二人共建,拆除行为侵犯合法权益,向法院起诉,法院予以受理。关于此案,下列哪些说法是正确的?(2010 - 2 - 89,多)

A. 此案的被告是镇政府
B. 刘某父亲和嫂子应当提供证据证明房屋为二人共建或与拆除行为有利害关系
C. 如法院对拆除房屋进行现场勘验,应当邀请当地基层组织或当事人所在单位派人参加
D. 被告应当提供证据和依据证明有拆除房屋的决定权和强制执行的权力

答案(①)

【解析】(1)委托制度的本质是"找帮手",被委托者没有对外以自己名义独立开展行政活动的主体资格,还应当以委托的行政机关为被告。本题中,市城管执法局委托镇政府作出行政行为,被告应当是委托机关市城管执法局,A 项错误。

(2)原告应当提供其符合起诉条件的相应的证据材料。其中的起诉条件是起诉人必须与被诉行为之间具有法律上的利害关系,也就是说具有原告资格,所以,刘某父亲和嫂子与拆除行为有利害关系,是原告应当举证的内容,B 项正确。

(3)法院可以依当事人申请或者依职权勘验现场。勘验现场时,勘验人必须出示人民法院的证件,并邀请当地基层组织或者当事人所在单位的人参加。当事人或其成年亲属应当到场,拒不到场的,不影响勘验的进行,但应当在勘验笔录中说明情况。因此,C 项的说法正确。

(4)被告对作出的行政行为负有举证责任,应当提供作出该行政行为的证据和所依据的规范性文件。城管局是否具有相应行政职权,是决定该处罚是否合法的因素之一,应由被告予以证明,D 项正确。

参考答案:①BCD

【设题陷阱与常见错误分析】 本题主要错误集中于 B 选项,命题人并没有直接设题为"刘某父亲和嫂子应当提供证据证明起诉符合起诉条件",而是在 B 选项中糅合了原告举证责任、起诉条件和原告资格三重知识,导致考生容易出错。

3. 梁某酒后将邻居张某家的门、窗等物品砸坏。县公安局接警后,对现场进行拍照、制作现场笔录,并请县价格认证中心作价格鉴定意见,对梁某作出行政拘留 8 日处罚。梁某向法院起诉,县公安局向法院提交照片、现场笔录和鉴定意见。下列哪些说法是正确的?(2015-2-84,多)

A. 照片为书证
B. 县公安局提交的现场笔录无当事人签名的,不具有法律效力
C. 县公安局提交的鉴定意见应有县价格认证中心的盖章和鉴定人的签名
D. 梁某对现场笔录的合法性有异议的,可要求县公安局的相关执法人员作为证人出庭作证

答案(①)

【解析】 (1)书证是指以文字、符号、图形所记载或表示的内容、含义来证明案件事实的证据。图片同样可以构成书证,所以,A 项正确。

(2)现场笔录是行政诉讼特有的证据种类,由行政机关在行政程序中当场制作而成。被告行政机关向人民法院提供的现场笔录,除法律、法规和规章对现场笔录的制作形式有特别规定外,一般应当载明制作现场笔录的时间、地点和事件等内容,并由执法人员和当事人签名。当事人拒绝签名或者不能签名的,应当注明原因。有其他人在现场的,可由其他人签名。现场笔录只是对于现场的如实记录,如果当事人不签名,注明原因即可,不会因为当事人不签名而丧失法律效力,B 项错误。

(3)新《行政诉讼法》将鉴定结论的提法改为了鉴定意见,但是关于鉴定意见的法律规则还是遵照鉴定结论的规则。鉴定意见应有鉴定人的签名和鉴定部门的盖章。通过分析获得的鉴定结论,应当说明分析过程。可以看出,C 项正确。

(4)《关于行政诉讼证据若干问题的规定》第 44 条规定:"有下列情形之一,原告或者第三人可以要求相关行政执法人员作为证人出庭作证:(一)对现场笔录的合法性或者真实性有异议的;(二)对扣押财产的品种或者数量有异议的;(三)对检验的物品取样或者保管有异议的;(四)对行政执法人员的身份的合法性有异议的;(五)需要出庭作证的其他情形。"根据法律的规定,梁某对现场笔录的合法性有异议的,可要求县公安局的相关执法人员作为证人出庭作证,D 项正确。

【设题陷阱与常见错误分析】 本题最大的争议点在于 A 选项,对于现场照片的证据性质的界定。有考生认为该照片属于物证,用以证明门、窗的损害事实,但考生应注意,题干中是对于整体现场的照片,而不是对某个固定的物的照片,所以,不应属于书证。有考生认为该照片属于电子数据或视听资料,电子数据、视听资料和书证的区别主要不在于记载的内容,而在于形式上的载体,电子数据是以二进制数字方式凭借计算机生成和识别的,存放介质为光盘或 SD 卡、U 盘、电脑磁盘等其他数字存续介质,而视听资料是存放在录像带、磁带、胶片等模拟信号存放介质中的,而且视听资料只能在物理空间传播,电子数据可以在虚拟空间内无限制地快速传播,而书证则以纸张、照片纸等为载体。在本题中,命题人没有刻意强调光盘、录像带等特别载体,也没有强调照片为数码照片,那就说明应当按照最普通的载体处理,则该照片应当为书证。

4. 经夏某申请,某县社保局作出认定,夏某晚上下班途中驾驶摩托车与行人发生交通事故受重伤,

参考答案:①ACD

属于工伤。夏某供职的公司认为其发生交通事故系醉酒所致,向法院起诉要求撤销认定。某县社保局向法院提交了公安局交警大队交通事故认定书、夏某住院的病案和夏某同事孙某的证言。下列说法正确的是:(2014-2-98,任)

  A. 夏某为本案的第三人
  B. 某县社保局提供的证据均系书证
  C. 法院对夏某住院的病案是否为原件的审查,系对证据真实性的审查
  D. 如有证据证明交通事故确系夏某醉酒所致,法院应判决撤销某县社保局的认定

答案(　　)①

【解析】(1)夏某作为工伤确认行为的相对人,必然和被诉行为具有利害关系,而对于利害关系人起诉时,可以作为原告;本人没有起诉,他人起诉时,可以作为第三人。所以,夏某可以作为本案的第三人。A项正确。

(2)证人证言是独立的证据种类,孙某的证人证言属于独立的证据,不属于书证。当题干中出现"和""均"和"以及"等字眼时,考生应当全面审查每一个内容是否合法,B项错误。

(3)法庭应当根据案件的具体情况,从以下方面审查证据的真实性:第一,证据形成的原因;第二,发现证据时的客观环境;第三,证据是否为原件、原物,复制件、复制品与原件、原物是否相符;第四,提供证据的人或者证人与当事人是否具有利害关系;第五,影响证据真实性的其他因素。对住院病案是否为原件的审查,是核实证据是否为原件、原物,复制件、复制品与原件、原物是否相符,属于真实性的审查,C项正确。

(4)法院在夏某醉酒时,不应认定构成工伤,所以,该行政行为属于事实认定有误,构成行为违法,同时,本案并不存在不可撤销的内容,法院可以判决撤销。D项正确。

5. 某药厂以本厂过期药品作为主原料,更改生产日期和批号后生产出售。甲市乙县药监局以该厂违反《药品管理法》第49条第1款关于违法生产药品规定,决定没收药品并处罚款20万元。药厂不服向县政府申请复议,县政府依《药品管理法》第49条第3款关于生产劣药行为的规定,决定维持处罚决定。药厂起诉。关于本案的举证与审理裁判,下列说法正确的有?(2012-2-98,任)

  A. 法院应对被诉行政行为和药厂的行为是否合法一并审理和裁判
  B. 药厂提供的证明被诉行政行为违法的证据不成立的,不能免除被告对被诉行政行为合法性的举证责任
  C. 如在本案庭审过程中,药厂要求证人出庭作证的,法院不予准许
  D. 法院对本案的裁判,应当以证据证明的案件事实为依据

答案(　　)②

【解析】(1)法院审理行政案件,对被诉行政行为是否合法进行审查。这意味着,第一,只有被诉行政行为才可以成为法院的审理对象;第二,只有行政行为才属于审理对象,当事人行为不能被称为审理对象;第三,法院只审查合法性,合理性问题不属于行政诉讼的审查范围。本题中,法院审查的是行政处罚的合法性,而不直接审查药厂行为的合法性,所以A选项错误。

(2)行政诉讼中,被诉行政行为的合法性的举证责任应当由被告承担,原告对行为合法性问题只享有举证权利,并不承担举证责任,也就是说,原告有权利向法院提交证据,但如果原告举证不能,并不承担败诉的风险,因为举证责任还是在被告身上的,故而B选项正确。

参考答案:①ACD　②BD

(3)申请证人出庭,原则上应当在举证期限届满前提出,但这只是一般情况,对此也有例外,法律规定,因正当事由申请延期提供证据的,经人民法院准许,可以在法庭调查中提供。可见,C选项的表述过于绝对化,故而错误。

(4)D选项属于法律常识,法院裁判行政案件,应当以证据证明的案件事实为依据,D选项正确。

【设题陷阱与常见错误分析】 本题考生的错误主要集中于A、C选项,A选项属于对审理对象的细节掌控不全面或审题不仔细所致。C选项有考生会只注意到了原则规定,而忽视了例外规定,认为选项C表述正确,但事实上在应试技巧中,如此绝对化的选项错误概率是很高的。

6. 余某拟大修房屋,向县规划局提出申请,该局作出不予批准答复。余某向市规划局申请复议,在后者作出维持决定后,向法院起诉。县规划局向法院提交了县政府批准和保存的余某房屋所在中心村规划布局图的复印件一张,余某提交了其房屋现状的录像,证明其房屋已破旧不堪。下列哪些说法是正确的?(2011-2-82,多选)

A. 县规划局提交的该复印件,应加盖县政府的印章
B. 余某提交的录像应注明制作方法和制作时间
C. 如法院认定余某的请求不成立,可以判决驳回余某的诉讼请求
D. 如法院认定余某的请求成立,在对县规划局的行为作出裁判的同时,应对市规划局的复议决定作出裁判

答案(　　)①

【解析】 (1)当事人向法院提供书证的,原则上应当提供书证的原件,提供原件确有困难的,可以提供与原件核对无误的复印件。提供由有关部门保管的书证原件的复制件、影印件或者抄录件的,应当注明出处,经该部门核对无异后加盖其印章。所以,被告提交的由县政府保管的该复印件,应加盖保管部门也就是县政府的印章,A选项正确。

(2)当事人向法院提供视听资料的,应当注明制作方法、制作时间、制作人和证明对象等,便于法院核实视听资料的真伪,所以,B选项正确。

(3)C选项已交代余某的请求不成立,那么说明被告行为合法,被告胜诉,原告败诉,法院应判决驳回余某的诉讼请求,C选项正确。

(4)复议机关与作出原行政行为的行政机关为共同被告的案件,人民法院应当对复议决定和原行政行为一并作出裁判。D选项表达正确。复议维持后的基本逻辑线索是:"被告(原机关和复议机关)→审理对象(原机关和复议机关的行为)→判决对象(原机关和复议机关一并裁判)",这也是符合"诉什么、审什么、判什么"的诉讼线索的,"诉两个,审两个,判两个"。具体而言,可以区分如下三种情况:①撤销原行政行为和复议决定,可以判决作出原行政行为的行政机关重新作出行政行为。②判决作出原行政行为的行政机关履行法定职责或者给付义务,应当同时判决撤销复议决定。③原行政行为合法,复议决定违反法定程序的,应当判决确认复议决定违法,同时判决驳回原告针对原行政行为的诉讼请求。

参考答案:①ABCD

> **【技术流】**《行政诉讼法》第69条规定:"行政行为证据确凿,适用法律、法规正确,符合法定程序的,或者原告申请被告履行法定职责或者给付义务理由不成立的,人民法院判决驳回原告的诉讼请求。"有同学认为C选项应是"法院应当判决驳回原告的诉讼请求",而非"可以判决驳回余某的诉讼请求"。考生一定要熟悉命题人对于真题词汇的使用规律,今后在行政法真题中,考生遇到了"可以"要直接转换成另一个词汇"能",这样问题就迎刃而解了,比如本题转换为了"法院能判决驳回余某的诉讼请求",那C选项考生就不会认为表述错误了,总不能说"不能"吧?

7. 关于在行政诉讼中法庭对证据的审查,下列哪一说法是正确的?(2010-2-49,单)
　　A. 从证据形成的原因方面审查证据的合法性
　　B. 从证人与当事人是否具有利害关系方面审查证据的关联性
　　C. 从发现证据时的客观环境审查证据的真实性
　　D. 从复制件与原件是否相符审查证据的合法性

答案(　①　)

【解析】 法庭应当根据案件的具体情况,从以下方面审查证据的真实性:(1)证据形成的原因;(2)发现证据时的客观环境;(3)证据是否为原件、原物,复制件、复制品与原件、原物是否相符;(4)提供证据的人或者证人与当事人是否具有利害关系;(5)影响证据真实性的其他因素。因此,证据形成原因的审查是对真实性而非合法性的审查,证人与当事人是否具有利害关系方面的审查也是真实性而非关联性的审查,复制件与原件是否相符的审查也是真实性而非合法性的审查,A、B、D项错误,C项正确。

8. 某小区按照开发时间分为两个区域,后某区房屋管理局发出通知,将该小区分为三个物业管理区域,对各区域的物业管理用房作了重新划分。叶某等25户居民不服提起行政诉讼,认为通知违反《物业管理条例》有关规定,要求予以撤销。下列哪些说法是正确的?(2008延-2-87,多)
　　A. 若叶某等25户居民在指定期限内未选定诉讼代表人,法院有权依职权指定诉讼代表人
　　B. 叶某等25户居民提供证据证明通知不符合《物业管理条例》的规定,是承担举证责任的表现
　　C. 若在诉讼期间叶某有妨害诉讼行为,法院可以责令其具结悔过
　　D. 若法院经审理认为通知没有考虑《物业管理条例》规定的应考虑的建筑物规模和社区建设因素,可以认定通知主要证据不足

答案(　②　)

【解析】 (1)同案原告为5人以上,应当推选1~5名诉讼代表人参加诉讼;在指定期限内未选定的,人民法院可以依职权指定,故A项正确。

(2)被告对作出的行政行为负有举证责任,应当提供作出该具体行政行为的证据和所依据的规范性文件。原告提供证据是在行使举证权利,而并不是在承担举证责任,因为原告举证不能,不免除被告对被诉具体行政行为合法性的举证责任,因此B项错误。

(3)诉讼参与人或者其他人有妨害诉讼行为的,人民法院可以根据情节轻重,予以训诫、责令具结悔过或者处10000元以下的罚款、15日以下的拘留;构成犯罪的,依法追究刑事责任。故选项C正确。

(4)行政机关没有考虑《物业管理条例》规定的建筑物规模和社区建设因素,属于适用法律错误,

参考答案:①C　②AC

而非证据不足。如果考生觉得抽象,可以类比下,小新是未满14周岁未成年人,法官在量刑时未予以考虑,判处有期徒刑5年,这是适用法律错误(该适用的法条未适用),还是证据不足呢?故D项错误。本题答案为A、C。

【设题陷阱与常见错误分析】 D选项表达得较为抽象,会有不少考生因无法从命题人的表达中提取有效信息而出错。C选项内容较为冷僻,但事实上凭借法律常识都可以解出答案,只要考生应试时不慌张即可。

> **【技术流】** 在行政法的历年真题中,在选项中出现具体的法条名称的选项,大都是错误的,背后的原因可能是选项一般不会出现无关的信息点,命题人将冗长的法条名称加入题干,必然有相对应的陷阱点。

9. 李某和钱某参加省教委组织的"省中小学教师自学考试",后省教委以"通报"形式,对李某、钱某等4名作弊考生进行了处理,并通知当次考试各科成绩作废,3年之内不准报考。李某、钱某等均得知该通报内容。李某向省政府递交了行政复议申请书,省政府未予答复。李某诉至法院。下列哪一选项是错误的?(2007-2-42,单)

A. 法院应当受理李某对通报不服提起的诉讼
B. 李某向省教委提起诉讼后,法院可以通知钱某作为第三人参加诉讼
C. 法院应当受理李某对省政府不予答复行为提起的诉讼
D. 钱某在诉讼程序中提供的、被告在行政程序中未作为处理依据的证据可以作为认定被诉处理决定合法的依据

答案(　　)①

【解析】 (1)通报的性质为影响当事人权利义务的具体行政行为,属于行政诉讼受案范围。同时,在复议机关复议不作为的情况下,李某可以对原行为(通报决定)提起诉讼,也可以对复议机关省政府不予答复复议不作为提起诉讼,选项A、C均表述正确。

(2)同一个具体行政行为,影响到若干人的利益,法院应当通知未起诉的人作为第三人;同一类的具体行政行为,影响到若干人的利益,法院可以通知未起诉的人作为第三人。钱某是另外一个行政行为的相对人,与李某提起的诉讼有一定的利害关系,可以作为第三人,但通知方式为"可以"通知,因为对于李某和钱某来说,两个处罚各自独立,法院完全可以通过两个诉讼分别审理。"三大本"中对本知识点是如此表述的:"在一个行政处罚案件中,行政机关处罚了两个以上的违法行为人,其中一部分人向法院起诉,而另一部分被处罚人没有起诉,可以作为第三人参加诉讼。"可见,B选项表述正确。

(3)原告或者第三人在诉讼程序中提供的、被告在行政程序中未作为具体行政行为依据的证据,不能作为认定被诉具体行政行为合法的依据。根据"有证在先"的要求,被告只能用作出行政行为当时的证据,证明其当时行政行为的合法性,被告不能事后补充证据。行政诉讼法律制度不允许被告用事后的证据证明当时行为的合法性,不管事后证据是以何种方式获得的,原告、第三人提交的、被告自己提交的、还是复议机关提交的。因此,D项错误。

【设题陷阱与常见错误分析】 本题属于行政法中最难的一类题目,综合度很高,考生只有在真正理解知识之后才可以解出答案。出错率较高的选项会是B选项和D选项,B选项考生会因为无法区

参考答案:①D

别"同一类"与"同一个"行政行为而出错,D选项出错,是因为考生不熟悉行政诉讼证据中"不能作为认定被诉行政行为合法的证据(片面效力)",片面效力的证据只是不能被用于证明被诉行为的合法性,但可以证明被诉行为的违法性,具体包括:

(1)被告及其诉讼代理人在作出行政行为后或者在诉讼程序中自行收集的证据;

(2)原告或者第三人在诉讼程序中提供的、被告在行政程序中未作为行政行为依据的证据;

(3)复议机关在复议程序中收集和补充的证据,或者作出原行政行为的行政机关在复议程序中未向复议机关提交的证据,不能作为人民法院认定原行政行为合法的依据;

(4)被告在行政程序中非法剥夺公民、法人或者其他组织依法享有的陈述、申辩或者听证权利所采用的证据。

10. 县烟草专卖局发现刘某销售某品牌外国香烟,执法人员表明了自己的身份,并制作了现场笔录。因刘某拒绝签名,随行电视台记者张某作为见证人在笔录上签名,该局当场制作《行政处罚决定书》,没收15条外国香烟。刘某不服该决定,提起行政诉讼。诉讼中,县烟草专卖局向法院提交了现场笔录、县电视台拍摄的现场录像、张某的证词。下列哪些选项是正确的?(2007-2-84,多)

A. 现场录像应当提供原始载体
B. 张某的证词有张某的签字后,即可作为证人证言使用
C. 现场笔录必须有执法人员和刘某的签名
D. 法院收到县烟草专卖局提供的证据应当出具收据,由经办人员签名或盖章

答案(①)

【解析】(1)当事人向人民法院提供计算机数据或者录音、录像等视听资料的,应当提供有关资料的原始载体;提供原始载体确有困难的,可以提供与原物核对无误的复制件,因此,A项正确。

(2)证人证言要证明"谁说了什么话"。"说了什么话"用文字记载下来,关键是证明"谁"说的,证词仅有张某的签字,是不足以证明"谁"说的,同名同姓的情况在实践中屡见不鲜,只有加上身份证复印件等信息才能证明就是"谁"提供的证言,故B项错误。

(3)现场笔录的特点是对执法现场的"如实记录",现场笔录应当载明时间、地点和事件等内容,并由执法人员和当事人签名。当事人拒绝签名或者不能签名的,应当注明原因,也就是说,只需如实记录当事人拒绝签名的事实即可,当事人的签名并非"必须"的,故C项错误。

(4)法院收到当事人提交的证据材料,应当出具有经办人员签名或者盖章的收据,D项正确。

【归纳总结】执法人员签名或盖章的情况

1. 当场处罚决定书。
2. 当场作出治安管理处罚决定处罚决定书,由经办的人民警察签名或者盖章。
3. 治安管理询问笔录,被询问人确认笔录无误后,应当签名或者盖章,询问的人民警察也应当在笔录上签名。
4. 治安管理检查笔录,由检查人、被检查人和见证人签名或者盖章;被检查人拒绝签名的,人民警察应当在笔录上注明。
5. 治安管理处罚扣押的物品清单由调查人员、见证人和持有人签名或者盖章。
6. 行政机关对行政许可实施情况监督检查的笔录。

参考答案:①AD

	续表
7. 询问、陈述、谈话类笔录,应当有行政执法人员、被询问人、陈述人、谈话人的签名或者盖章。	
8. 现场笔录由执法人员和当事人签名。当事人拒绝签名或者不能签名的,应当注明原因。有其他人在现场的,可由其他人签名。	
9. 审判人员应当制作勘验笔录,由勘验人、当事人、在场人签名。	

11. 甲公司与乙公司开办中外合资企业丙公司,经营房地产。因急需周转资金,丙公司与某典当行签订合同,以某宗国有土地作抵押贷款。典当期满后,丙公司未按约定回赎,某典当行遂与丁公司签订协议,将土地的使用权出售给丁公司。经丁公司申请,2001 年 4 月 17 日市国土局的派出机构办理土地权属变更登记。丙公司未参与变更土地登记过程。2008 年 3 月 3 日甲公司查询土地抵押登记情况,得知该土地使用权已变更至丁公司名下。甲公司对变更土地登记行为不服向法院起诉。下列说法正确的是:(2008-2-100,任)

A. 甲公司有权以自己的名义起诉
B. 若丙公司对变更土地登记行为不服,应当自 2008 年 3 月 3 日起 3 个月内起诉
C. 丙公司与某典当行签订的合同是否合法,是本案的审理对象
D. 对市国土局与派出机构之间的关系性质,法院可以依法调取证据

答案(　　)①

【解析】(1)联营企业、中外合资或者合作企业的联营、合资、合作各方,认为联营、合资、合作企业权益或者自己一方合法权益受具体行政行为侵害的,均可以自己的名义提起诉讼。因此,甲公司作为合资企业丙公司的合资方,当丙公司的土地使用权变更至丁公司名下,从而影响到丙公司土地使用权时,有权以自己的名义起诉,A 项正确。

(2)对于丙公司而言,本案属于"全不知"的情况,起诉期限从知道或者应当知道该具体行政行为内容之日起计算,2008 年 3 月 3 日只是甲公司知道内容的期限,甲公司知晓行为内容,并不代表丙公司必然知道行为内容,两个公司是两个实体,并不能直接等同,丙公司的起诉期限应当从其知道内容之日起计算,B 项错误。再者,新《行政诉讼法》将起诉期也修改为了 6 个月,B 项更是不正确了。

(3)行政诉讼的审理对象是被诉行政行为的合法性,因此,本案的审理对象是变更登记的行为是否合法,C 项错误。

(4)依职权调取证据的事项为"利益"+"程序",依申请调取证据理由为"秘密",市国土局与派出机构之间的关系性质涉及追加或变更当事人的程序性事项,法院可以依照职权调取,D 项正确。除此以外还应注意,法院对依职权调取的证据不予质证,法院对依申请调取的证据应当质证。

【设题陷阱与常见错误分析】有考生对于 A 选项出现误判。既然题干中明确交代企业的具体性质,根据我们在原告资格部分传授的做题技巧,考生应当能够联想到本题在从组织体角度考查原告资格知识。如果考生是 C 选项错误,说明对于审理对象的三个细节掌握不到位("被诉""行政行为"和"合法性")。如果考生是 D 选项错误,说明对于依职权调取证据和依申请调取证据的情况存在混淆。

参考答案:①AD

12. 某区城管执法局以甲工厂的房屋建筑违法为由强行拆除,拆除行为被认定违法后,甲工厂要求某区城管执法局予以赔偿,遭到拒绝后向法院起诉。甲工厂除提供证据证明房屋损失外,还提供了甲工厂工人刘某与当地居民谢某的证言,以证明房屋被拆除时,房屋有办公用品、机械设备未搬出,应予赔偿。某区城管执法局提交了甲工厂工人李某和执法人员张某的证言,以证明房屋内没有物品。下列哪一选项是正确的?(2008-2-50,单)

A. 法院不能因李某为甲工厂工人而不采信其证言
B. 法院收到甲工厂提交的证据材料,应当出具收据,由经办人员签名并加盖法院印章
C. 张某的证言优于谢某的证言
D. 在庭审过程中,甲工厂要求刘某出庭作证,法院应不予准许

答案(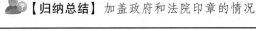)①

【解析】(1)法律并未完全否定与当事人有密切关系的证人提供的证言,只是对其证据效力给予了一定限制,有密切关系的人所说的有利的证言,不能单独作为定案依据。A项正确。

(2)法院收到当事人提交的证据材料,应当出具收据,由经办人员签名或者盖章。B项错误。

(3)证明同一事实的数个证据中,其他证人证言的证明效力优于与当事人有亲属关系或者其他密切关系的证人提供的对该当事人有利的证言。执法局的工作人员张某,与被告有密切关系,而且其证言对被告有利,而当地居民谢某与本案当事人并无密切联系。因此,谢某的证言优于张某的证言,C项错误。本考点所涉及的证据效力大小的判断,考生需要理解:①国家机关以及其他职能部门依职权制作的公文文书优于其他书证;②鉴定结论、现场笔录、勘验笔录、档案材料以及经过公证或者登记的书证优于其他书证、视听资料和证人证言;③原件、原物优于复制件、复制品;④法定鉴定部门的鉴定结论优于其他鉴定部门的鉴定结论;⑤法庭主持勘验所制作的勘验笔录优于其他部门主持勘验所制作的勘验笔录;⑥原始证据优于传来证据;⑦其他证人证言优于与当事人有亲属关系或者其他密切关系的证人提供的对该当事人有利的证言;⑧出庭作证的证人证言优于未出庭作证的证人证言;⑨数个种类不同、内容一致的证据优于一个孤立的证据。

(4)当事人在庭审过程中要求证人出庭作证的,法庭可以根据审理案件的具体情况,决定是否准许以及是否延期审理。因此,甲工厂要求刘某出庭作证,法院是有权准许的,D项错误。

【归纳总结】加盖政府和法院印章的情况

1. 行政处分决定书。
2. 国务院部门、地方政府反馈的对行政法规的书面意见,加盖本单位或者本单位办公厅(室)印章。
3. 普通程序的行政处罚决定书。
4. 行政机关受理或者不予受理行政许可申请,加盖本行政机关专用印章和注明日期的书面凭证。
5. 行政许可证件。
6. 治安管理处罚决定书。
7. 行政复议决定书。

参考答案:①A

续表

8. 行政复议调解书。
9. 再审裁定。
10. 赔偿请求人当面递交申请书的,赔偿义务机关应当当场出具加盖本行政机关专用印章并注明收讫日期的书面凭证。
11. 赔偿委员会审理赔偿案件作出决定,应当制作国家赔偿决定书,加盖人民法院印章。
12. 强制执行申请书应当由行政机关负责人签名,加盖行政机关的印章,并注明日期。

第十六章 行政诉讼的法律适用

关于行政诉讼,下列哪些情形法院可以认定下位法不符合上位法?(2010-2-90,多)
A. 下位法延长上位法规定的履行法定职责的期限
B. 下位法以参照方式限缩上位法规定的义务主体的范围
C. 下位法限制上位法规定的权利范围
D. 下位法超出上位法规定的强制措施的适用范围

答案( )①

【解析】根据《关于审理行政案件适用法律规范问题的座谈会纪要》的规定,下位法不符合上位法的常见情形有:下位法缩小上位法规定的权利主体范围,或者违反上位法立法目的扩大上位法规定的权利主体范围;下位法限制或者剥夺上位法规定的权利,或者违反上位法立法目的扩大上位法规定的权利范围;下位法扩大行政主体或其职权范围;下位法延长上位法规定的履行法定职责期限;下位法以参照、准用等方式扩大或者限缩上位法规定的义务或者义务主体的范围、性质或者条件;下位法增设或者限缩违反上位法规定的适用条件;下位法扩大或者限缩上位法规定的给予行政处罚的行为、种类和幅度的范围;下位法改变上位法已规定的违法行为的性质;下位法超出上位法规定的强制措施的适用范围、种类和方式,以及增设或者限缩其适用条件;法规、规章或者其他规范文件设定不符合《行政许可法》规定的行政许可,或者增设违反上位法的行政许可条件;其他相抵触的情形。因此,A、B、C、D四项均属于下位法不符合上位法。

参考答案:①ABCD

第十七章 行政诉讼的裁判和执行

命题规律

判决是本章内容的考查重点,行政诉讼法基本没有出题考查过裁定和决定。其中,一审判决又是重中之重,一审判决的知识难度较大,内容较为凌乱,考生要结合题目反复地梳理判决之间的逻辑结构,实现真正的理解。

真题分布情况

撤销判决	2016-2-49,2014-2-98,2012-2-82,2011-2-82,2010-2-85
确认判决	2015-2-99
变更判决	2015-2-99,2013-2-81,2011-2-46
驳回判决	2014-2-82,2011-2-82,2010-2-99
二审判决	2011-2-50

一、行政诉讼的一审判决

1. A 市张某到 C 市购货,因质量问题,张某拒绝支付全部货款,双方发生纠纷后货主即向公安机关告发。C 市公安机关遂以诈骗嫌疑将张某已购货物扣留,并对张某采取留置盘问审查措施。两天后释放了张某,但并未返还所扣财物。张某欲提起行政诉讼。如果法院受理起诉,可能作出的是何种判决?(2002-02-97,多)

A. 维持判决   B. 撤销判决   C. 赔偿判决   D. 确认判决

答案(①　　)

【**解析**】考生应首先确定扣留货物和留置盘问决定均为违法行为,因为命题人在题干中交代的信息已较为明确:行政机关不当插手私人经济纠纷。然后,法院对扣留货物行为是可以撤销的,因为货物可以退还当事人,而对于限制人身自由的留置盘问,由于限制人身自由决定已经执行完毕,时光不可逆转,行政机关无法将自由退还当事人,所以,没有可撤销的内容,应当判决确认违法,同时,对给当事人带来的损失,行政机关应当赔偿。

【**设题陷阱与常见错误分析**】本题选错的同学大都是没有遵循"找主体,看行为,分阶段,辨诉求"的要求去做题,题干中出现了两个行政行为扣人与扣货,不同行为有不同特点,自然可能对应不同

参考答案:①BCD

的判决,同时,题干中只交代"张某欲提起行政诉讼",并没有交代具体的诉讼请求,那么,多个行为自然可能对应多个判决了。

2. 某镇政府以一公司所建钢架大棚未取得乡村建设规划许可证为由责令限期拆除。该公司逾期不拆除,镇政府现场向其送达强拆通知书,组织人员拆除了大棚。该公司向法院起诉要求撤销强拆行为。如一审法院审理认为强拆行为违反法定程序,可作出的判决有:(2015-2-99,不定)

A. 撤销判决
B. 确认违法判决
C. 履行判决
D. 变更判决

答案（　　）①

【解析】（1）对于判决形式的题目,考生应当思路明晰,遵守做题步骤。第一步,从题干可知被诉行为违法;第二步,行政强制拆除为作为类行政行为;第三步,对于作为类行政行为对应的做题口诀为"能撤销就撤销,不能撤销则确认"。本题中,由于大棚已经拆除完毕,无法复原,因此不具有可撤销内容,法院应当判决确认强拆行为违法,而不应判决撤销拆除行为。类似的,司考中曾经考过,限制人身自由已经执行完毕,同样因为不具有可撤销内容,而应当判决确认违法。所以,B项正确,A项错误。

（2）由于行政强制执行不是不作为类行政行为,在其违法的情况下,判决形式不可能履行,如何履行呢？再拆一次？所以,C选项错误。

（3）对于变更判决,其适用条件极其严格,只适用于以下两类情形:第一,行政处罚明显不当。第二,其他行政行为涉及对款额的确定、认定确有错误的。其他行为是指除了行政处罚以外的行政行为,包括行政征收、行政给付和行政奖励等。款额认定或确定有误,款额认定有误,是指行政机关对客观事实的认定错误,例如,行政机关按照营业额计算的缴税数额,营业额认定有误。款额确定有误是指由行政机关的支付决定认定的基本事实成立,但在金额计算上存在主观失误。

故而,本题A、C、D项错误。

【设题陷阱与常见错误分析】行政法解题需要按照"找主体,看行为,分阶段,辨诉求"的逻辑推进,本题题干涉及两个行政行为:责令限期拆除（基础决定）和强拆行为（强制执行）。但原告所诉的只是强拆行为,并未起诉责令限期拆除。有些考生未能充分认识这一点,认为一是对于强拆的决定判决应该撤销,二是强拆的行为需要判决确认违法,错误选择A、B选项,考生还是应当将"看行为"和"辨诉求"结合起来,否则有些难题很容易做错。

3. 罗某受到朱某的人身威胁,向公安机关报案,公安机关未采取任何措施。三天后,罗某了解到朱某因涉嫌抢劫被刑事拘留。罗某以公安机关不履行法定职责为由向法院提起行政诉讼,同时提出行政赔偿请求,要求赔偿精神损失。法院经审理认为,公安机关确未履行法定职责。下列哪些选项是正确的？（2007-2-83,多）

A. 因朱某已被刑事拘留,法院应当判决驳回罗某起诉
B. 法院应当判决确认公安机关不履行职责行为违法
C. 法院应当判决公安机关赔偿罗某的精神损失
D. 法院应当判决驳回罗某的行政赔偿请求

答案（　　）②

参考答案:①B　②BD

【解析】(1)从题干可得知,公安机关确未履行法定职责,属于违法的不作为。对于违法的不作为适用的口诀为"能作为就作为,不能作为则确认",也就是说,对于违法的不作为原则上法院应当作出履行或给付判决,在履行没有意义的情况下,法院应当判决确认不作为违法。本题就属于履行没有意义的情况,朱某因涉嫌抢劫被刑事拘留,不会对罗某的人身继续产生威胁,履行职责已经没有意义。这种情况下,应当作出确认违法判决,故 A 项错误,B 项正确。

(2)《国家赔偿法》对精神损害的金钱赔偿有较为严格的限制要求,限于国家机关的行为侵害到人身自由或者生命健康的同时导致精神损害的情形。本题罗某的人身权并未受到行政机关的侵犯,因此请求没有法律依据。因此,C 项错误,D 项正确。

4. 在行政诉讼中,针对下列哪些情形,法院应当判决驳回原告的诉讼请求?(2014-2-82,多)

A. 起诉被告不作为理由不能成立的

B. 受理案件后发现起诉不符合起诉条件的

C. 被诉具体行政行为合法,但因法律变化需要变更或者废止的

D. 被告在一审期间改变被诉具体行政行为,原告不撤诉的

答案(①)

【解析】行政行为证据确凿,适用法律、法规正确,符合法定程序的,或者原告申请被告履行法定职责或者给付义务理由不成立的,人民法院判决驳回原告的诉讼请求。所以 A、C 选项符合驳回判决的适用要求,当选。B 选项涉及的是程序问题,而非实体问题,应当适用裁定驳回起诉,而不是判决驳回原告的诉讼请求,这是和民诉相同的。根据《行政诉讼法》第69条和第74条的规定,被告在一审期间改变被诉具体行政行为,原告不撤诉的,若被诉具体行政行为确实合法的,适用驳回原告诉讼请求的判决;若被诉具体行政行为是违法的,适用确认违法判决,D 项没有区分合法、违法,因而是不正确的。

【设题陷阱与常见错误分析】有些考生因未能区分 B 选项的裁定驳回起诉和题干中的判决驳回原告诉讼请求而出错,判决驳回原告诉讼请求是针对原告符合受案条件,但是实体上败诉而作出的,裁定驳回起诉是针对原告程序上基本受案条件都不符合,于是法院无法受理、审理,更无法作出实体上的判决。

5. 2012 年 9 月,某计划生育委员会以李某、周某二人于 2010 年 7 月违法超生第二胎,作出要求其缴纳社会抚养费 12 万元,逾期不缴纳每月加收千分之二滞纳金的决定。二人不服,向法院起诉。下列哪些说法是正确的?(2013-2-81,多)

A. 加处的滞纳金数额不得超出 12 万元

B. 本案为共同诉讼

C. 二人的违法行为发生在 2010 年 7 月,到 2012 年 9 月已超过《行政处罚法》规定的追究责任的期限,故决定违法

D. 法院不能作出允许少缴或免缴社会抚养费的变更判决

答案(②)

【解析】(1)加处罚款或者滞纳金的数额不得超出金钱给付义务的数额。A 项正确,当选。

(2)当事人一方或者双方为二人以上,因同一行政行为发生的行政案件,或者因同类行政行为发生的行政案件、人民法院认为可以合并审理并经当事人同意的,为共同诉讼。本案中李某、周某二人是缴纳社会抚养费的同一个行政行为的相对人,因此,本案是共同诉讼。B 项正确,当选。

参考答案:①AC ②司法部答案为 ABD;新法答案为 AB

(3)社会抚养费的征收都是出于调节人口出生率管控人口的目的,而不是为了惩罚当事人,所以它们的性质属于行政征收。不适用《行政处罚法》第29条有关行政处罚2年时效的规定。C项错误,不选。

(4)变更判决所针对的对象只能是显失公正的行政处罚或者其他行政行为涉及对款额的确定、认定确有错误,但社会抚养费虽然并非行政处罚,单按照新《行政诉讼法》第77条的规定,如果行政行为涉及的款额确定确有错误,也是可以变更的。D项表达过于绝对,错误。

【设题陷阱与常见错误分析】C选项的考点较为隐蔽,C选项实际上并不是考查处罚时效,而是考查行政处罚和行政征收的概念区别,从应试技巧上,在历年行政法的真题中,选项中出现具体法条名称的选项一般都是错误的,因为如果命题人此处没有设置陷阱,没必要叠床架屋地交代法条名称。

【归纳总结】以下行政行为不属于行政处罚:责令限期改正、滞纳金、社会抚养费、超标排污费、扣押货物和证件、撤销和注销等。以下行政行为属于行政处罚:责令停产停业、暂扣许可证。

6. 某县工商局认定王某经营加油站系无照经营,予以取缔。王某不服,向市工商局申请复议,在该局作出维持决定后向法院提起诉讼,要求撤销取缔决定。关于此案,下列哪些说法是正确的?(2010-2-85,多)

A. 市工商局审理王某的复议案件,应由二名以上行政复议人员参加

B. 此案的被告应为某县工商局

C. 市工商局所在地的法院对此案有管辖权

D. 如法院认定取缔决定违法予以撤销,市工商局的复议决定自然无效

答案( )①

【解析】(1)行政复议机构审理行政复议案件,应当由2名以上行政复议人员参加。行政复议的本质是具体行政行为,理解了这一点,自然就明白为什么行政复议审理人数不是3个人,而是2个人了。因为复议遵照的是行政行为实质审查2个人的规则。同时,也就明白重大疑难案件复议审理的方式是听证方式,而不是开庭的方式了,因为开庭的方式是行政诉讼的审理方式,而复议是行政行为,所以只能被称为听证。因此,A项正确。

(2)对于经过复议后被告的确认规则我们概括为:复议维持,共同告;复议改变,单独告;复议不作为,选择告。本题中,市工商局经复议维持了县工商局的决定,应当以县工商局和市公安局作为行政诉讼的被告。B项错误。

(3)行政案件由最初作出具体行政行为的行政机关所在地人民法院管辖。经复议的案件,也可以由复议机关所在地人民法院管辖。本题中,复议机关维持了原具体行政行为,即县工商局所在地和市工商局所在地的法院均有管辖权,C项正确。

(4)复议机关与作出原行政行为的行政机关为共同被告的案件,人民法院应当对复议决定和原行政行为一并作出裁判。复议维持后的基本逻辑线索是:"被告(原机关和复议机关)→审理对象(原机关和复议机关的行为)→判决对象(原机关和复议机关一并裁判)",这也是符合"诉什么、审什么、判什么"的诉讼线索的,"诉两个,审两个,判两个"。所以,D项不正确。

【设题陷阱与常见错误分析】本题B、C、D选项侧重于理解,如果考生在这三个选项出错,说明对于行政法主干知识掌握不深入,没有真正理解,应该有针对性地听下这部分的课堂录音。A选项是本题最容易错误的选项,因为考生未能将诉讼和复议的本质规定区别开来,错误地认为复议审理应当为3人以上的单数。

参考答案:①AC

第十七章 行政诉讼的裁判和执行

【归纳总结】 经过复议的案件考点总结

被告		1. 复议不作为:原告对谁不服,谁就是被告 2. 复议改变:复议机关是被告(复议改变只包括改结果) 3. 复议维持:原行政机关和复议机关是共同被告 (告漏了,通知加;原告不加,加为共同被告)
管辖	级别	复议维持:以作出原行政行为的机关确定级别管辖 复议改变:以复议机关确定 复议不作为:看具体诉求,告原机关,以原机关确定;告复议机关,以复议机关确定
	地域	经过复议的案件,原行政机关所在地或复议机关所在地法院均可管辖
起诉期	复议作为	收到复议决定之日起15日内,有例外的从例外
	复议不作为	复议期限届满之日起15日内,有例外的从例外
一审对象	复议维持	原行政行为的合法性+复议程序的合法性
	复议改变	复议决定的合法性
	复议不作为	看具体诉求,告原机关,审原行为;告复议机关,审复议不作为
举证责任	复议维持	1. 作出原行政行为的行政机关和复议机关对原行政行为合法性共同承担举证责任,可以由其中一个机关实施举证行为 2. 复议机关对复议程序的合法性承担举证责任
	复议改变	复议机关对复议决定承担举证责任
	复议不作为	看具体诉求,告谁,谁承担
判决类型	复议维持	1. 复议决定维持原行政行为的,法院应当对复议决定和原行政行为一并作出裁判 2. 法院判决撤销原行政行为和复议决定的,可以判决作出原行政行为的行政机关重新作出行政行为 3. 原行政行为合法、复议决定违反法定程序的,应当判决确认复议决定违法,同时判决驳回原告针对原行政行为的诉讼请求
	复议改变	复议决定改变原行政行为错误的,判决撤销复议决定时应责令重新作出复议决定

7. 某县政府与甲开发公司签订《某地区改造项目协议书》,对某地区旧城改造范围、拆迁补偿费及支付方式和期限等事宜加以约定。乙公司持有经某市政府批准取得的国有土地使用证的第15号地块,位于某地区改造范围。甲开发公司获得改造范围内新建的房屋预售许可证,并向社会公开预售。乙公司认为某县政府以协议形式规划、管理和利用项目改造的行为违法,向法院起诉,法院受理。下列哪一选项是正确的?(2008-2-48,单)

A. 某县政府与甲开发公司签订的《某地区改造项目协议书》属内部协议
B. 某县政府应当依职权先行收回乙公司持有的第15号地块国有土地使用证
C. 因乙公司不是《某地区改造项目协议书》的当事人,法院应驳回起诉
D. 若法院经审理查明,某县政府以协议形式规划、管理和利用项目改造的行为违法,应当判决确认某县政府的行为违法,并责令采取补救措施

答案（　　）①

【解析】(1)根据"内外看身份"的逻辑，县政府与甲开发公司并不存在内部的隶属关系，所以，该协议不可能是内部行为，更不可能是内部行为中的内部协议。内部协议是指行政机关之间，或行政机关与其公务员之间的协议。A 项错误。

(2)根据下级服从上级的行政一般逻辑，不可能由下级机关县政府撤回上级机关市政府发放的许可证。因此，B 项错误。

(3)在行政法中，不论行政相对人还是相关人，只要与行政行为有法律上的利害关系，都具备原告资格，本题中的《协议书》直接处分了乙公司土地使用权，作为物权关系人的乙公司有权提起诉讼，法院应当受理，而不应驳回起诉，C 项错误。

(4)虽然被诉行为违法，但由于旧城改造属于涉及公共利益的事项，而且甲公司的房屋已经向社会公开预售，如果撤销会让房屋买卖法律关系处于不确定的状态。根据《行政诉讼法解释》第 58 条的规定，被诉具体行政行为违法，但撤销该具体行政行为将会给国家利益或者公共利益造成重大损失的，人民法院应当作出确认被诉具体行政行为违法的判决，并责令被诉行政机关采取相应的补救措施；造成损害的，依法判决承担赔偿责任，故 D 项正确。

【设题陷阱与常见错误分析】本题难度较大，对于 A 选项考生会因为不熟悉内部协议的概念而做错，但事实上即使考生不知道内部协议的概念，仅从"内部"二字也容易将 A 选项排除，该协议会影响外部人的权利义务，具有明显的外部性。B 选项由于设题角度特殊，考生容易一看表达，便感觉不知所云，但事实上，凭借基本的生活常理，下级无权撤销上级的决定，也能够做出判断。

8. 某区 12 户居民以某区规划局批准太平居委会搭建的自行车棚影响通风、采光和通行权为由，向法院提起行政诉讼，要求法院撤销规划局的批准决定。法院经审查，认定经规划局批准搭建的车棚不影响居民的通风采光和通行权，且适用法律正确，程序合法。下列哪些说法是正确的？(2004-2-77，多 2004-2-77，多)

A. 原告应推选 2～5 名诉讼代表人参加诉讼
B. 太平居委会为本案的第三人
C. 法院应判决驳回原告的诉讼请求
D. 法院应判决维持某区规划局的批准决定

答案（　　）②

【解析】(1)同案原告为 5 人以上，可推选 1～5 名诉讼代表人参加诉讼，选项 A 错误。注意，民诉法中的诉讼代表人为 2～5 名，本题的命题技巧为张冠李戴。

(2)太平居委会作为规划局批准行为的相对人，在行政法中相对人必然和行政行为有法律上的利害关系，如果相对人起诉，可以作为原告；如果是他人起诉，相对人应当成为本案的第三人，B 项正确。

(3)法院经审查认定经规划局批准搭建的车棚不影响居民的通风、采光和通行权，且适用法律正确，程序合法，即被告的行为完全合法。在这种情况下，根据 2014 年《行政诉讼法》第 69 条的规定，行政行为证据确凿，适用法律、法规正确，符合法定程序的，或者原告申请被告履行法定职责或者给付义务理由不成立的，人民法院判决驳回原告的诉讼请求。所以，C 选项正确，D 选项错误。

【设题陷阱与常见错误分析】本题的 C、D 选项，有考生将行政诉讼和复议相混淆，认为行政诉讼中也存在维持判决，这是错误的。当行政行为合法时，行政诉讼的判决是驳回原告诉讼请求，而复议

参考答案：①D　②本题司法部公布答案为 BD，新法答案为 BC

主要是维持决定。维持是行政复议机关维护支持具体行政行为的决定，使该具体行政行为保持或者取得法律效力。差别背后的原因是，法院的角色应当是中立的，行政诉讼作为司法权力对行政权力的监督制度，不应有为行政机关"保驾护航"维护行政机关行使职权的功能；复议机关是被申请人的上级行政机关，着眼的是行政管理的整体管理秩序，"维持"可以被视作来自上级领导对下级工作的肯定，有利于激发下级的工作动力。所以，行政行为合法，复议机关适用的是维持原机关合法，而法院适用的是判决驳回原告诉讼请求。

二、行政诉讼二审裁判

某公司提起行政诉讼，要求撤销区教育局作出的《关于不同意申办花蕾幼儿园的批复》，并要求法院判令该局在20日内向花蕾幼儿园颁发独立的《办学许可证》。一审法院经审理后作出确认区教育局批复违法的判决，但未就颁发《办学许可证》的诉讼请求作出判决。该公司不服一审判决，提起上诉。下列说法正确的是：(2007-2-93,任)

　　A. 二审法院应当裁定撤销一审判决
　　B. 二审法院应当维持一审判决
　　C. 二审法院可以裁定发回一审法院重审
　　D. 二审法院应当裁定发回一审法院重审，一审法院应当另行组成合议庭进行审理

答案(　　)①

【解析】《行政诉讼法解释》第71条第1款规定："原审判决遗漏了必须参加诉讼的当事人或者诉讼请求的，第二审人民法院应当裁定撤销原判决，发回重审。"同时，该解释第69条规定："第二审人民法院裁定发回原审人民法院重新审理的行政案件，原审人民法院应当另行组成合议庭进行审理。"因此，A、D两项正确，B、C两项错误。

参考答案：①AD

第十八章 行政复议制度

命题规律

行政复议法考查5分,一般是一道复议法的考题中考查4个知识点,考点较为离散化,要重点把握与行政诉讼法的不同之处。本章的重点内容有复议机关(每年必考)、复议审理的一般程序(复议申请方式、申请时间、审理人数、审理方式、审理时间)、复议特殊程序(调解、中止、终止)。其他内容大部分都可以在行政诉讼法的基础上,自己推导出来。

真题分布情况

复议的概念	2012-2-49,2011-2-47
复议申请人	2013-2-50,2012-2-49
复议机关	2015-2-82,2014-2-49,2014-2-80,2013-2-46,2013-2-50,2012-2-47,2011-2-84
申请期限	2014-2-80,2013-2-50,2011-2-81
受理	2016-2-98,2013-2-50
复议审理	2016-2-97,2015-2-80
撤回	2012-2-49
被复议行为改变	2011-2-47
复议中止与终结	2014-2-49
复议证据	2016-2-97,2011-2-47
复议决定	2016-2-97,2015-2-80,2014-2-49,2013-2-100
复议意见书与复议建议书	2011-2-47

一、复议当事人与复议机关

1. 甲公司与乙公司发生纠纷向工商局申请公开乙公司的工商登记信息。该局公开了乙公司的名称、注册号、住所、法定代表人等基本信息,但对经营范围、从业人数、注册资本等信息拒绝公开。甲公司向法院起诉,法院受理。关于此事,下列哪一说法是正确的?

A. 甲公司应先向工商局的上一级工商局申请复议,对复议决定不服再向法院起诉

B. 工商局应当对拒绝公开的依据以及履行法定告知和说明理由义务的情况举证

C. 本案审理不适用简易程序
D. 因相关信息不属政府信息,拒绝公开合法

答案(　　)①

【解析】(1)信息公开案件不涉及"复议前置",因此不存在"应"先向工商局的上一级工商局申请复议的情形。复议前置指的是当事人对某些行政争议不服的,必须先申请复议,对复议决定仍不服或复议机关拒不作出处理的,而后才可以提起行政诉讼。而本题的拒绝公开政府信息不属于三种情形中的任何一种,所以,A选项错误。同时,A选项还有另外一处错误,当事人除了可以向工商局的上一级工商局申请复议外,还可以向其所在地的本级政府申请,而不是只能向上一级工商局申请,所以A选项表达得有些绝对。

(2)行政诉讼中原则上被告承担主要的举证责任,证明被诉行为合法,B项中,社保局拒绝更正与原告相关的政府信息记录,应当对拒绝的理由进行举证和说明,以证明它拒绝行为的合法性,故B选项正确。

(3)按照法律规定,对于第一审下列案件,法院认为事实清楚、权利义务关系明确、争议不大,可以适用简易程序,具体有:①被诉行政行为是依法当场作出的;②案件涉及款额2000元以下的;③属于政府信息公开案件的。可见,信息公开案件可以适用简易程序,原因在于,近几年这方面的案件量很大,行政庭不堪其扰,而且信息公开案件的法律关系往往都很简单,以简易程序审理也不会出现司法不公正。所以,C选项错误。

(4)政府信息是指行政机关在履行职责过程中制作或者获取的,以一定形式记录、保存的信息。政府信息不仅包括其制作的信息,行政机关在行使行政权所获得的、与行政权有关的信息原则上也可以认定为政府信息,公司工商登记中的经营范围、从业人数、注册资本等信息完全符合上述理解,因此应予公开。D选项错误。

【技术流】"也可以""不得""但是""甚至是"都是提示法条关键性的核心字眼。在现在这种细节化的考查模式下,我们要善于总结真题,有意识地选择有可考性的法条。

2. 甲市乙区公安分局所辖派出所以李某制造噪声干扰他人正常生活为由,处以500元罚款。李某不服申请复议。下列哪些机关可以成为本案的复议机关?(2011-2-84,多)
   A. 乙区公安分局
   B. 乙区政府
   C. 甲市公安局
   D. 甲市政府

答案(　　)②

【解析】治安管理处罚由县级以上人民政府公安机关决定;其中警告、500元以下的罚款可以由公安派出所决定。本案中派出所实施有授权的500元以下罚款,所以派出所是被申请人。

在确定了复议被申请人后,我们可以顺藤摸瓜来确定处理本案件的复议机关,按照《行政复议法》的规定,派出机构为被申请人时,复议机关是设立该派出机构的部门或者该部门的本级地方人民政府申请行政复议。所以,A项乙区公安分局和B项乙区人民政府也是有管辖权的复议机关。我们容易理

参考答案:①B　②AB

解县公安局能成为复议机关的原因,可为什么县政府(派出所的"爷爷")也能够成为复议机关呢?因为派出所和公安局的关系过于紧密,派出所没有独立的经费来源、没有人事编制权,也没有领导任命权,派出所需要依附于公安局而存在,在派出所作为被申请人时,如果复议机关只能是县公安局,那么有可能是与虎谋皮,审理公正性不足,于是,立法者增加了县级政府作为复议机关。

3. 2002年底,王某按照县国税局要求缴纳税款12万元。2008年初,王某发现多缴税款2万元。同年7月5日,王某向县国税局提出退税书面申请。7月13日,县国税局向王某送达不予退税决定。王某在复议机关维持县国税局决定后向法院起诉。下列选项正确的是:(2009-2-98,任)

 A. 复议机关是县国税局的上一级国税局
 B. 复议机关应自收到王某复议申请书之日起2个月内作出复议决定
 C. 被告为县国税局
 D. 是否适用《税收征收管理法》"纳税人自结算缴纳税款之日起3年内发现的,可以向税务机关要求退还多缴的税款"的规定,是本案审理的焦点之一

答案(　　)①

【解析】(1)绝大多数政府的工作部门均有两个上级行政机关,比如县公安局的行政行为,当事人既可以向县政府申请复议,也可以向市公安局申请复议,但国家垂直领导机关是例外,它们只有一个上级行政机关,所以,《行政复议法》规定,对海关、金融、国税、外汇管理等实行国家垂直领导的行政机关和国家安全机关的具体行政行为不服的,向上一级主管部门申请行政复议。A项正确。

(2)行政复议机关应当自受理申请之日起60日内作出行政复议决定。同时,根据《行政复议法》第17条的规定,行政复议自行政复议机关负责法制工作的机构收到之日起即为受理。因此,B项正确。

(3)复议机关维持县国税局作出的决定,因此县国税局和复议机关市国税局为被告。C项错误。

(4)审理焦点不同于审理对象,本案的审理对象是县国税局不予退税决定的合法性。而只要双方有争议的问题均为审理焦点,D项正确。

【设题陷阱与常见错误分析】本题B选项会有同学认为2个月并不等于60日,所以,B选项表述错误,对此,我们只能以命题人的观点为主,命题人在解析本题目时,明确表达:考生"忽视了《行政诉讼法》第38条的规定:'公民、法人或其他组织向行政机关申请复议的,复议机关应当在收到复议申请书之日起2个月内做出决定。法律、法规另有规定的除外'。表面上看,二者对于行政复议决定的期限规定不完全相同,但实质上只是因立法技术而出现表述上的不同。"②

【技术流】再次提示考生法条词汇使用规律,"应当"的词汇意义是"原则上如此"的意思,并不是"必须"的意思。

第一种情况,如果法条结构为"应当A,但是,特别情况时可以B",选项表达为"应当A",该

参考答案:①本题司法部当年公布答案为ABCD,新法答案为ABD
②司法部国家司法考试中心组编:《国家司法考试试题解析汇编(2004-2009)》(第2册),法律出版社2009年版,第375页

选项是在表达原则上是 A 的意思,所以,该选项是正确的,比如,《行政复议法》第 30 条规定:"行政复议机关应当自受理申请之日起 60 日内作出行政复议决定;但是法律规定的行政复议期限少于 60 日的除外。"如果选项只表达"应当自受理申请之日起 60 日内作出行政复议决定",该选项只是在表达复议审理期原则上是 60 日,这是正确的。

第二种情况,如果法条结构为"应当 A,或 B",选项表达为"应当 A",该选项是错误的,因为 A 和 B 两种情况不是主次关系,而是并列关系,所以,不可以说"原则上是 A",那就把 B 情况的地位降低了。比如,《行政复议法》第 28 条规定:"具体行政行为有下列情形之一的,决定撤销、变更或者确认该具体行政行为违法;决定撤销或者确认该具体行政行为违法的,可以责令被申请人在一定期限内重新作出具体行政行为:(1)主要事实不清、证据不足的;(2)适用依据错误的;(3)违反法定程序的;(4)超越或者滥用职权的;(5)具体行政行为明显不当的。"如果选项为"对于某种情况,复议机关应当变更",该选项就是在表达原则上是变更决定,而撤销、确认违法决定只是次要的陪衬,该选项是错误的。

4. 关于行政复议第三人,下列哪一选项是错误的?(2009-2-45,单)

A. 第三人可以委托一至二名代理人参加复议
B. 第三人不参加行政复议,不影响复议案件的审理
C. 复议机关应为第三人查阅有关材料提供必要条件
D. 第三人与申请人逾期不起诉又不履行复议决定的强制执行制度不同

答案(①)

【解析】(1)申请人、第三人可以委托 1 至 2 名代理人参加行政复议。因此,A 项正确。

(2)第三人不参加行政复议,不影响行政复议案件的审理。该项法条规定类似于缺席审判制度,B 项正确。

(3)行政复议机关应当为申请人、第三人查阅有关材料提供必要条件,这是基本的法律常识,C 项正确。

(4)与行政诉讼一样,行政复议中的第三人均为有独立请求权的第三人,与申请人享有同等法律地位,既不依附复议申请人也不依附被申请人,可以提出自己的请求。所以,第三人对复议决定不服有权依法起诉,第三人也可以申请执行生效复议决定,申请复议机关调取证据,等等,拥有和行政复议申请人、被申请人同样的法律地位。因此,D 项错误。

二、行政复议的受案范围

为严格本地生猪屠宰市场管理,某县政府以文件形式规定,凡本县所有猪类屠宰单位和个人,须在规定期限内到生猪管理办公室申请办理生猪屠宰证,违者予以警告或罚款。个体户张某未按文件规定申请办理生猪屠宰证,生猪管理办公室予以罚款 200 元。下列哪些说法是错误的?(2008-2-84,多)

A. 若张某在对罚款不服申请复议时一并对县政府文件提出审查申请,复议机关应当转送有权机关依法处理
B. 某县政府的文件属违法设定许可和处罚,有权机关应依据《行政处罚法》和《行政许可法》对相关责任人给予行政处分
C. 生猪管理办公室若以自己名义作出罚款决定,张某申请复议应以其为被申请人

参考答案:①D

D. 若张某直接向法院起诉,应以某县政府为被告

答案(①)

【解析】(1)本题中,县政府的文件并非法律、法规,所以,不能合法授权生猪办,使生猪办通过授权的形式成为行政主体,获得被告、复议被申请人资格,此时,被告和复议被申请人应当是设立它的机关,即县政府。C项错误,D项正确。

(2)B选项考查的是行政复议对于抽象行政行为的附带审查制度,申请人在申请行政复议时,一并提出对部分抽象行政行为的审查申请的,复议机关应当予以审查。对此,应当注意以下细节内容:第一,审查方式附带性的,申请人不能直接起诉抽象行政行为,应当在起诉具体行政行为时一并提出,在该细节上B选项正确。第二,审查范围是规章以下的其他规范性文件(国务院制定的其他规范性文件除外),规章的最低制定主体为地级市,县政府制定的文件其性质一定为其他规范性文件,在审查范围上也是正确的。第三,审查结果,行政复议机关对该行政规定有权处理的,自己依法处理;无权处理的,应当在7日内按照法定程序转送有权处理的行政机关依法处理,也就是我们所说的,"能管就管,不管再转"。对于本题,行政复议机关为市政府,市政府有权处理其下级机关县政府的行政规定,故无须转送。A项错误。

(3)本题中,县政府的文件确实属于违法设定行政许可和行政处罚,但是《行政处罚法》和《行政许可法》并没有明确规定在违法设定许可和处罚的情形下,对相关责任人给予行政处分,处分的法律依据是《行政机关公务员处分条例》,该条例第21条规定:"有下列行为之一的,给予警告或者记过处分;情节较重的,给予记大过或者降级处分;情节严重的,给予撤职处分:(一)在行政许可工作中违反法定权限、条件和程序设定或者实施行政许可的……(三)违法设定或者实施行政处罚的"。所以,B项错误。

【设题陷阱与常见错误分析】本题C、D选项考查较为简单,只要考生理解了授权的知识,即可做对,难度中等。A选项难度较大,在A选项中,命题人综合考查了附带性审查的方式、对象和审查结果。B选项出题角度最为刁钻,别说考生,就是专业研究行政法的教授也未必都知道《行政机关公务员处分条例》中的所有条款,对于B选项,只能用应试技巧猜出答案。但就像我们之前传授过的,在行政法的历年真题中,在选项中出现具体的法条名称的选项,大都是错误的,背后的原因可能是选项一般不会出现无关的信息点,命题人将冗长的法条名称加入题干,必然有相对应的陷阱点。

三、行政复议的程序

1. 甲市乙区政府决定征收某村集体土地100亩。该村50户村民不服,申请行政复议。下列哪一说法是错误的?(2013－2－50,单)

A. 申请复议的期限为30日

B. 村民应推选1至5名代表参加复议

C. 甲市政府为复议机关

D. 如要求申请人补正申请材料,应在收到复议申请之日起5日内书面通知申请人

答案(②)

【解析】(1)行政复议的申请期限原则上为60日,但法律规定超过60日的除外。那就意味着若特别法规定的超过60日的,适用特别法,但若特别法规定的少于60日的,仍应适用60日。用数学符号表达,行政复议的申请期限为"≥60日"。所以,A选项中复议的期限为30日的说法错误。

(2)《行政复议法》第8条规定:"同一行政复议案件申请人超过5人的,推选1至5名代表参加行政复议。"这一点行政复议和行政诉讼是一致的,B项正确。

参考答案:①ABC ②A

(3)本案被申请人是区政府,所以当事人应当向上一级地方政府(市政府)申请行政复议。C项正确。

(4)行政复议申请材料不齐全或者表述不清楚的,行政复议机构可以自收到该行政复议申请之日起5日内书面通知申请人补正。D项正确。

【归纳总结】 行政法中的材料补正归纳

行政许可	申请材料不齐全或者不符合法定形式的,应当当场或者在五日内一次告知申请人需要补正的全部内容,逾期不告知的,自收到申请材料之日起即为受理。
信息公开	申请内容不明确的,应当告知申请人作出更改、补充。
行政复议	行政复议申请材料不齐全或者表述不清楚的,行政复议机构可以自收到该行政复议申请之日起五日内书面通知申请人补正。补正通知应当载明需要补正的事项和合理的补正期限。无正当理由逾期不补正的,视为申请人放弃行政复议申请。补正申请材料所用时间不计入行政复议审理期限。
行政诉讼	起诉状内容欠缺或者有其他错误的,应当给予指导和释明,并一次性告知当事人需要补正的内容。不得未经指导和释明,即以起诉不符合条件为由不接收起诉状
国家赔偿	申请材料不齐全的,赔偿义务机关应当当场或者在五日内一次性告知赔偿请求人需要补正的全部内容。

2.《环境保护法》规定,当事人对行政处罚决定不服,可以在接到处罚通知之日起15日内申请复议,也可以在接到处罚通知之日起十五日内直接向法院起诉。某县环保局依据《环境保护法》对违法排污企业作出罚款处罚决定,该企业不服。对此,下列哪一说法是正确的?(2010-2-48,单)

A. 如该企业申请复议,申请复议的期限应为60日
B. 如该企业直接起诉,提起诉讼的期限应为3个月
C. 如该企业逾期不缴纳罚款,县环保局可从该企业的银行账户中划拨相应款项
D. 如该企业逾期不缴纳罚款,县环保局可扣押该企业的财产并予以拍卖

答案(　①　)

【解析】 (1)行政诉讼的起诉期原则上为6个月,但"有例外,从例外",意味着只要特别法规定和6个月不一致的,就应当适用特别法的起诉期,所以,本题中,既然《环境保护法》规定起诉期为15日,那么应当按照特别法规定的15日的起诉期,B选项错误。但行政复议的申请期限为"≥60日",特别法规定少于60日的是无效的,所以,A选项正确。

(2)《行政强制法》对直接强制执行权并没有进行全面授权,原则上,通过《税收征管法》《城乡规划法》等特别法的个别授权让某个具体的行政机关获得了直接强制执行权,允许其自行直接强制执行,对此,我们归纳如下表所示:

有直接强制执行权的行政机关

专门法律赋予直接强制执行权的行政机关		
行政机关名称	执行权权力来源	执行事项
公安局、国安局	《治安管理处罚法》	将被处罚人送达拘留所执行

参考答案:①A

续表

税务局	《税收征收管理法》第38条	扣缴存款抵扣税款或罚款（划拨）
海关	《海关法》第60条	扣抵存款抵扣税款（划拨）
县以上政府	《城乡规划法》68条	拆除违反规划法的建筑物

可见，C选项是错误的。

（4）拍卖权是一种特别的直接强制执行权，《行政强制法》对其采用了普遍授权的模式，在当事人不复议、不诉讼、经催告也不履行的情况下，依法拥有查封、扣押权的行政机关，对财产实施查封、扣押后，可以将查封、扣押的财产拍卖抵扣罚款。事实上，由于一般所有的行政机关均拥有查封、扣押的权力，此时，就等于间接地被赋予了一部分直接强制执行的权力，即拍卖权，我们将拍卖权的行使条件概括为："山穷水尽疑无路，扣了货物抵罚款"。本题D选项中，并没有完全满足能够行使拍卖权的前提条件，比如，没有交代当事人起诉期和复议期限已经超过，同时，题目并未告知行政管理过程中已经依法扣押。因此，环保局不能为了执行而去扣押并拍卖，所以，县环保局无权扣押该企业的财产并予以拍卖，而只能申请法院强制执行。D选项错误。

【设题陷阱与常见错误分析】本题选项A与B，相当多的考生对《行政复议法》和《行政诉讼法》忽视了特别期限的规定及其适用。

3. 国务院某部对一企业作出罚款50万元的处罚。该企业不服，向该部申请行政复议。下列哪一说法是正确的？（2012 - 2 - 49，单）

A. 在行政复议中，不应对罚款决定的适当性进行审查

B. 企业委托代理人参加行政复议的，可以口头委托

C. 如在复议过程中企业撤回复议的，即不得再以同一事实和理由提出复议申请

D. 如企业对复议决定不服向国务院申请裁决，企业对国务院的裁决不服向法院起诉的，法院不予受理

答案（　　）①

【解析】（1）行政复议中，行政复议机关可以对行政行为的合法性以及适当性（合理性）进行审查，这与行政诉讼只能审查行政行为的合法性是不同的。故A选项错误。在行政复议中，是上级机关审查下级行政机关的行为，上级行政机关干涉下级行为的权力本身就较大，而且也具有相应的行政经验，因此可以进行合理性的审查，但是，法院是外部主体，只能审查合法性的"大毛病"，不能审查合理性的"小毛病"。

（2）公民在特殊情况下无法书面委托的，可以口头委托。口头委托的，行政复议机构应当核实并记录在卷。只有公民在特殊情况下（比如公民被限制人身自由）无法书面委托时，才可以口头委托，企业是不可以口头委托的，故B项错误。

（3）依据《行政复议法实施条例》第38条第2款的规定，申请人撤回行政复议申请的，不得再以同一事实和理由提出行政复议申请。但是，申请人能够证明撤回行政复议申请违背其真实意思表示的除外。C选项忽略了但书的存在，将表述绝对化，故而是错误的。

（4）在没有特别法另外规定的情况下，当事人既可以直接选择行政诉讼，也可以直接选择行政复议，当事人如果首先选择了行政复议，对于复议结果不服，还可以继续提起行政诉讼。不过，在一般情

参考答案：①D

况下,当事人对复议的结果不服,只能选择提起行政诉讼,而不能申请二次复议。对于自由选择的一般情况可以用图(a)表示,但是,自由选择的一般情况存在一个例外,那就是图(b)的情况。相较于图(a),图(b)在箭头数量上多了一个指向二次复议的箭头,这意味着,对于省部级行政单位的行为,在申请原机关一次复议之后,当事人除了可以提起行政诉讼之外,还可以选择向国务院申请二次复议(学理名称为国务院裁决),不过,当事人如果选择国务院裁决,该裁决拥有终局效力,当事人对裁决不服,不可再提起行政诉讼。所以,D选项表达正确。

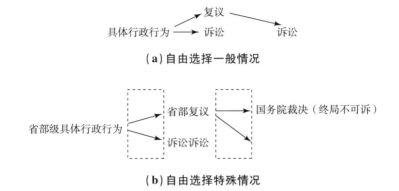

(a)自由选择一般情况

(b)自由选择特殊情况

【归纳总结】 复议和诉讼对比表

	行政复议	行政诉讼
处理机构	行政复议机关的法制机构	人民法院行政判庭
受案范围	具体行政行为、行政合同、部分抽象行政行为	具体行政行为、行政合同、部分抽象行政行为,但行政终决除外
审查内容	合法性、合理性	合法性
第三人	可以通知;仅有申请人第三人	部分应通知;分原告型和被告型第三人
经批准的行政行为	批准机关为被申请人	决定机关为被告,但"上级批准,下级决定"的许可案件例外
提起方式	可口头,可书面	可口头,可书面
提起期限	60日,法律规定超过60日的除外	直接起诉6月,经复议后15日,法律另有规定的除外
审查受理	5日内未书面通知申请人补正材料或不受理的,则自收到申请之日起即为受理	法院在7日内既不立案,又不作出裁定的,起诉人可向上一级院起诉
审理方式	书面审,重大复杂案件可以听证方式审理(既可以依职权,又可以依据申请)	开庭审(但事实清楚的,二审可书面审)
审理人数	2人以上	3人以上单数,简易程序1人审理
中止审理	中止满60日结案;行转刑结案	中止满90日结案;行转刑中止
审理期限	60日,法律规定少于60日的除外;经负责人批准,可最多延长30日	一审6月、二审3月;基层及中级院需延长的,由高级院批准;高级院需延长的,由最高院批准

续表

	行政复议	行政诉讼
附带审查	对被具体行政行为依据的规章以下的**其他规范性文件**,可申请复议机关附带审查其合法性;对具体行政行为依据的规章、其他规范性法律文件,复议机关可依职权附带审查其合法性	对被具体行政行为依据的规章以下的**其他规范性文件**,可申请法院附带审查其合法性;对具体行政行为依据的规章、其他规范性法律文件,法院可依职权附带判断其合法性
处理权限	变更、撤销	撤销(变更仅对行政处罚显失公正,款额认定、确定有误的情况)
处理属性	行政行为,一般非最终	司法行为,最终

4. 关于行政复议,下列哪一说法是正确的?(2011-2-47,单)

A.《行政复议法》规定,被申请人应自收到复议申请书或笔录复印件之日起10日内提出书面答复,此处的10日指工作日

B. 行政复议期间,被申请人不得改变被申请复议的具体行政行为

C. 行政复议期间,复议机关发现被申请人的相关行政行为违法,可以制作行政复议意见书

D. 行政复议实行对具体行政行为进行合法性审查原则

答案( )①

【解析】(1)《行政复议法》第40条规定:"本法关于行政复议期间有关'5日''7日'的规定是指工作日,不含节假日。"A项错误。

(2)有错必纠是我国政府的一贯宗旨,B项的说法属于无中生有。《行政复议法实施条例》第39条规定:"行政复议期间被申请人改变原具体行政行为的,不影响行政复议案件的审理。"

(3)考生应当区别复议意见书和建议书,行政复议意见书是在行政复议期间行政复议机关发现被申请人或者其他下级行政机关的相关行政行为违法或者需要做好善后工作的情况下制作的;行政复议的建议书,是在行政复议期间行政复议机构发现法律、法规、规章实施中带有普遍性的问题,需要向有关机关提出完善制度和改进行政执法的建议的情况下制作的。C项正确。

(4)行政复议可以对具体行政行为的合法性和合理性进行审查,D项错误。

【设题陷阱与常见错误分析】 本题的A、C选项考查的内容较为冷僻,考生极容易犯错,对于这样的选项不应成为平时复习的重点,稍加浏览即可。

【归纳总结】 工作日总结

1. 行政许可中行政机关实施行政许可的期限为工作日。
2. 行政强制中10日以内的数字为工作日。
3. 政府信息公开中主动公开和申请公开时间为工作日。
4. 行政复议中的5日、7日为工作日。
5. 除以上四类外,均为自然日。

参考答案:①C

5. 对下列哪些情形,行政复议机关可以进行调解?(2008-2-80,多)

A. 市政府征用某村土地,该村居民认为补偿数额过低申请复议

B. 某企业对税务机关所确定的税率及税额不服申请复议

C. 公安机关以张某非法种植罂粟为由对其处以拘留10日并处1000元罚款,张某申请复议

D. 沈某对建设部门违法拆除其房屋的赔偿决定不服申请复议

答案( )①

【解析】《行政复议法实施条例》第50条第1款规定:"有下列情形之一的,行政复议机关可以按照自愿、合法的原则进行调解:(1)公民、法人或者其他组织对行政机关行使法律、法规规定的自由裁量权作出的具体行政行为不服申请行政复议的;(2)当事人之间的行政赔偿或者行政补偿纠纷。"根据该法条的规定,A、D项属于赔偿、补偿纠纷,可以调解,正确。

除此以外,法律规定裁量行政行为可以调解,相应的,羁束行政行为不可以调解。裁量行政行为是立法对具体行政行为的范围、方法、手段等方面给予行政机关根据实际情况裁量的余地,通俗地说,如果法律规范对行政机关限制得很宽松,让行政机关具有很大的选择空间,就是裁量行政行为。一般而言,行政处罚容易是裁量行为,因为法律对于行政处罚的规定往往类似于下例:《治安管理处罚法》第61条规定:"协助组织或者运送他人偷越国(边)境的,处10日以上15日以下拘留,并处1000元以上5000元以下罚款。"对应的,对运送他人偷越国境的违法行为人,公安局在作出处罚决定时有很大的选择空间,在复议过程中,只要在法律规定的范围内,无论申请人、被申请人如何讨价还价,均不违反法律规定,所以,裁量行为可以调解,所以,本题C选项正确。羁束行政行为不可以调解,羁束行政行为是立法对具体行政行为的范围、方法、手段等条件作出严格规定,法律规范为同一事实只设定一种法律后果,行政机关采取时基本没有选择的余地,比如,对于税务机关对税率及税额的确定,是严格按照法律规定办理的,行政机关没有自由裁量的空间,无法调解,"讨价还价"就违反法律规定了,所以,B项错误。

6. 某区食品药品监管局以某公司生产经营超过保质期的食品违反《食品安全法》为由,作出处罚决定。公司不服,申请行政复议。关于此案,下列哪一说法是正确的?(2016-2-48,单)

A. 申请复议期限为60日

B. 公司不得以电子邮件形式提出复议申请

C. 行政复议机关不能进行调解

D. 公司如在复议决定作出前撤回申请,行政复议中止

答案( )②

【解析】(1)行政复议的申请应当从申请人知道作出该具体行政行为之日起60日提出,但法律规定超过60日的除外。所以,A选项正确。

(2)申请人书面申请行政复议的,可以采取当面递交、电子邮件邮寄或者传真等方式书面方式提出,也可以口头的方式提出。申请人口头申请行政复议的,复议机构应当场制作行政复议申请笔录交申请人核对或者向申请人宣读,并由申请人签字确认。所以,B选项错误。

(3)与行政诉讼相同,复议机关对裁量行为而引发的案件是可以进行调解的。由此可见,C选项表达得过于绝对,错误。

(4)公司如在复议决定作出前撤回申请,只要不违反相关法律规定,获得行政复议机关的同意后,这个复议案件即告结束,复议案件应当终止,而非中止。D选项错误。

参考答案:①ACD ②A

> 【技术流】像 D 选项这样的否定性评价的选项(不属于、不具有、不需要,等等),从数据统计的角度来看错误率较高,以 2015 年为例,否定性评价的选项一共有 6 道题目,选项表述全部错误,2015 - 50 D. 该组织所申请信息属于依法不应当公开的信息(×);2015 - 79 A. 在作出拒绝公开决定前,住建委无须书面征求企业联系人是否同意公开的意见(×);2015 - 82 C. 市公安局所在地的法院对本案无管辖权(×);2015 - 84 B. 县公安局提交的现场笔录无当事人签名的,不具有法律效力(×);2015 - 85 D. 孙某的请求不属国家赔偿范围;2015 - 100 B. 张某的赔偿请求不属国家赔偿范围(×)。

7. 甲取得了县房产局颁发的扩大原地基和建筑面积的建房许可证,阻碍了邻居乙的正常通行,乙与甲协商未果,向市房产局提起行政复议。下列哪些说法是正确的?(2008 延 - 2 - 85,多)

   A. 乙可以委托两名代理人参加行政复议
   B. 市房产局应当通知甲作为第三人参加行政复议
   C. 若复议过程中第三人甲意外死亡,行政复议即应终止
   D. 复议过程中,乙和县房产局达成和解协议,协议内容不违法并且甲也同意该协议,则市房产局应当准予

   答案( )①

   【解析】(1)与行政诉讼相同,复议申请人、第三人可以委托 1 至 2 名代理人参加行政复议,A 项正确。

   (2)复议机关通知第三人法律规定为"可以"通知,而不是应当通知。故 B 项错误。考生需要注意的是,这是与行政诉讼不同的,在行政诉讼中,同一类的具体行政行为,影响到若干人的利益,法院可以通知未起诉的人作为第三人;同一个具体行政行为,影响到若干人的利益,法院应当通知未起诉的人作为第三人。

   (3)在行政复议法中,第三人不参加行政复议,不影响行政复议案件的审理。因此,复议过程中第三人甲意外死亡,行政复议并不终止,C 项错误。

   (4)在复议过程中,申请人与被申请人在行政复议决定作出前自愿达成和解的,应当向行政复议机构提交书面和解协议;和解内容不损害社会公共利益和他人合法权益的,行政复议机构应当准许,所以,D 项正确。

8. 关于行政复议有关事项的处理,下列哪些说法是正确的?(2010 - 2 - 84,多)

   A. 申请人因不可抗力不能参加行政复议致行政复议中止满 60 日的,行政复议终止
   B. 复议进行现场勘验的,现场勘验所用时间不计入复议审理期限
   C. 申请人对行政拘留不服申请复议,复议期间因申请人同一违法行为涉嫌犯罪,该行政拘留变更为刑事拘留的,行政复议中止
   D. 行政复议期间涉及专门事项需要鉴定的,当事人可以自行委托鉴定机构进行鉴定

   答案( )②

   【解析】(1)申请人因不可抗力不能参加行政复议,行政复议不应当终止,而应当中止审理,在不可抗力消除后,恢复案件审理,所以,A 项错误。

参考答案:①AD ②BD

(2)《行政复议法实施条例》第34条第3款规定:"需要现场勘验的,现场勘验所用时间不计入行政复议审理期限。"故而B项正确。

(3)根据《行政复议法实施条例》第42条的规定,行政复议期间,申请人对行政拘留或者限制人身自由的行政强制措施不服申请行政复议后,因申请人同一违法行为涉嫌犯罪,该行政拘留或者限制人身自由的行政强制措施变更为刑事拘留的,行政复议案件应当"终止"而非"中止",所以C项错误。

(4)根据《行政复议法实施条例》第37条的规定,鉴定所用时间不计入行政复议审理期限。因此,D项正确。

四、行政复议决定

1. 被申请行政复议的具体行政行为有下列哪些情形的,行政复议机关可以作出变更决定?(2008延-2-84,多)

A. 事实清楚,证据确凿,适用依据正确,程序违法的
B. 事实清楚,证据确凿,适用依据错误,程序合法的
C. 事实清楚,证据确凿,适用依据正确,程序合法,但是明显不当的
D. 事实不清,证据不足,复议机关经审理查明事实清楚,证据确凿的

答案(①)

【解析】行政诉讼的变更判决的适用空间极窄,"行政处罚显失公正,其他行为款额认定、确定有误"才适用变更判决。而行政复议变更决定的适用空间大为拓展,具体表现在:

第一,所有的具体行政行为,均可以变更,而不局限于行政处罚和款额类行政行为。

第二,变更的理由包括:①明显不当;②适用法律依据错误;③行政行为认定事实不清,证据不足,所以,本题B、C、D选项正确,但是经行政复议机关审理查明事实清楚、证据确凿、违反法定程序、超越职权的,一般不应作出变更决定,而应根据案件具体情形作出撤销或者确认违法决定。A项属于程序违法,在程序违法的情况下是不可以变更的,因为在程序违法的情况下,复议机关直接变更,相当于该决定仍然未能履行相应的法定程序,剥夺了当事人的程序权利,因此不能直接变更,A项错误。

复议变更决定与诉讼变更判决的差别

	法院变更判决	复议变更决定
针对对象	行政处罚	所有类型的具体行政行为
针对情形	显失公正(明显不当)	①明显不当;②适用依据错误;③事实不清,证据不足

2. 市工商局认定豪美公司的行为符合《广告法》第28条第2款第2项规定的"商品或者服务有关的允诺等信息与实际情况不符,对购买行为有实质性影响"情形,属发布虚假广告,予以行政处罚。豪美公司向省工商局申请行政复议,省工商局受理。关于此案的复议,下列说法正确的是?(2016-2-97,不定)

A. 豪美公司委托代理人参加复议,应提交授权委托书
B. 应由2名以上行政复议人员参加审理
C. 省工商局应为公司查阅有关材料提供必要条件
D. 如处罚决定认定事实不清,证据不足,省工商局不得作出变更决定

答案(②)

参考答案:①BCD ②ABC

【解析】（1）根据《行政复议法实施条例》第10条的规定，申请人、第三人可以委托1至2名代理人参加行政复议。申请人、第三人委托代理人的，应当向行政复议机构提交授权委托书。可知，豪美公司委托代理人参加复议，应提交授权委托书。故A选项正确，当选。

（2）根据《行政复议法实施条例》第32条的规定，行政复议机构审理行政复议案件，应当由2名以上行政复议人员参加。故B选项正确，当选。

（3）根据《行政复议法实施条例》第35条的规定，行政复议机关应当为申请人、第三人查阅有关材料提供必要条件。可知，省工商局应为申请人豪美公司查阅有关材料提供必要条件。故C选项正确，当选。

（4）根据《行政复议法实施条例》第47条的规定，具体行政行为有下列情形之一的，行政复议机关可以决定变更：（一）认定事实清楚，证据确凿，程序合法，但是明显不当或者适用依据错误的；（二）认定事实不清，证据不足，但是经行政复议机关审理查明事实清楚，证据确凿的。可知，处罚决定认定事实不清，证据不足，在省工商局审理查明事实清楚、证据确凿后可以作出变更决定。故D选项错误，不选。

【设题陷阱与常见错误分析】 本题有考生认为，复议审理人数为3人以上单数，所以B选项错误。但实际上，行政复议的本质是具体行政行为，所以，复议遵照的是行政行为实质审查2个人的规则。同时，这也是为什么重大疑难案件复议审理的方式是听证方式，而不是开庭的方式的原因，因为开庭的方式是行政诉讼的审理方式，而复议是行政行为，所以只能被称为听证。

3. 某区工商分局对一公司未取得出版物经营许可证销售电子出版物100套的行为，予以取缔，并罚款6000元。该公司向市工商局申请复议。下列哪些说法是正确的？（2015-2-80，多）

A. 公司可委托代理人代为参加行政复议
B. 在复议过程中区工商分局不得自行向申请人和其他有关组织或个人收集证据
C. 市工商局应采取开庭审理方式审查此案
D. 如区工商分局的决定明显不当，市工商局应予以撤销

答案（　①　）

【解析】（1）申请人、第三人可以委托代理人代为参加行政复议。无论公民、法人还是其他组织，均有权委托代理人参加行政复议，A项正确。

（2）在行政复议过程中，被申请人不得自行向申请人和其他有关组织或者个人收集证据。法律不会允许行政机关用事后的证据证明之前的行为的合法性的，所以，B项正确。

（3）和行政诉讼不同，行政复议并不采取开庭审理的方式审理案件，原则上行政复议为书面审理，即使需要调取证据，也是以听证的方式审理案件，C项错误。

（4）《行政复议法实施条例》第47条规定："具体行政行为有下列情形之一，行政复议机关可以决定变更：（一）认定事实清楚，证据确凿，程序合法，但是明显不当或者适用依据错误的；（二）认定事实不清，证据不足，但是经行政复议机关审理查明事实清楚，证据确凿的。"本题中行政处罚明显不当的，复议机关可以直接决定变更，当然，明显不当也属于行为违法的理由之一，复议机关也可以予以撤销，但不是只能决定撤销，所以，D项错误。

参考答案：①AB

第十九章 国家赔偿

命题规律

国家赔偿法的知识自成体系,考生首先要在理解了归责原则的基础上再来学习分论部分。行政赔偿部分的知识点难度不大,是行政法主干知识在国家赔偿领域的自然延伸,考生不必花太多时间,难点是行政赔偿程序。司法赔偿既是重点,也是难点,传统重点集中在刑事司法赔偿范围领域,限制人身自由的赔偿、赔偿义务机关后置原理和刑事司法赔偿的程序。但2016年新通过了关于民事、行政司法赔偿的司法解释,所以,有可能在真题中考查一道民事、行政司法赔偿范围的题目,但估计难度不大。最后,赔偿方式和费用也经常出题,考生应记忆一些小的细节点,预计2017年精神损害赔偿金是出题重点。

真题分布情况

行政赔偿义务机关	2013-2-84
行政赔偿程序	2013-2-84
刑事司法赔偿范围	2016-2-50,2015-2-100,2014-2-100,2011-4-6
刑事司法赔偿义务机关	2016-2-50,2015-2-100,2014-2-100,2012-2-50,2012-2-83
刑事司法赔偿程序	2016-2-50,2015-2-100,2014-2-50,2014-2-100,2013-2-99,2012-2-50,2011-2-45,2011-4-6
赔偿方式和费用	2013-2-49,2012-2-100,2011-2-83

一、行政赔偿

1. 某区规划局以一公司未经批准擅自搭建地面工棚为由,限期自行拆除。该公司逾期未拆除。根据规划局的请求,区政府组织人员将违法建筑拆除,并将拆下的钢板作为建筑垃圾运走,如该公司申请国家赔偿,下列哪些说法是正确的?(2013-2-84,多)

A. 可以向区规划局提出赔偿请求

B. 区政府为赔偿义务机关

C. 申请国家赔偿之前应先申请确认运走钢板的行为违法

D. 应当对自己的主张提供证据

答案()①

参考答案:①BD

【解析】(1)在强制执行部分,我们讲授过,行政强制执行需要以当事人不履行基础决定为其设定的义务为前提,在本题题干中存在两个具体行政行为——限期拆除决定和强制拆除行为,其中,限制自行拆除是基础决定,该行为的作出者是区规划局;拆除违法建筑物为强制执行,该行为的作出者是区政府。本题中,该公司是对强制拆除建筑,并将拆下的钢板作为建筑垃圾运走这一行为请求国家赔偿,而该行为的实施主体是区政府而非区规划局,A选项错误,B选项正确。事实上,本题涉及规划领域的行政强制权的归属问题。《城乡规划法》第68条规定:"城乡规划主管部门作出责令停止建设或者限期拆除的决定后,当事人不停止建设或者逾期不拆除的,建设工程所在地县级以上地方人民政府可以责成有关部门采取查封施工现场、强制拆除等措施。"可见,规划局只享有作出责令停止建设或限期拆除的决定权,而不享有对应的强制执行权,执行权由县级以上地方政府享有。因此,本题中的赔偿义务机关应为区政府,而非区规划局。

(2)《国家赔偿法》取消了国家赔偿程序中的独立的确认行为违法程序,赔偿义务机关可以在赔偿程序中决定是否赔偿时,一并对侵害行为是否违法或者有过错进行确认,而不需要独立确认违法。C选项错误,不选。

(3)法院审理行政赔偿案件,赔偿请求人和赔偿义务机关对自己提出的主张,应当提供证据,也就是说,赔偿法中原则上适用类似于民诉法的"谁主张,谁举证"的举证责任原理。D选项正确,应选。

【设题陷阱与常见错误分析】一些考生根据题干中"根据规划局的请求"而错误地认为区政府是受区规划局委托开展行政活动的机关,所以,应当由委托机关区规划局作为赔偿义务机关,从而选择A项。有此种看法的考生,一是对强制执行的概念把握不透彻,没有充分掌握强制执行的主体;二是没有仔细分辨当事人诉讼请求,当题干中存在多个行政行为时,考生要注意区分当事人诉讼请求,比如,本题当事人是对限期拆除决定还是强制执行行为请求国家赔偿会直接影响判断结论的作出,本题是运走钢板的执行行为带来侵害而引发国家赔偿,那么自然应当由执行决定主体区政府予以赔偿。另外,本题与2011年第100题是截然不同的,"甲县政府设立的临时机构基础设施建设指挥部,认定有10户居民的小区自建的围墙及附属房系违法建筑,指令乙镇政府具体负责强制拆除。"在第100题中命题人只表达了强制执行一个行政行为,该行为由甲县政府指令乙镇政府作出,说明行为意思表示是县政府的,所以,被告就应当是甲县政府。

2. 丁某以其房屋作抵押向孙某借款,双方到房管局办理手续,提交了房产证原件及载明房屋面积100平方米、借款50万元的房产抵押合同,该局以此出具房屋他项权证。丁某未还款,法院拍卖房屋,但因房屋面积只有70平方米,孙某遂以该局办理手续时未尽核实义务造成其15万元债权无法实现为由,起诉要求认定该局行为违法并赔偿损失。对此案,下列哪些说法是错误的?(2015-2-85,多)

A. 法院可根据孙某申请裁定先予执行
B. 孙某应对房管局的行为造成其损失提供证据
C. 法院应对房管局的行为是否合法与行政赔偿争议一并审理和裁判
D. 孙某的请求不属国家赔偿范围

【答案(　　)】①

【解析】(1)《行政诉讼法》第57条第1款规定:"人民法院对起诉行政机关没有依法支付抚恤金、最低生活保障金和工伤、医疗社会保险金的案件,权利义务关系明确、不先予执行将严重影响原告生活的,可以根据原告的申请,裁定先予执行。"法院在行政诉讼中对于判决先予执行的对象和范围是

参考答案:①ACD

有具体要求的,通俗的说法是"可怜的人申请可怜的钱",本题中的15万元债权无法实现并不属于先予执行的范围,A选项说法有误。

(2)在行政赔偿、补偿的案件中,原告应当对行政行为造成的损害提供证据。孙某应对房管局的行为造成其损失提供证据,B项说法正确。

(3)《最高人民法院关于审理行政赔偿案件若干问题的规定》第28条规定:"当事人在提起行政诉讼的同时一并提出行政赔偿请求,或者因具体行政行为和与行使行政职权有关的其他行为侵权造成损害一并提出行政赔偿请求的,人民法院应当分别立案,根据具体情况可以合并审理,也可以单独审理。"可见,法律并没有要求对于行政诉讼和行政赔偿诉讼应当以合并的方式予以审理,法院有合并或者不合并的选择权,故而C项说法错误。

(4)房管局未履行充分核实义务导致当事人的财产损害发生,依法应当属于国家赔偿的范围。D项说法错误。

【设题陷阱与常见错误分析】 有考生认为既然原告起诉要求认定房管局的行为违法并赔偿损失,那么法院应当对行政行为合法性与行政赔偿问题一并审理和裁判,但合并审理法条表达一般为"应当分别立案,可以合并审理",也就是说,既然是合并审理,那首先说明案件是两个独立的案件,所以,应当分别立案;但是否一定合并审理,取决于法院对于具体情况的判断,没有强行的要求。同时,考生还应注意,行政赔偿诉讼是独立的诉讼类型,与行政诉讼是并列关系,并非隶属关系,行政诉讼审理内容为行政行为的合法性,而赔偿诉讼审理内容为赔偿问题,行政赔偿诉讼是有自己独立的特点的,比如打人等事实行为不属于行政诉讼受案范围,但属于行政赔偿诉讼受案范围。既然赔偿诉讼和行政诉讼是两个独立的诉讼类型,并不是必然要合二为一的,所以,没有一定要合并审理的法律要求。

3. 关于行政赔偿诉讼,下列哪些选项是正确的?(2010-2-88,多)
   A. 当事人在提起行政诉讼的同时一并提出行政赔偿请求,法院应分别立案
   B. 除特殊情形外,法院单独受理的一审行政赔偿案件的审理期限为3个月
   C. 如复议决定加重损害,赔偿请求人只对复议机关提出行政赔偿诉讼的,复议机关为被告
   D. 提起行政诉讼时一并提出行政赔偿请求的,可以在提起诉讼后至法院一审判决前提出

答案(　　)①

【解析】 (1)当事人在提起行政诉讼的同时一并提出行政赔偿请求的,人民法院应当分别立案,根据具体情况可以合并审理,也可以单独审理。因此,A项的说法是正确的。

(2)单独受理的第一审行政赔偿案件的审理期限为3个月,第二审为2个月,故B项正确。

(3)经过行政复议的赔偿义务机关。经复议机关复议,最初造成侵权行为的行政机关为赔偿义务机关,但复议机关的复议决定加重损害的,复议机关对加重的部分履行赔偿义务。复议机关与原侵权机关不是共同赔偿义务机关,不负连带责任,而是各自对自己侵权造成的损害承担责任。故C项正确。

(4)原告在提起行政诉讼的同时一并提出行政赔偿请求的,可以在提起行政诉讼后至人民法院一审庭审结束前,提出行政赔偿请求。可见,D选项中可以在提起诉讼后至法院一审判决前提出的表述错误,故D项错误。

【设题陷阱与常见错误分析】 有考生认为C项单独提出行政赔偿诉讼的一审审理期限应当为6个月,这是没有区分清楚行政诉讼和行政赔偿诉讼的表现。行政赔偿诉讼与行政诉讼之间的关系并不是种属关系,而是并列关系,所以,行政赔偿诉讼有不同于行政诉讼的自身独立的逻辑,比如,行政赔偿诉讼

参考答案:①ABC

可以受理事实行为。再如,行政赔偿诉讼一审审理期限和行政诉讼也不同,并不是6个月,而是3个月。

二、司法赔偿

1. 某县公安局于2012年5月25日以方某涉嫌合同诈骗罪将其刑事拘留,同年6月26日取保候审,8月11日检察院决定批准逮捕方某。2013年5月11日,法院以指控证据不足为由判决方某无罪,方某被释放。2014年3月2日方某申请国家赔偿。下列哪一说法是正确的?(2016-2-50,多)

A. 县公安局为赔偿义务机关

B. 赔偿义务机关可就赔偿方式和数额与方某协商,但不得就赔偿项目进行协商

C. 方某2012年6月26日至8月11日取保候审,不属于国家赔偿范围

D. 对方某的赔偿金标准应按照2012年度国家职工日平均工资计算

答案( )①

【解析】(1)在刑事司法赔偿中,对错误限制公民人身自由的赔偿义务机关确立采用了后置原则,也就是,在拘留、逮捕、有期徒刑判决等一系列的司法决定中,"谁最后作有罪决定,谁赔偿"。本题中最后一个认定当事人有罪的机关为检察院,而非公安局,所以,赔偿义务机关应当为逮捕的决定者即检察院,A选项错误。

(2)赔偿义务机关可以在自愿合法的情况下,与赔偿请求人就赔偿方式、赔偿项目和赔偿数额进行协商,B错误。

(3)在国家赔偿法中,限制人身自由赔偿范围的口诀为:"没罪关了就要赔,有罪关了也白关",其中的构成要件有两个:第一,"无罪",公民没有实施犯罪行为的或者没有充分确凿的证据证明公民实施了犯罪行为。第二,"关",关指的是实际羁押,主要包括有期徒刑判决、拘役、无期徒刑等对公民的人身自由构成的实际限制的刑事行为,如果对公民的人身自由的限制不是通过实际羁押的方式来进行的,国家不承担赔偿责任,比如减刑、假释、保外就医等。本题中,取保候审没有对公民进行实际羁押,因此这部分不赔,C正确。

(4)对方某的赔偿金标准应按照赔偿义务机关作出赔偿决定时的上一年度国家职工日平均工资计算,所以不是按照2012年度国家职工日平均工资计算的,D错误。这是2016年司法考试大纲新增加的《关于办理刑事赔偿案件适用法律若干问题的解释》的新规定。

2. 某县公安局以沈某涉嫌销售伪劣商品罪为由将其刑事拘留,并经县检察院批准逮捕。后检察院决定不起诉。沈某申请国家赔偿,赔偿义务机关拒绝。下列说法正确的是:(2014-2-100,任)

A. 县公安局为赔偿义务机关

B. 赔偿义务机关拒绝赔偿,应当书面通知沈某

C. 国家应当给予沈某赔偿

D. 对拒绝赔偿,沈某可以向县检察院的上一级检察院申请复议

答案( )②

【解析】(1)《国家赔偿法》第21条第3款规定:"对公民采取逮捕措施后决定撤销案件、不起诉或者判决宣告无罪的,作出逮捕决定的机关为赔偿义务机关。"刑事司法赔偿义务机关的确定遵循后置原则。本案中,县检察院是最后一个作出错误法律文书的机关,因此,县检察院是赔偿义务机关。A项错误。

(2)赔偿义务机关决定不予赔偿的,应当自作出决定之日起10日内书面通知赔偿请求权人,并说

参考答案:①C ②BCD

明不予赔偿的理由。所以 B 项正确。

(3)"没罪关了就要赔,有罪关了也白关",既然检察院对其采取逮捕措施后,又决定以不起诉的方式承认当事人无罪,那么国家机关应当予以赔偿。C 项正确。

(4)赔偿义务机关为公安或检察院等司法机关时,国家赔偿的程序为三步走:第一步,自己先行处理;第二步,上一级司法机关司法复议;第三步,上一级司法机关的同级法院司法赔偿。可知,对拒绝赔偿,沈某可以向县检察院的上一级检察院申请复议。D 项正确。

3. 2009 年 2 月 10 日,王某因涉嫌诈骗被县公安局刑事拘留,2 月 24 日,县检察院批准逮捕王某。4 月 10 日,县法院以诈骗罪判处王某 3 年有期徒刑,缓期 2 年执行。5 月 10 日,县公安局根据县法院变更强制措施的决定,对王某采取取保候审措施。王某上诉,6 月 1 日,市中级法院维持原判。王某申诉,12 月 10 日,市中级法院再审认定王某行为不构成诈骗,撤销原判。对此,下列哪一说法是正确的?(2010-2-50,单)

A. 因王某被判无罪,国家应当对王某在 2009 年 2 月 10 日至 12 月 10 日期间的损失承担赔偿责任
B. 王某被判处有期徒刑缓期执行,国家不承担赔偿责任
C. 因王某被判无罪,国家应当对王某在 2009 年 6 月 1 日至 12 月 10 日期间的损失承担赔偿责任
D. 因王某被判无罪,国家应当对王某在 2009 年 2 月 10 日至 5 月 10 日期间的损失承担赔偿责任

答案(　　)①

【解析】 本题是根据旧《国家赔偿法》命制的,修改前的《国家赔偿法》对刑事拘留、逮捕和判决均采用结果归责原则,所以,当年司法部公布标准答案为 D 选项。但 2010 年《国家赔偿法》修改后,对于逮捕和刑事判决依然采用"没罪关了就要赔,关多久赔多久"的结果责任,从 2 月 24 日到 5 月 10 日王某实际被关押期限,所以应当予以赔偿。有期徒刑缓刑在变更强制措施取保候审后,王某就没有被实际羁押了,国家也就不予赔偿了。上述部分新旧国家赔偿法规定是一致的,差别主要集中于刑事拘留部分,旧《国家赔偿法》拘留采用结果责任,但新《国家赔偿法》对拘留部分的归责原则进行了调整,采用了违法归责。对公民违法的刑事拘留,无论是违反刑事诉讼法规定的条件,还是违反刑事诉讼法规定的程序,抑或是拘留时间超过刑事诉讼法规定的时限,国家都要承担赔偿责任。本题题干既没有交代拘留违法,也没有交代拘留是否超期,所以,判定拘留是否需承担赔偿责任的题干信息尚不明确,无法作出判断。

4. 2006 年 12 月 5 日,王某因涉嫌盗窃被某县公安局刑事拘留,同月 11 日被县检察院批准逮捕。2008 年 3 月 4 日王某被一审法院判处有期徒刑 2 年,王某不服提出上诉。2008 年 6 月 5 日,二审法院维持原判,判决交付执行。2009 年 3 月 2 日,法院经再审以王某犯罪时不满 16 周岁为由撤销生效判决,改判其无罪并当庭释放。王某申请国家赔偿,下列哪些选项是错误的?(2009-2-89,多)

A. 国家应当对王某从 2008 年 6 月 5 日到 2009 年 3 月 2 日被羁押的损失承担赔偿责任
B. 国家应当对王某从 2006 年 12 月 11 日到 2008 年 3 月 4 日被羁押的损失承担赔偿责任
C. 国家应当对王某从 2006 年 12 月 5 日到 2008 年 3 月 4 日被羁押的损失承担赔偿责任
D. 国家应当对王某从 2008 年 3 月 4 日到 2009 年 3 月 2 日被羁押的损失承担赔偿责任

答案(　　)②

【解析】 题干中交代了王某犯罪时不满 16 周岁的信息,应当适用"免罪关了分前后,赔后不赔前"的口诀,也就是以生效判决生效为界限区分前后,在判决生效前对当事人的羁押,不论拘留和逮捕,不赔偿;在生效判决生效之后,如果对当事人还有羁押,赔偿。对有犯罪事实而不负刑事责任的未成年

参考答案:①本题司法部答案为 D,新法无答案　②BCD

人、精神病人,判决确定前被羁押的,国家不承担赔偿责任;但对起诉后经人民法院判处拘役、有期徒刑、死刑并已执行的,国家仍需依法给予赔偿。本案中,判决确定的时间是2008年6月5日,应从该时间开始计算,此日期前不赔,之后要赔偿,故A项正确,B、C、D三项错误。

【设题陷阱与常见错误分析】有考生因为未能识别刑事司法赔偿中的"有罪"、"没罪"和"免罪"而出错,本题题干中明确交代"王某犯罪时不满16周岁",说明王某属于国赔法中的"免罪"情形,如果考生认为属于"无罪"情形,自然无法得出正确答案。

【总结与归纳】对于限制人身自由,考生在应试时要区分"有罪"、"没罪"和"免罪"不同的情形,因为对于不同情形,赔偿范围也会有不同的确定标准。"没罪关了就要赔,有罪关了也白关;免罪关了分前后,赔后不赔前"。

5. 某县公安局以涉嫌诈骗为由将张某刑事拘留,并经县检察院批准逮捕,后县公安局以证据不足为由撤销案件,张某遂申请国家赔偿。下列说法正确的是:(2015-2-100,不定)
  A. 赔偿义务机关为县公安局和县检察院
  B. 张某的赔偿请求不属国家赔偿范围
  C. 张某当面递交赔偿申请书,赔偿义务机关应当场出具加盖本机关专用印章并注明收讫日期的书面凭证
  D. 如赔偿义务机关拒绝赔偿,张某可向法院提起赔偿诉讼

答案( )①

【解析】(1)根据赔偿义务机关后置的原理,本题应当由最终做出有罪决定的县检察院作为赔偿义务机关,A项错误。

(2)"没罪关了就要赔",对公民采取逮捕措施后,决定撤销案件、不起诉或者判决宣告无罪终止追究刑事责任的,受害人有取得赔偿的权利,B项错误。

(3)赔偿请求人当面递交申请书的,赔偿义务机关应当当场出具加盖本行政机关专用印章并注明收讫日期的书面凭证。申请材料不齐全的,赔偿义务机关应当当场或者在五日内一次性告知赔偿请求人需要补正的全部内容,C项正确。

(4)《国家赔偿法》第24条规定:"赔偿义务机关是人民法院的,赔偿请求人可以依照本条规定向其上一级人民法院赔偿委员会申请作出赔偿决定。"司法赔偿和行政赔偿不同,虽然最终的裁判者也为法院,但司法赔偿为非诉讼救济,只能是向法院申请司法赔偿,而不可称作"提起司法赔偿诉讼"。所以,D项错误。综上,本题答案为C。

【设题陷阱与常见错误分析】考生在D选项中会因为混淆了行政赔偿和司法赔偿的程序而出错。

【归纳总结】加盖政府和法院印章的情况

1. 行政处分决定书。
2. 国务院部门、地方政府反馈的对行政法规的书面意见,加盖本单位或者本单位办公厅(室)印章。
3. 普通程序的行政处罚决定书。
4. 行政机关受理或者不予受理行政许可申请,加盖本行政机关专用印章和注明日期的书面凭证。

参考答案:①C

续表

| 5. 行政许可证件。 |
| 6. 治安管理处罚决定书。 |
| 7. 行政复议决定书。 |
| 8. 行政复议调解书。 |
| 9. 再审裁定。 |
| 10. 赔偿请求人当面递交申请书的,赔偿义务机关应当当场出具加盖本行政机关专用印章并注明收讫日期的书面凭证。 |
| 11. 赔偿委员会审理赔偿案件作出决定,应当制作国家赔偿决定书,加盖人民法院印章。 |
| 12. 强制执行申请书应当由行政机关负责人签名,加盖行政机关的印章,并注明日期。 |

6. 甲市乙县法院强制执行生效民事判决时执行了案外人李某的财产且无法执行回转。李某向乙县法院申请国家赔偿,遭到拒绝后申请甲市中级法院赔偿委员会作出赔偿决定。赔偿委员会适用质证程序审理。下列哪一说法是正确的?(2014－2－50,单)

A. 乙县法院申请不公开质证,赔偿委员会应当予以准许

B. 李某对乙县法院主张的不利于自己的事实,既未表示承认也未否认的,即视为对该项事实的承认

C. 赔偿委员会根据李某的申请调取的证据,作为李某提供的证据进行质证

D. 赔偿委员会应当对质证活动进行全程同步录音录像

答案(①)

【解析】(1)《关于人民法院赔偿委员会适用质证程序审理国家赔偿案件的规定》第3条第2款规定:"赔偿请求人或者赔偿义务机关申请不公开质证,对方同意的,赔偿委员会可以不公开质证。"可知,乙县法院申请不公开质证,应当经过李某同意,赔偿委员会才可以准许不公开质证。A项错误。

(2)《关于人民法院赔偿委员会适用质证程序审理国家赔偿案件的规定》第19条第1款规定:"赔偿请求人或者赔偿义务机关对对方主张的不利于自己的事实,在质证中明确表示承认的,对方无须举证;既未表示承认也未否认,经审判员询问并释明法律后果后,其仍不作明确表示的,视为对该项事实的承认。"可知,李某对乙县法院主张的不利于自己的事实,只有在经审判员询问并释明法律后果后,既未表示承认也未否认的,才视为对该项事实的承认。B项错误。

(3)《关于人民法院赔偿委员会适用质证程序审理国家赔偿案件的规定》第18条第1款规定:"赔偿委员会根据赔偿请求人申请调取的证据,作为赔偿请求人提供的证据进行质证。"C项正确。

(4)《关于人民法院赔偿委员会适用质证程序审理国家赔偿案件的规定》第23条第2款规定:"具备条件的,赔偿委员会可以对质证活动进行全程同步录音录像。"可知,条件不具备的,可以不对质证活动进行全程同步录音录像。D项错误。

【设题陷阱与常见错误分析】新法必考是司法考试的一般规律,当年有考生因为忽略了新法而出错。不过本题对于当年出题有较大意义,就知识点本身重复考查的价值不大。

7. 甲市某县公安局以李某涉嫌盗窃罪为由将其刑事拘留,经县检察院批准逮捕,县法院判处李某

参考答案:①C

有期徒刑6年,李某上诉,甲市中级法院改判无罪。李某被释放后申请国家赔偿,赔偿义务机关拒绝赔偿,李某向甲市中级法院赔偿委员会申请作出赔偿决定。下列选项正确的是:(2013-2-99,不定)

A. 赔偿义务机关拒绝赔偿的,应书面通知李某并说明不予赔偿的理由
B. 李某向甲市中级法院赔偿委员会申请作出赔偿决定前,应当先向甲市检察院申请复议
C. 对李某申请赔偿案件,甲市中级法院赔偿委员会可指定一名审判员审理和作出决定
D. 如甲市中级法院赔偿委员会作出赔偿决定,赔偿义务机关认为确有错误的,可以向该省高级法院赔偿委员会提出申诉

答案(①)

【解析】(1)《国家赔偿法》第23条第3款规定:"赔偿义务机关决定不予赔偿的,应当自作出决定之日起10日内书面通知赔偿请求人,并说明不予赔偿的理由。"A项正确,应选。

(2)赔偿义务机关是公安机关、安全机关、检察机关、监狱管理机关、看守所等不包括人民法院在内的国家机关的情况下,司法赔偿程序应当遵守"三步走"的程序步骤:第一步,赔偿义务机关先行处理程序;第二步,上一级司法机关赔偿复议程序;第三步,法院赔偿委员会处理程序(图(a))。当赔偿义务机关为法院时,司法赔偿程序应当遵守"两步走"的程序步骤,在先行处理程序和法院赔偿委员会处理程序上,法院司法赔偿"两步走"和非法院司法赔偿的"三步走"内容完全一致,但法院司法赔偿没有第二步司法复议程序,因为法院的上一级司法机关还是法院,对于法院而言,第二步和第三步合二为一了(图(b))。本题赔偿义务机关是法院,对赔偿决定不服的,可以直接向上级法院赔偿委员会申请赔偿,无须申请复议。B项错误,不选。

(3)赔偿委员会,由人民法院3名以上审判员组成,组成人员的人数应当为单数。C项错误,不选。

(4)赔偿请求人或者赔偿义务机关对赔偿委员会作出的决定,认为确有错误的,可以向上一级人民法院赔偿委员会提出申诉。D项正确,当选。

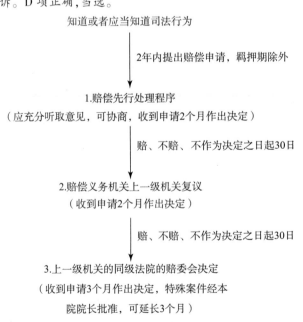

(a)非法院的司法赔偿程序

参考答案:①AD

第十九章 国家赔偿

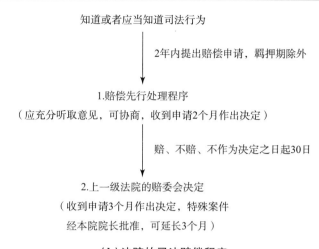

（b）法院的司法赔偿程序

8. 县公安局以李某涉嫌盗窃为由将其刑事拘留，并经县检察院批准逮捕。县法院判处李某有期徒刑5年。李某上诉，市中级法院改判李某无罪。李某向赔偿义务机关申请国家赔偿。下列哪一说法是正确的？（2012-2-50，单）

A. 县检察院为赔偿义务机关

B. 李某申请国家赔偿前应先申请确认刑事拘留和逮捕行为违法

C. 李某请求国家赔偿的时效自羁押行为被确认为违法之日起计算

D. 赔偿义务机关可以与李某就赔偿方式进行协商

答案（　　）①

【解析】（1）在刑事赔偿中，多个司法机关就同一案件事实，相继作出了错误的拘留、逮捕和判决决定，应当由最后一个作出侵害受害人合法权益的机关承担全部赔偿责任，此前其他司法机关均免于承担赔偿责任，简略地说，就是"谁最后作有罪决定，谁赔偿"的后置原理，所以，本题应当由最终判处当事人有罪的县法院赔偿。A选项错误。

（2）新修改的《国家赔偿法》取消了确认程序，故B选项的表述错误。

（3）承接B选项，既然修改后取消了确认程序，所以，计算国家赔偿的期限不会是自确认之日起，而是自其知道或应当知道国家机关及其工作人员行使职权时的行为侵犯其人身权、财产权之日起计算，C选项错误。

（4）赔偿义务机关可以与赔偿请求人就赔偿方式、赔偿项目和赔偿数额进行协商。所以，D选项正确。

9. 区公安分局以涉嫌故意伤害罪为由将方某刑事拘留，区检察院批准对方某的逮捕。区法院判处方某有期徒刑3年，方某上诉。市中级法院以事实不清为由发回区法院重审。区法院重审后，判决方某无罪。判决生效后，方某请求国家赔偿。下列哪些说法是错误的？（2012-2-83，多）

A. 区检察院和区法院为共同赔偿义务机关

B. 区公安分局为赔偿义务机关

C. 方某应当先向区法院提出赔偿请求

D. 如区检察院在审查起诉阶段决定撤销案件，方某请求国家赔偿的，区检察院为赔偿义务机关

答案（　　）②

参考答案：①D　②AB

【解析】 在刑事司法赔偿原理中,限制人身自由的刑事司法赔偿适用后置原理,由最后认定当事人有罪的司法机关作为赔偿义务机关。在本案中,最终认定当事人有罪的是判处方某有期徒刑3年的区法院,所以,应当由区法院作为赔偿义务机关,之前的公安机关、检察机关均不再承担赔偿责任。因此,A、B选项错误,C选项正确,同时C符合另外一个考点,在司法赔偿程序中赔偿义务机关自身先行处理的环节是必经环节。所以,方某应当先向区法院提出赔偿请求,不仅赔偿主体确定正确,赔偿程序也是正确的。而如区检察院在审查起诉阶段决定撤销案件,那么最终认定当事人有罪的是作出逮捕的检察机关,区检察院为赔偿义务机关,D项正确。

【设题陷阱与常见错误分析】 D选项会有考生对刑事诉讼程序掌握不熟悉而错误地认为赔偿义务机关为公安局,事实上刑事诉讼的基本流程是"刑事拘留→逮捕→提起公诉→一审→二审",区检察院在审查起诉阶段决定撤销案件,那么说明最终认定当事人有罪的是决定逮捕的检察院,而非公安局。

10. 李某被县公安局以涉嫌盗窃为由刑事拘留,后被释放。李某向县公安局申请国家赔偿,遭到拒绝,向市中级法院赔偿委员会申请复议,经复议后,作出赔偿决定。下列哪一说法是正确的?(2011-2-45,单)

　　A. 李某应向赔偿委员会递交赔偿申请书一式4份
　　B. 县公安局可以委托律师作为代理人
　　C. 县公安局应对李某的损失与刑事拘留行为之间是否存在因果关系提供证据
　　D. 李某不服中级法院赔偿委员会作出的赔偿决定的,可以向上一级法院赔偿委员会申请复议一次

答案(①　　)

【解析】 (1)赔偿请求人向赔偿委员会申请作出赔偿决定,应当递交赔偿申请书一式4份。赔偿请求人书写申请书确有困难的,可以口头申请。根据法条可知A选项正确。

(2)在国家赔偿中,赔偿义务机关不得委托律师作为代理人,而只能委托本机关工作人员作为代理人,在行政诉讼法中并没有这一要求。故B选项错误。

(3)国赔法一般适用"谁主张,谁举证"的举证责任逻辑,法院赔偿委员会处理赔偿请求,赔偿请求人和赔偿义务机关对自己提出的主张,应当提供证据。但一般归责也有例外,被羁押人在羁押期间死亡或者丧失行为能力的,就赔偿义务机关的行为与被羁押人的死亡或者丧失行为能力是否存在因果关系,赔偿义务机关应当提供证据。例外情况的构成要件有两个:第一,限制人身自由期间。在限制人身自由期间,可能会发生"躲猫猫死"、"喝开水死"等一些离奇死法,此时如果再僵化地适用传统的"谁主张,谁举证"原则,赔偿请求权人怎么证明"躲猫猫"能躲死人呢?第二,期间发生死亡和丧失行为能力后果的,赔偿请求权人基本上是无法举证的,所以,立法者将举证责任分配给了赔偿义务机关。故C选项错误。

(4)《国家赔偿法》第30条规定:"赔偿请求人或者赔偿义务机关对赔偿委员会作出的决定,认为确有错误的,可以向上一级人民法院赔偿委员会提出申诉。"赔偿请求人或者赔偿义务机关对赔偿委员会作出的决定提出的是申诉,不是申请复议,故而D选项错误。这种申诉程序类似于诉讼法中的再审程序。

【设题陷阱与常见错误分析】 考生会因为对A选项设置的细节完全陌生而出错。C选项有同

参考答案:①A

学在记忆时丢三落四也会出现误判,只记住了限制人身自由期间发生损失会出现举证责任倒置,而忽略了另一个必备条件"发生死亡和丧失行为能力后果"。

三、国家赔偿方式与计算标准

1. 某法院以杜某逾期未履行偿债判决为由,先将其房屋查封,后裁定将房屋过户以抵债。杜某认为强制执行超过申请数额而申请国家赔偿,要求赔偿房屋过户损失30万元,查封造成屋内财产毁损和丢失5000元,误工损失2000元,以及精神损失费1万元。下列哪一事项属于国家赔偿范围?(2013-2-49,单)

A. 2000元

B. 5000元

C. 1万元

D. 30万元

答案(　　)①

【解析】(1)误工费只有在当事人在被关、被打时的人身自由、身体权或生命权造成伤害导致治疗期间无法有效工作的情况下会给予,国家赔偿法未规定侵犯财产权而误工的损失也予以赔偿,因此,误工损失2000元不属于国家赔偿的范围。故A项错误。

(2)《国家赔偿法》规定:"查封、扣押、冻结财产的,解除对财产的查封、扣押、冻结,造成财产损坏或者灭失的,应当予以赔偿。"所以,本题查封直接导致屋内财产毁损和丢失5000元的损失,应当赔偿。故B项正确。

(3)《国家赔偿法》对于精神损害赔偿有较为严格的条件限制,口诀是"关了打了才要赔,伤害轻了还不赔",也就是说,只有侵犯人身权致人精神损害的,应当在侵权行为影响的范围内,为受害人消除影响,恢复名誉,赔礼道歉;造成严重后果的,应当支付相应的精神损害抚慰金。本题未关未打,仅仅是侵犯当事人财产权,不赔精神损害抚慰金。故C项错误。

(4)选项D中的30万元属于可以执行回转的,不属于国家赔偿范围。

【设题陷阱与常见错误分析】 考生对民事、行政诉讼中司法赔偿往往较为陌生,所以会有考生认为选项D是正确的。在民事、行政司法赔偿中,能够构成有效考点的确不多,其中,"判决可以执行回转的,国家不予赔偿"是很容易忽略的有效考点。

2. 廖某在监狱服刑,因监狱管理人员放纵被同室服刑人员殴打,致一条腿伤残。廖某经6个月治疗,丧失部分劳动能力,申请国家赔偿。下列属于国家赔偿范围的有:(2012-2-100,不定)

A. 医疗费

B. 残疾生活辅助具费

C. 残疾赔偿金

D. 廖某扶养的无劳动能力人的生活费

答案(　　)②

【解析】 根据《国家赔偿法》第34条的规定:"造成身体伤害且部分或者全部丧失劳动能力的,应当支付医疗费、护理费、残疾生活辅助具费、康复费等因残疾而增加的必要支出和继续治疗所需的费用,以及残疾赔偿金。残疾赔偿金根据丧失劳动能力的程度,按照国家规定的伤残等级确定,最高不超过国家上年度职工年平均工资的20倍。造成全部丧失劳动能力的,对其扶养的无劳动能力的人,还

参考答案:①B ②ABC

应当支付生活费。"因此,A、B、C项中涉及的费用都属于国家赔偿应当支付的费用,而D选项的扶养的无劳动能力人的生活费,按照法律,只有在被侵害人全部丧失劳动能力时才给予,而本题中的廖某属于部分丧失劳动能力,所以,不应给付D选项中的费用。本题答案为A、B、C。除此以外,刑事司法赔偿的司法解释进一步规定:"能够确定扶养年限的,生活费可协商确定并一次性支付。不能确定扶养年限的,可按照二十年上限确定扶养年限并一次性支付生活费,被扶养人超过六十周岁的,年龄每增加一岁,扶养年限减少1年;被扶养人年龄超过确定扶养年限的,被扶养人可逐年领取生活费至死亡时止。"

【设题陷阱与常见错误分析】 考生因未能精准记忆,只有完全丧失劳动能力的人其扶养的无劳动能力人才可以获得生活费,部分丧失劳动能力的人是不具有获得条件的。再次提醒,在考场上见到"当场"、"部分"和"直接"等修饰性词汇,背后往往有陷阱点。

3. 2009年9月7日,县法院以销售伪劣产品罪判处杨某有期徒刑8年,并处罚金45万元,没收其推土机一台,杨某不服上诉。12月6日,市中级法院维持原判交付执行。杨某仍不服,向省高级法院提出申诉。2010年9月9日,省高级法院宣告杨某无罪释放。2011年4月,杨某申请国家赔偿。关于本案的赔偿范围和标准,下列哪些说法是正确的?(2011-2-83,多)

A. 对杨某被羁押,每日赔偿金按国家上年度职工日平均工资计算
B. 返还45万罚金并支付银行同期存款利息
C. 如被没收推土机已被拍卖的,应给付拍卖所得的价款及相应的赔偿金
D. 本案不存在支付精神损害抚慰金的问题

📖 **答案(_____)①**

📝 **【解析】** (1)侵犯公民人身自由的,每日赔偿金按照国家上年度职工日平均工资计算。故A选项正确。

(2)本案中赔偿义务机关需要在返还45万罚金的同时按照修正后《国家赔偿法》的规定支付银行同期存款利息。故B选项正确。

(3)财产不能恢复原状或者灭失的,则给付相应的赔偿金,计算标准是:①财产不能恢复原状或者灭失的,计算直接损失的标准是市场价格,计算时点是侵权行为发生时。市场价格无法确定或者该市场价格不足以弥补受害人所受损失的,可以采取其他合理方式计算损失;②财产已拍卖的,给付拍卖所得的价款,但对于违法的民事、行政司法赔偿中的拍卖,应当依照上述①项目规定支付相应的赔偿金;③财产已经变卖的,给付变卖所得的价款;变卖的价款明显低于财产价值的,应当依照上述①项目规定支付相应的赔偿金。要注意区分拍卖和变卖的差异,拍卖是拍多少赔多少,变卖是如果价款明显低于财产价值的,应当支付相应的赔偿金。所以,C选项的提法是错误的,拍卖不需要支付赔偿金。之所以如此规定,是因为拍卖和变卖本身的差异。拍卖活动应按照《拍卖法》的规定进行,有严格的主体和程序机制,很难做手脚,而变卖的程序较为随意,很容易出现暗箱操作,所以,法律对于拍卖和变卖作出了区别对待。

(4)"关了打了才要赔,伤害轻了还不赔",D选项认为本案不存在支付精神损害抚慰金的问题,彻底否定了获得精神损害赔偿的可能性,说法过于绝对,是不正确的。

【设题陷阱与常见错误分析】 C选项错误率较高,因为考生在平时学习时未能清楚对比易混淆概念,所以,考场上自然无法临时作出判断。

参考答案:①AB

> **【技术流】** 在考场上见到选项中出现的"A 和 B"、"A 以及 B"这样的词汇,一定要慎之又慎,反复判断,往往这种选项一半正确,一般错误。

4. 2001 年 5 月李某被某县公安局刑事拘留,后某县检察院以证据不足退回该局补充侦查,2002 年 11 月李某被取保候审。2004 年,县公安局撤销案件。次年 3 月,李某提出国家赔偿申请。县公安局于 2005 年 12 月作出给予李某赔偿的决定书。李某以赔偿数额过低为由,于 2006 年先后向市公安局和市法院赔偿委员会提出复议和申请,二者均作出维持决定。对李某被限制人身自由的赔偿金,应按照下列哪个年度的国家职工日平均工资计算?(2009-2-49,单)

A. 2002 年度
B. 2003 年度
C. 2004 年度
D. 2005 年度

答案( )①

【解析】《国家赔偿法》第 33 条规定:"侵犯公民人身自由的,每日的赔偿金按照国家上年度职工日平均工资计算。""上年度"是指赔偿义务机关、复议机关或者法院赔偿委员会作出赔偿决定时的上年度。复议机关或者法院赔偿委员会决定维持原赔偿决定的,按作出原赔偿决定时的上年度执行。本案中,县公安局于 2005 年作出赔偿决定,之后被复议维持,应当按照 2005 年的上一年即 2004 年的标准赔偿。故 C 项正确。

参考答案:①C

第二十章 主观题专项训练

第一节 行政法主观题的应试策略

　　行政法的案例题是以案例为基础进行设问,将行政法体系中的一些环节抽出来集中考查大家,所以,行政法的案例题本质上是一个大型选择题,卷二的选择题由于选项的限制,只能考查 4 个角度,而案例题则可以有很多个设问,所以,题干的内容较为复杂,选项设问的切入点也更加综合化。案例题的考查重点为行政法的核心知识点,比如原告、被告、管辖法院、复议机关、审理对象、判决形式,等等。不过,对于行政法的案例题,在初期复习并不需要太多的专门性的准备,在后期复习中案例题要有意识地写一写,训练自己用法言法语去答题,训练自己用法律逻辑去答题。考生在做案例题时应当遵循"浏览题意→分析问题→寻找信息→解答考点"的解答步骤去破题,在回答时需要按照三段论的要求来答题,大家的角色就像是法官一样,去判断行政机关有没有权力去做某事,它做某事是不是合法、合理的。具体而言,考生在应试案例题时的"12 字箴言"为"找主体,看行为,分阶段,辨诉求",具体而言:

　　"**找主体**"。行政主体是行政法制度体系的逻辑起点,如果没有正确判断行政主体,就无法确定被告和复议被申请人,进而无法正确确定管辖法院和复议机关,甚至在审理对象和判决对象上也会出现判断错误。比如,2012 年第 1 问为"市政府共实施了多少个具体行政行为",结果有考生没有注意判断行政主体,而将市国土局的行政不作为也列入答案当中,导致回答错误。所以,考生一定要在应试中明确哪个机关应当作为行政主体这一基础问题。

　　"**看行为**"。行政行为是连接"官"和"民"之间的桥梁和纽带,它是行政法体系的核心。民法体系的基础性概念为权利,而行政法则为行为,具体行政行为的概念是行政法体系的"阿基米德基点"。现代行政法学以行政行为为中心而建立,行政法学者不断地将行政主体的行政活动,经由类型化的操作方法,将具体的行政活动予以抽象归纳,以形成整体性的系统,赋予类型化后的行政行为确定的体系定位和相应的法律效果,故而此种操作方法被命名为"行政行为形式理论"。行政法学者不断地将所有的行政活动可能的样态,用不同的行为形式将其概念化、类型化,并赋予这些抽象后的类型化的行为以具体的法律效果。① 行政机关的行为若能涵摄到这些行政处罚、行政许可、行政强制等行为类型当中,则可以推导出诸如有关的法律制度,应当遵循的程序,正确的通知方式,某些情况下的形式要求,存续力,法律途径、行政诉讼的种类等问题的答案。② 在司法考试的案例题中,命题人为了加大试题难度,提高题目的综合度,往往设计多个连环的行政行为,考生首先应将行为在题干中以①②③④的形式编号排

---

　　① 张锟盛:《行政法学另一种典范之期待:法律关系理论》,载台湾《月旦法学杂志》第 121 期。
　　② Hartmut Bauer:《德国行政法体系中的行政行为》,载葛毅、高志新主编:《行政法制度——比较法文集》,中国对外经济贸易出版社 2002 年版,第 8 页。

列,然后再结合题干和设问分析其中的某一个行为的行为性质,并从脑海中搜索该行为对应的程序机制、救济机制和判决机制等内容。近些年来,卷四中,关于行政行为的考题是占到相当比重的,具体表现为:第一,A行为和B行为的定性与性质比较,比如2016年、2015年、2012年和2011年均有这方面的题目;第二,具体行政行为的判定和受案范围问题,2013年、2012年、2011年和2009年均浓墨重彩地考查了该知识点;第三,具体行政行为的程序机制,2016年、2015年、2014年和2013年均重点考查了该知识点。

"分阶段"。当事人经过复议后再起诉,复议机关作出的不同判断结论会直接影响被告资格的确定,经过复议再起诉被告有三种情况:"复议改变,单独告;复议维持,共同告;复议不作为,择一告"。而且该内容不仅影响被告问题,还影响以被告知识为基础的管辖制度、审理对象、举证责任、判决形式等内容,所以,考生一定要**重点关注题干末尾处**当事人是否提起行政复议、复议结果如何这些细节。该内容几乎是每年均有题目涉及的绝对重点,2016年、2015年、2013年、2012年和2009年均在题目中大分值地考查了该知识点群。

"辨诉求"。这是12字箴言中最重要,却也最容易被忽略的内容。诉讼请求是原告通过人民法院针对被告提出的,希望获得法院司法保护的实体权利要求。诉讼请求之所以重要,原因有二:第一,诉讼请求是历年来行政法的案例题出题的重点内容,2012年、2011年和2008年,命题人均直接命制了考查诉讼请求的题目;第二,诉讼请求是案例题审理对象、被告、管辖法院和判决形式等内容的基础,诉讼请求将决定法院审理和裁判的内容,"诉什么,审什么,判什么"是行政诉讼一条一以贯之的逻辑线索,考生在应试的时候,一定要仔细**分辨当事人的诉讼请求,也就是"就……起诉"的问题**。在案例题中,命题人为了加大试题难度,往往会出现多个行政主体作出多个行政行为的情况,此时,精准地判断当事人的诉讼请求就显得更为重要了。诉讼请求判断错误,极容易导致后续问题的答案出现连环错误,比如,2013年题干中核心话语为"但在法定期限内未作出复议决定,张某不服",说明张某不服的是复议机关的复议不作为行为,如果未搞清楚本案的被诉对象,答题方向会发生完全的偏差。

行政法的论述题近些年的出题风格为"案例式论述",将案例题和论述题结合起来命题,既考查考生对于法律规则的理解和运用,又考查学生对于法律现象的抽象思辨能力和对社会法律现象的宏观思考能力。一般论述题的前3~4问是纯粹的案例题模式,考生可以按照案例题的复习方式进行准备,最后一问才是真正的论述。对于最后一问论述,考生的应对之策主要有两方面:一是加强行政法基础理论,特别是行政法基本原则的学习;二是平时就开始有针对性地对于热点行政法律现象进行思考。

论述题部分的答案是高度开放的,只要考生言之成理、论证有利、逻辑清晰和表达流畅,均可以拿到高分,考生完全不需要把视野拘泥于行政法、法理学等某个学科,更不可拘泥于行政法中具体的某个知识点。比如2016年论述题"政府信息公开的意义和作用",考生可以从保障民众知情权和监督权、提高权力的透明性和建设廉洁政府、公众参与和提高执法公信力以及促进经济发展等角度答题。又如2014年"运用行政法基本原理,阐述我国公司注册资本登记制度改革在法治政府建设方面的主要意义",考生可以从注册资本登记制度改革对于建设有限政府、服务政府、效能政府、廉洁政府和责任政府等角度答题,只要言之成理、分析充分即可得分。

第二节 2009—2016年主观题分析①

一、2016年

【案情】

材料一:孙某与村委会达成在该村采砂的协议,期限为5年。孙某向甲市乙县国土资源局申请采矿许可,该局向孙某发放采矿许可证,载明采矿的有效期为2年,至2015年10月20日止。

2015年10月15日,乙县国土资源局通知孙某,根据甲市国土资源局日前发布的《严禁在自然保护区采砂的规定》,采矿许可证到期后不再延续,被许可人应立即停止采砂行为,撤回采砂设施和设备。

孙某以与村委会协议未到期、投资未收回为由继续开采,并于2015年10月28日向乙县国土资源局申请延续采矿许可证的有效期。该局通知其许可证已失效,无法续期。

2015年11月20日,乙县国土资源局接到举报,得知孙某仍在采砂,以孙某未经批准非法采砂,违反《矿产资源法》为由,发出《责令停止违法行为通知书》,要求其停止违法行为。孙某向法院起诉请求撤销通知书,一并请求对《严禁在自然保护区采砂的规定》进行审查。

孙某为了解《严禁在自然保护区采砂的规定》内容,向甲市国土资源局提出政府信息公开申请。

材料二:涉及公民、法人或其他组织权利和义务的规范性文件,按照政府信息公开要求和程序予以公布。推行行政执法公示制度。推进政务公开信息化,加强互联网政务信息数据服务平台和便民服务平台建设。(摘自《中共中央关于全面推进依法治国若干重大问题的决定》)

【问题】

(一)结合材料一回答以下问题:

1.《行政许可法》对被许可人申请延续行政许可有效期有何要求?行政许可机关接到申请后应如何处理?

2. 孙某一并审查的请求是否符合要求?根据有关规定,原告在行政诉讼中提出一并请求审查行政规范性文件的具体要求是什么?

3. 行政诉讼中,如法院经审查认为规范性文件不合法,应如何处理?

4. 对《责令停止违法行为通知书》的性质作出判断,并简要比较行政处罚与行政强制措施的不同点。

(二)结合材料一和材料二作答(要求:观点明确,逻辑清晰,说理充分,文字通畅;总字数不得少于500字):

谈谈政府信息公开的意义和作用,以及处理公开与不公开关系的看法。

【解析】

(一)

1.**【答案】**行政许可法第50条规定,被许可人需要延续依法取得的行政许可的有效期的,应在该许可有效期届满30日前向作出许可决定的行政机关提出申请。但法律、法规、规章另有规定的,从其规定。行政机关应根据被许可人的申请,在该许可有效期届满前作出是否准予延续的决定;逾期未作出决定的,视为准予延续。

【考点】附期限的行政许可

---

① 因为命题人更迭的问题,2009年之后的主观题有较强的参考价值。比如,虽然2006年、2007年的卷四论述题均为行政法的题目,但是参考价值已经很弱了,这些题目和现在的命题套路已经迥然不同了。

【设题陷阱与常见错误分析】 本问难度不大,大部分内容考生均能够作答。但也有不少考生失分,主要原因是对于法条细节记忆不准确和答案内容不全面。附期限许可是指许可有一定的实施期限,在期限届满后,被许可人需要延续许可有效期,应当提出延续申请。一般而言,被许可人应当在该许可有效期届满30日前向许可决定机关提出申请;但法律、法规、规章另有规定的,依照其规定。法律不可能允许当事人有效期到期的当天提出延续申请,原则上需要提前30日作为行政机关考虑是否准予延续的预留审查期限。但是,由于许可事项涉及各领域,不同许可事项涉及许可审查方式不同,某些审查事项可能需要较长时间,所以,《行政许可法》的30日只是一般性规定,如果特别法另有规定的从特别法。行政机关应当根据被许可人的申请,在该许可有效期届满前决定是否准予延续;逾期未作决定的,视为准予延续。此处之所以是"视为延续",而非"视为拒绝",是因为许可的延续只是许可有效期的变化,不涉及许可内容的变化,当事人在第一次获得许可时已经证明其具备许可活动的实施条件,对于公共利益不构成侵害。在当事人按期提出申请之后,如果行政机关明确拒绝,那当事人自然不可以继续从事该许可活动。但如果行政机关不理不睬,此时,行政机关存在过错,不能把行政机关的过错转嫁到当事人头上,所以,法律在此作出了有利于当事人的善意推定。

2.【答案】 本案中,因《严禁在自然保护区采砂的规定》并非被诉行政行为(责令停止违法行为通知)作出的依据,孙某的请求不成立。根据《行政诉讼法》第53条和司法解释的规定,原告在行政诉讼中一并请求审查规范性文件需要符合下列要求:一是该规范性文件为国务院部门和地方政府及其部门制定的规范性文件,但不含规章;二是该规范性文件是被诉行政行为作出的依据;三是应在第一审开庭审理前提出,有正当理由的,也可以在法庭调查中提出。

【考点】 行政规范性文件的附带审查

【设题陷阱与常见错误分析】 在旧诉讼制度中,只有具体行政行为属于行政诉讼受案范围,2014年修改的《行政诉讼法》,允许公民、法人或其他组织对部分抽象行政行为附带地提出审查要求。本问是对新行政诉讼法及其司法解释内容的考查,新法必考的命题规律在案例题中体现得非常明显,本问整体难度不大。但"孙某一并审查的请求是否符合要求?"这部分内容还是让很多考生在考场上一头雾水,这需要对于抽象行政该行为附带性审查背后的法律有深入理解才能回答准确。抽象行政行为"如果不具体适用到具体的人或事,它并不能产生现实的危害"①,如果将对抽象行政行为起诉完全放开,任何人在不考虑是否直接影响其利害关系的情况下均可以起诉,那很容易出现滥诉的情况。所以,《行政诉讼法》要求只有当事人向法院证明该抽象行政行为已经被已落实转化为了具体行政行为,直接对自己利益产生影响时,才会允许他对抽象行政行为附带性地提出审查请求,同时,附带性起诉的抽象行政行为一定是具体行政行为的行为依据,该具体行政行为由抽象行政行为直接转化而来。如果A规范性文件→A具体行政行为,那么附带性审查的只能是A规范性文件,如果当事人可以挑战不具有关联性的B、C、D等文件的话,那同样会出现滥诉的风险。

3.【答案】 法院不作为认定被诉行政行为合法的依据,并在裁判理由中予以阐明。作出生效裁判的法院应当向规范性文件的制定机关提出处理建议,并可以抄送制定机关的同级政府或上一级行政机关。

【考点】 行政规范性文件的附带审查

【设题陷阱与常见错误分析】 有考生不了解中国的宪法权力结构,错误地认为中国法院有权撤销或宣告法律文件无效,导致答案错误。法院对违法的抽象行政行为的审查结果包括以下三方面内容:第一,不作为认定行政行为合法的依据,这是对法院的底线要求。在实践中,其他规范性文件往往是行

---

① 信春鹰主编:《中华人民共和国行政诉讼法释义》,法律出版社2014年版,第139页。

政行为的依据和源头,为了正本清源,法院对于不合法的规范性文件,首先不能将其作为支持具体行政行为合法的正当性依据,同时,为了鞭策该文件的制定机关,可以在判决书裁判理由中予以阐明理由,比如,阐明下位法抵触上位法,所以,本法院不予适用,等等。第二,作出生效裁判的法院应当向规范性文件的制定机关提出处理建议。在起草过程中,有人建议应当更进一步地赋予法官对于其他规范性文件的撤销权,或者宣告文件违法、无效的权力。但因为这一建议违反了《宪法》和《立法法》的基本宪政权力结构,而被全国人大所否定。在我国宪法中,撤销和改变规范性法律文件的主体为人大和上级政府,法院不宜直接判决撤销不合法的规范性法律文件,但可"不作为依据并提出建议"。"这符合我国宪法和法律有关人大对政府、政府对其部门以及下级政府进行监督的基本原则,也有利于纠正相关规范性文件的违法问题"。① 第三,可以抄送制定机关的同级人民政府或者上一级行政机关。之所以要设置抄送制度,事实上是法院担心提出处理建议,制定机关会视若无睹,"项庄舞剑,意在沛公"。

4.【答案】本案中,责令停止违法行为通知在于制止孙某的违法行为,不具有制裁性质,归于行政强制措施更为恰当。行政处罚和行政强制措施的不同主要体现在下列方面:一是目的不同。行政处罚的目的是制裁性,给予违法者制裁是本质特征;行政强制措施的主要目的在于制止性和预防性,即在行政管理中制定违法行为、防止证据损毁、避免危害发生、控制危险扩大等。二是阶段性不同。行政处罚是对违法行为查处作出的处理决定,常发生在行政程序终了之时;行政强制措施是对人身自由、财物等实施的暂时性限制、控制措施,常发生在行政程序前端。三是表现形式不同。行政处罚主要有警告、罚款、没收违法所得、责令停产停业、暂扣或吊销许可证、执照、行政拘留等;行政强制措施主要有限制公民自由、查封、扣押、冻结等。

【考点】行政处罚和行政强制措施的区别

【设题陷阱与常见错误分析】有考生对于具体行政行为的概念及行政行为间的区别理解得不透彻,掌握得不牢固,考场中无法正确界定责令停止违法行为的行为性质,或者性质判断正确,却不知道如何分析,进而导致失分。但事实上该知识点在2013-2-97,2010-2-44均考查过,责令停止违法行为的目的表现为行政强制措施的制止性,而不是行政处罚的惩戒性。《行政处罚法》第23条明确规定:"行政机关实施行政处罚时,应当责令当事人改正或者限期改正违法行为。"从法条中我们也可以看出,责令改正本身并不是一种行政处罚。

(二)

【解析】

政府信息公开具有深远的社会意义和制度功能:第一,政府信息公开是防止腐败的利器。布兰代斯说:"阳光是最好的防腐剂。"让权力执行的内容公开、程序公开、结果公开,能够让人民监督权力的运行,防止腐败的滋生,建设廉洁政府和阳光政府。第二,政府信息公开有助于提高公众对于国家事务的参与度,体现人民主人翁的精神,让人民对政府行使权力的内容、程序和过程享有知情权、参与权、表达权和监督权,既能够规范行政权的运行,也有助于消除公众疑虑,增进执法认同,推进执法民主化和科学化水平,提高行政执法公信力。第三,在现代社会中信息是最大的财富,政府信息公开能够将政府的信息财富转化成全民的信息财富,满足人民在生产、生活、科学研究等方面的信息需求,推动经济发展和社会进步。

对政府信息公开范围"以公开为原则,以法定不公开为例外"。行政机关不得公开涉及国家秘密、商业秘密、个人隐私的政府信息,行政机关公开政府信息不得危及国家安全、公共安全、经济安全和社

---

① 全国人大常委会法制工作委员会行政法室编著:《中华人民共和国行政诉讼法解读》,中国法制出版社2014年版,第179页。

会稳定。第一,涉及国家秘密一律不公开,行政机关在公开政府信息前,应当依法对拟公开的政府信息进行保密审查;对政府信息不能确定是否可以公开时,应当依法报有关主管部门或者同级保密工作部门确定。第二,涉及商业秘密、个人隐私秘密原则上不公开,行政机关认为相关政府信息涉及商业秘密、个人隐私,公开后可能损害权利人合法权益的,应当书面征求权利人的意见;权利人不同意公开的,不得公开。但行政机关认为不公开可能对公共利益造成重大影响的,予以公开,并应将决定公开的政府信息内容和理由书面通知权利人。

二、2015年

【案情】

某公司系转制成立的有限责任公司,股东15人。全体股东通过的公司章程规定,董事长为法定代表人。对董事长产生及变更办法,章程未作规定。股东会议选举甲、乙、丙、丁四人担任公司董事并组成董事会,董事会选举甲为董事长。

后乙、丙、丁三人组织召开临时股东会议,会议通过罢免甲董事长职务并解除其董事,选举乙为董事长的决议。乙向区工商分局递交法定代表人变更登记申请,经多次补正后该局受理其申请。

其后,该局以乙递交的申请缺少修改后明确董事长变更办法的公司章程和公司法定代表人签署的变更登记申请书等材料,不符合法律、法规规定为由,作出登记驳回通知书。

乙、丙、丁三人向市工商局提出复议申请,市工商局经复议后认定三人提出的变更登记申请不符合受理条件,分局作出的登记驳回通知错误,决定予以撤销。

三人遂向法院起诉,并向法院提交了公司的章程、经过公证的临时股东会决议。

【问题】

1. 请分析公司的设立登记和变更登记的法律性质。
2. 如市工商局维持了区工商分局的行政行为,请确定本案中的原告和被告,并说明理由。
3. 如何确定本案的审理和裁判对象?如市工商局在行政复议中维持区工商分局的行为,有何不同?
4. 法院接到起诉状决定是否立案时通常面临哪些情况?如何处理?
5. 《行政诉讼法》对一审法院宣判有何要求?

【解析】

1.**【答案】**公司的设立登记行为,属于行政许可行为。所谓行政许可,是指行政机关根据公民、法人或者其他组织的申请,经依法审查,准予其从事特定活动的行为。公司的设立登记,就是依当事人申请,准予其从事特定活动的行政行为,属于行政许可活动。

公司的变更登记,应当属于行政许可,因为变更登记依法需要经过主管部门批准方可生效。未经核准变更登记,不得擅自变更登记事项。但另一种观点认为属于行政确认。因为变更不影响公司的民商事主体资格问题,只是依法对民事权利的确定和认可。

【考点】 行政行为的性质

【设题陷阱与常见错误分析】 本题意在考查考生对基本概念的理解和运用,且命题人给予考生较为充分的发挥空间,只要分析有理有据,言之成理,都可以得分。但该问却是2015年行政法真题1问中学生普遍反映不会回答的问题,这反映了考生对于基本概念掌握不牢固。在考场上,学生对于该问的回答更多的是在描述概念,而不是作出行为定性,比如有考生回答设立登记是赋予公司主体资格的登记,变更登记是变更某些事项的登记。

公司设立登记行为的法律性质应当属于行政许可行为。行政许可是指行政机关根据公民、法人或者其他组织的申请,经依法审查,准予其从事特定活动的行为,也就是所谓的一般禁止的解除,在中国的公司法制度下,并不允许公民在非经政府同意的情况下自由设立,而公司登记恰恰是解除这一禁止状态的行为,赋予了企业从事民事活动资格的行政行为,归类为行政许可行为。

对于变更登记可以被定性为行政许可,因为未经行政机关准予变更,当事人不得从事相关活动,否则,需要承担相应法律责任,这符合行政许可"一般禁止的解除"的特征。同时,变更登记可以被定性为行政确认。原因是本题中变更登记申请变更法定代表人等信息,并没有赋予公司全新的身份资格,只是既存事实的确认。不管考生持有何种观点,只要论证得当,本题均可得分。

2.【答案】本案的原告应为乙、丙、丁,被告应为区工商局与市工商局。因为与本案具有法律上利害关系的公民、法人或者其他组织均可作为原告。依据行政诉讼法的有关规定,复议维持的,应以原机关与复议机关作为共同被告。

【考点】行政诉讼当事人

【设题陷阱与常见错误分析】在考场上,有考生认为本题中的原告为公司,他们的依据是《关于执行〈中华人民共和国行政诉讼法〉若干问题的解释》第18条规定:"股份制企业的股东大会、股东代表大会、董事会等认为行政机关作出的具体行政行为侵犯企业经营自主权的,可以企业名义提起诉讼。"本题中的情形并不符合该规定:首先,申请变更登记的是乙、丙、丁个人,他们不是以企业的名义申请的;其次,即使适用该条款,股东个人也没有代表企业起诉的资格,只有通过董事会、股东大会等正式的会议形式才可以代表。而对于复议维持后被告为原机关和复议机关也是当年新法必考的内容,难度并不大,错误率较低。

3. 本案的审理和裁判对象应为市工商局的行政复议决定,亦即市工商局撤销区工商局登记驳回通知的行为;若复议维持,则审理和裁判对象应为区工商局登记驳回行为与市工商局撤销该登记驳回行为的复议决定。

【解题思路与方法分析】审理和裁判对象的确定与被告和被诉行为的确定是一脉相承的知识点,因为诉讼的基本原理就是"诉什么、审什么、判什么"。如果复议改变,被诉的对象应该是复议机关的复议改变行为,审理和判决对象也自然是改变后的新行为。而若属于复议维持,由于被告是原机关和复议机关,自然审理和裁判对象也是原行为和复议维持决定一并审理一并裁判了。就本案而言,如果属于复议维持,所以,审理和裁判对象应为区工商局登记驳回行为与市工商局复议决定。本题有同学因为没有真正理解被告资格和诉讼对象及审理对象的关系而出错。

4.【答案】(1)人民法院在接到起诉状时对符合本法规定的起诉条件的,应当登记立案。

(2)对当场不能判定是否符合本法规定的起诉条件的,应当接收起诉状,出具注明收到日期的书面凭证,并在七日内决定是否立案。不符合起诉条件的,作出不予立案的裁定。裁定书应当载明不予立案的理由。原告对裁定不服的,可以提起上诉。

(3)起诉状内容欠缺或者有其他错误的,应当给予指导和释明,并一次性告知当事人需要补正的内容。不得未经指导和释明即以起诉不符合条件为由不接收起诉状。

(4)对于不接收起诉状、接收起诉状后不出具书面凭证,以及不一次性告知当事人需要补正的起诉状内容的,当事人可以向上级人民法院投诉,上级人民法院应当责令改正,并对直接负责的主管人员和其他直接责任人员依法给予处分。

【考点】行政诉讼的受理

【设题陷阱与常见错误分析】新法必考是司法考试命题的典型规律,但有考生对于新规定不了解,导致本问回答错误。

5.【答案】人民法院对公开审理和不公开审理的案件,一律公开宣告判决。

当庭宣判的,应当在十日内发送判决书;定期宣判的,宣判后立即发给判决书。

宣告判决时,必须告知当事人上诉权利、上诉期限和上诉的人民法院。

【考点】行政诉讼一审宣判方式

【设题陷阱与常见错误分析】本题大量考生因审题不仔细而犯错,本题所问为"《行政诉讼法》对一审法院宣判有何要求"。很多同学本题回答的是判决的内容,而没有回答判决方式。在判决方式上,行政诉讼与民事诉讼别无二致,无非是判决是否公开,是否当庭判决,如果是择日判决,判决时间如何确定而已。

三、2014年

【案情】

材料一(案情):2012年3月,建筑施工企业原野公司股东王某和张某向工商局提出增资扩股变更登记的申请,将注册资本由200万元变更为800万元。工商局根据王某、张某提交的验资报告等材料办理了变更登记。后市公安局向工商局发出10号公函称,王某与张某涉嫌虚报注册资本,被采取强制措施,建议工商局吊销原野公司营业执照。工商局经调查发现验资报告有涂改变造嫌疑,向公司发出处罚告知书,拟吊销公司营业执照。王某、张某得知此事后迅速向公司补足了600万元现金,并向工商局提交了证明材料。工商局根据此情形作出责令改正、缴纳罚款的20号处罚决定。公安局向市政府报告,市政府召开协调会,形成3号会议纪要,认为原野公司虚报注册资本情节严重,而工商局处罚过轻,要求工商局撤销原处罚决定。后工商局作出吊销原野公司营业执照的25号处罚决定。原野公司不服,向法院提起诉讼。

材料二:2013年修改的《公司法》,对我国的公司资本制度作了重大修订,主要体现在:一是取消了公司最低注册资本的限额;二是取消公司注册资本实缴制,实行公司注册资本认缴制;三是取消货币出资比例限制;四是公司成立时不需要提交验资报告,公司的认缴出资额、实收资本不再作为公司登记事项。

2014年2月7日,国务院根据上述立法精神批准了《注册资本登记制度改革方案》,进一步明确了注册资本登记制度改革的指导思想、总体目标和基本原则,从放松市场主体准入管制,严格市场主体监督管理和保障措施等方面,提出了推进公司注册资本及其他登记事项改革和配套监管制度改革的具体措施。

【问题】

1. 材料一中,王某、张某是否构成虚报注册资本骗取公司登记的行为?对在工商局作出20号处罚决定前补足注册资金的行为如何认定?

2. 材料一中,市政府能否以会议纪要的形式要求工商局撤销原处罚决定?

3. 材料一中,工商局做出25号处罚决定应当履行什么程序?

4. 结合材料一和材料二,运用行政法基本原理,阐述我国公司注册资本登记制度改革在法治政府建设方面的主要意义。

答题要求:

1. 无本人观点或论述、照搬材料原文不得分;

2. 观点明确,逻辑清晰,说理充分,文字通畅;

3. 请按提问顺序逐一作答,总字数不得少于600字。

【解析】

1.【答案】分析本题首先应当了解到本题发生在2012年3月,《公司法》最新修订是2013年12月28日,仍应适用于旧《公司法》。原《公司法》第199条规定:"违反本法规定,虚报注册资本、提交虚假材料或者采取其他欺诈手段隐瞒重要事实取得公司登记的,由公司登记机关责令改正,对虚报注册资本的公司,处以虚报注册资本金额百分之五以上百分之十五以下的罚款;对提交虚假材料或者采取其他欺诈手段隐瞒重要事实的公司,处以五万元以上五十万元以下的罚款;情节严重的,撤销公司登记或者吊销营业执照。"本题中,王某、张某二人提供虚假验资报告取得公司变更登记,二人的行为构成虚报注册资本骗取公司登记的行为。在工商局作出 20 号处罚决定前得知此事后迅速向公司补足了 600 万元现金,系对二人违法行为的纠正。这一纠正行为在实施处罚时可以作为处罚重要考虑情节。

【考点】 公司登记管理与当事人违法行为的纠正

【设题陷阱与常见错误分析】 本题结合公司登记管理与行政法制度的交叉问题综合命题,题目难度较大,考生往往会不知如何综合运用两个学科的知识而出错。

2.【答案】 不可以。市会议纪要对当事人的权益产生实质性影响,符合具体行政行为的特征,政府应当通过具体行政行为的法定程序和方式作出行政决定书,要求工商局撤销原处罚决定。会议纪要往往是行政机关内部决策文件,通常只是政府及相关职能部门参加,利害关系人在没有被事先告知、事中没有陈述申辩的机会、事后没有说明理由的情况下,做出该决定是对当事人权利的侵害,因而是违法的。同时,用会议纪要形式要求工商局撤销原处罚决定涉嫌侵犯工商局的职能,违反了行政行为的拘束力原理,涉嫌主体越权。

【考点】 程序正当原则和行政行为拘束力

【设题陷阱与常见错误分析】 本题涉及对当事人有重大影响的行为作出形式。但考生由于行政实践常识的匮乏,对于会议纪要的本质不了解,因而没有作出顺利回答。

3.【答案】 工商局作出吊销原野公司营业执照的 25 号处罚决定,在性质上属于行政处罚。《行政处罚法》第 42 条规定:"行政机关作出责令停产停业、吊销许可证或者执照、较大数额罚款等行政处罚决定之前,应当告知当事人有要求举行听证的权利;当事人要求听证的,行政机关应当组织听证。当事人不承担行政机关组织听证的费用……"故,该处罚决定应适用听证程序。

【考点】 行政处罚程序

【设题陷阱与常见错误分析】 回答此题应当相对容易,只要考生能掌握行政处罚听证范围即可作答。不过,一些考生可能面对复杂的材料,有可能忽视此决定的行为性质,从而影响了答案的准确度。

4. 深化投资审批制度改革,体现了简政放权的要求,充分落实企业投资自主权,推进投资创业便利化,有利于法治政府的建设。

公司注册资本登记制度改革反映了行政审批制度精简化的要求,体现了比例原则的最小侵害理念,在能够实现行政目的的多种手段中选择对于民众权利侵害最小的手段,减少或者避免行政机关过度干预市场和企业自主权。

法治政府的建设还要求体现高效便民的精神,公司注册资本登记制度精简化充分体现了"权为民所用、情为民所系、利为民所谋"的执政为民、坚持群众路线的精神,以及高效便民的要求。公司注册资本登记改革更大限度地向市场放权、给企业松绑,更大程度地让人民群众受益,充分落实企业投资自主权,推进投资创业便利化,激发市场经济活力。在不损害实质性法律利益和不违反法定程序的前提下,尽可能为人民群众行使权利和履行义务提供各种便利,不断改革和完善各种执法程序和执法手续,科学、合理地设置执法流程,减少当事人的成本。

总之,深入推进行政体制改革。进一步简政放权,这是政府的自我革命,公司注册资本登记制度改革是法治政府建设的一小步,也是一大步。

四、2013 年

【案情】

《政府采购法》规定,对属于地方预算的政府采购项目,其集中采购目录由省、自治区、直辖市政府或其授权的机构确定并公布。张某在浏览某省财政厅网站时未发现该省政府集中采购项目目录,在通过各种方法均未获得该目录后,于2013年2月25日向省财政厅提出公开申请。财政厅答复,政府集中采购项目目录与张某的生产、生活和科研等特殊需要没有直接关系,拒绝公开。张某向省政府申请行政复议,要求认定省财政厅未主动公开目录违法,并责令其公开。省政府于4月10日受理,但在法定期限内未作出复议决定。张某不服,于6月18日以省政府为被告向法院提起诉讼。

【问题】

1. 法院是否应当受理此案？为什么？
2. 财政厅拒绝公开政府集中采购项目目录的理由是否成立？为什么？
3. 省政府在受理此行政复议案件后应当如何处理才符合《行政复议法》和《政府信息公开条例》的规定？
4. 对于行政机关应当主动公开的信息未予公开的,应当如何监督？
5. 如果张某未向财政厅提出过公开申请,而以财政厅未主动公开政府集中采购项目目录的行为违法直接向法院提起诉讼,法院应当如何处理？

【解析】

1.【答案】法院应当受理此案。根据最高人民法院司法解释,复议机关在法定期限内不作复议决定,当事人对复议机关不作为不服向法院起诉的,属于行政诉讼受案范围。被告为复议机关,且张某具有原告资格,起诉未超过法定期限,不存在不受理的情形,故法院应当受理此案。

【考点】 行政诉讼起诉与受理

【设题陷阱与常见错误分析】 在复议不作为的情况下,如果当事人不服原行为,以原机关为被告,这属于受案范围;如果当事人不服复议机关不作为行为,可以以复议机关为被告提起诉讼,也属于受案范围,本题即属于后者。本题中,很多考生没有注意"分阶段"、"辨诉求",认为这是起诉省财政厅的行政诉讼而导致做题失误,本题题干中的核心话语为"但在法定期限内未作出复议决定。张某不服……",说明张某不服的是复议机关的复议不作为行为,如果未搞清楚本案的被诉对象,答题方向会发生完全的偏差。

2.【答案】 不成立。按《政府信息公开条例》以及相关法律规定,政府集中采购项目的目录属于政府主动公开的信息,不是依申请公开的信息,故不应当要求该信息与申请人的生产、生活和科研等特殊需要有关。

【考点】 主动公开

【设题陷阱与常见错误分析】考生无法判断第2问的考点在哪里,导致答案离题万丈。本题题干中最有效的话语是"《政府采购法》规定,对属于地方预算的政府采购项目,其集中采购目录由省、自治区、直辖市政府或其授权的机构确定并公布。"这句话意味着张某要求公开的政府信息应当是行政机关应当主动公开的政府信息,而非依申请公开的信息。对于主动公开的信息,《政府信息公开条例》并没有对于申请人资格作出要求。对此,省财政厅以申请人无申请资格为由拒绝公开是不成立的。在司考试题中,如果题干中给出法条内容,必然有其相应的功能,否则命题人不会增加这样的冗余信息。

3.【答案】 省政府应当审查省财政厅拒绝公开目录的行为是否合法,并在法定期限内作出复议决定。政府集中采购项目的目录属主动公开信息,如省政府已授权财政厅确定并公布,省政府应责令财政厅及时公布;如未授权相关机构确定并公布,省政府应主动公布。

【考点】 行政复议决定与政府信息公开

【设题陷阱与常见错误分析】 有考生没有注意题干设问的信息导致答非所问,题干中命题人问"如何处理才符合《行政复议法》和《政府信息公开条例》的规定？"这说明考生答案应当包括两部分内容,复议机关程序上的要求和信息公开实体上的要求,如果遗漏了任何一方面,均会失分。程序上应当回答复议机关审理对象、审理时限等问题；实体上应当结合《政府信息公开条例》回答复议决定的内容，答案包括该信息属于主动公开的信息应当予以公开，如果行政机关没有公开，复议决定形式为履行决定，应当责令公开义务机关予以公开。根据《政府采购法》的规定，该目录由省、自治区、直辖市政府或其授权的机构确定并公布。因此，省政府如果已授权省财政厅确定并公布，省政府应责令财政厅及时公布；如未授权相关机构确定并公布，省政府应主动公布。

4.【参考答案】对于行政机关应当主动公开的信息未予公开的，按照《政府信息公开条例》的规定，公民、法人或者其他组织可以向上级行政机关、监察机关或者政府信息公开工作主管部门举报。收到举报的机关应当予以调查处理。

【考点】主动公开的监督

【设题陷阱与常见错误分析】本题考查政府信息公开中对主动公开的监督方式，客观上说考查内容较为冷僻，应当适用的法条为《政府信息公开条例》第33条规定："公民、法人或者其他组织认为行政机关不依法履行政府信息公开义务的，可以向上级行政机关、监察机关或者政府信息公开工作主管部门举报。收到举报的机关应当予以调查处理。公民、法人或者其他组织认为行政机关在政府信息公开工作中的具体行政行为侵犯其合法权益的，可以依法申请行政复议或者提起行政诉讼。"在考场上，大部分考生并不知道该监督制度的具体规定，但也无妨，考生完全可以运用一般生活和法律知识回答本题。在法律制度中，监督的主体一般是上级机关和检察院、监察部门等专门监督机关，发起监督的方式为当事人举报或申诉，处理方式为督促改正，这样的内容在行政诉讼和行政法的法条中比比皆是，考生完全可以照猫画虎地回答出个大致不差的答案来。

5.【答案】按照最高人民法院《关于审理政府信息公开行政案件若干问题的规定》，法院应当告知其先向行政机关申请获取相关政府信息。对行政机关的答复或者逾期不予答复不服的，张某可以向法院提起诉讼。

【考点】主动公开的行政诉讼

【设题陷阱与常见错误分析】本题考查的是当年的新法《关于审理政府信息公开行政案件若干问题的规定》，一些考生因没有掌握司法解释的规定出现错误。我们发现在命题规律中，主观题对于新法必考这一规律贯彻得尤其彻底，考生应当对于2017年新列入大纲的新法重点关注。最高人民法院《关于审理政府信息公开行政案件若干问题的规定》第3条规定："公民、法人或者其他组织认为行政机关不依法履行主动公开政府信息义务，直接向人民法院提起诉讼的，应当告知其先向行政机关申请获取相关政府信息。对行政机关的答复或者逾期不予答复不服的，可以向人民法院提起诉讼。"该司法解释通过转换方式将行政机关没有履行主动公开义务的情形，纳入行政诉讼受案范围。司法解释没有规定主动公开案件可以直接予以受案，司法解释也没有彻底剥夺了当事人的救济机会，而是先引导当事人向行政机关申请获取相关政府信息，对行政机关的答复或者逾期不予答复不服的，张某就可以向法院提起诉讼了。

五、2012年

【案情】

1997年11月，某省政府所在地的市政府决定征收含有某村集体土地在内的地块作为旅游区用地，并划定征用土地的四至界线范围。2007年，市国土局将其中一地块与甲公司签订《国有土地使用权出让合同》。2008年12月16日，甲公司获得市政府发放的第1号《国有土地使用权证》。2009年3月28日，甲公司将此地块转让给乙公司，市政府向乙公司发放第2号《国有土地使用权证》。后乙公司申请在此地块上动工建设。2010年9月15日，市政府张贴公告，要求在该土地范围内使用土地的单位和个人，限期自行清理农作物和附着物设施，否则强制清理。2010年11月，某村得知市政府给乙公司颁发第 2 号《国有土地使用权证》后,认为此证涉及的部分土地仍属该村集体所有,向省政府申请复议,要求撤销该土地使用权证。省政府维持后,某村向法院起诉。法院通知甲公司与乙公司作为第三人参加诉讼。

在诉讼过程中,市政府组织有关部门强制拆除了征地范围内的附着物设施。某村为收集证据材料,向市国土局申请公开 1997 年征收时划定的四至界线范围等相关资料,市国土局以涉及商业秘密为由拒绝提供。

【问题】

1. 市政府共实施了多少个具体行政行为?哪些属于行政诉讼受案范围?
2. 如何确定本案的被告、级别管辖、起诉期限?请分别说明理由。
3. 甲公司能否提出诉讼主张?如乙公司经合法传唤无正当理由不到庭,法院如何处理?
4. 如法院经审理发现市政府发放第 1 号《国有土地使用权证》的行为明显缺乏事实根据,应如何处理?
5. 市政府强制拆除征地范围内的附着物设施应当遵循的主要法定程序和执行原则是什么?
6. 如某村对市国土局拒绝公开相关资料的决定不服,向法院起诉,法院应采用何种方式审理?如法院经审理认为市国土局应当公开相关资料,应如何判决?

【解析】

1.【答案】4 个,具体为:征收含有某村集体土地在内的地块的行为;向甲、乙两公司发放《国有土地使用权证》的行为;发布公告要求使用土地的单位和个人自行清理农作物和附着物设施的行为。上述行为均属于行政诉讼受案范围。

【考点】 具体行政行为的认定与行政诉讼受案范围

【设题陷阱与常见错误分析】 本题旨在考查具体行政行为的判断及其相关联的受案范围问题。一些考生对于具体行政行为与抽象行政行为的区别、具体行政行为和行政合同的区别缺乏清晰的理解,出现了误判。第一,具体行政行为与抽象行政行为的划分不在于人数的多寡,而在于约束对象在行为作出时是否特定。本题中的市政府征地行为和公告强制的行为约束对象虽然很多,但在行为作出时对象范围依然是特定化的、可以统计和计算的,所以,这两样行为的性质是具体行政行为这一点不应误判。第二,虽然具体行政行为和行政合同均可受案,但它们的区别也是明显的,具体行政行为是单方的,行政合同是双方的。有考生认为市国土局与甲公司签订《国有土地使用权出让合同》是具体行政行为,这是没有掌握基本概念的表现。第三,有考生认为拒绝提供申请信息也属于市政府作出的具体行政行为,不公开信息的行政不作为属于具体行政行为毫无疑问,但该拒绝公开的主体并不是市政府,而是市国土局,犯这个错误的同学说明他们没有按照做题要诀中的"找主体,看行为,分阶段,辨诉求"的方式找出行为的行政主体。第四,本题有争议的是强制拆除是否属于具体行政行为。2012 年的标准答案中没有将其列为具体行政行为,认为强制执行行为需要依附于基础决定而存在,只是实现基础决定的意思表示的内容,没有独立的建立、变更或者消灭当事人法律上权利义务,属于行政事实行为。但这一学理观点不符合中国的法条规定和司考真题历年观点,《行政诉讼法》第 12 条第 2 款明确将行政强制执行列为可诉的具体行政行为的一种,司考真题 2011-2-100,2013-2-84 也明确表示强制拆除是可诉的,所以,本书认为强制拆除也应列入试题答案。

2.【答案】 市政府和省政府为共同被告。根据《行政诉讼法》第 26 条第 2 款的规定:"经复议的案件,复议机关决定维持原行政行为的,作出原行政行为的行政机关和复议机关为共同被告。复议机关改变原行为的,复议机关为被告。"本案中,省政府维持了市政府的决定,故市政府和省政府为共同被告。

中级人民法院管辖。本案的被告为县级以上人民政府,根据《行政诉讼法》第15条规定,应由中级法院管辖。

某村应当在收到省政府复议决定书之日15日内向法院起诉。因为本案是经过复议起诉的,应适用复议后起诉期限。同时,《土地管理法》等法律未对此种情形下的起诉期限作出特别规定,故应适用《行政诉讼法》第45条规定的一般起诉期限。

【考点】 行政诉讼的被告、级别管辖与起诉期限

【解题思路与方法分析】 针对行政诉讼的被告、级别管辖与起诉期限三个设问,需要运用不同的知识加以分析。

(1)经过复议后被告的确立,主要取决于复议机关的复议决定内容,对于经过复议后被告的确认规则我们概括为:"复议维持,共同告;复议改变,单独告;复议不作为,选择告。"

根据题干表述"2010年11月,某村得知市政府给乙公司颁发第2号《国有土地使用权证》后,认为此证涉及的部分土地仍属该村集体所有,向省政府申请复议要求撤销该土地使用权证。省政府维持后,某村向法院起诉",可以发现,某村起诉的标的是经过复议维持后的市政府发放第2号《国有土地使用权证》的行为。既然属于维持决定,那么,按照法律依据,被告就应该是原行为的作出者市政府和省政府。

(2)做管辖的题目应当遵照"先级别,后地域"的一般顺序来。就级别而言,按照法律规定,被告为县级以上人民政府由中院管辖。本案的被告是市政府和省政府,按照2015年司法解释,应当以原机关来确定管辖法院的级别,本案应当以市政府来确定管辖法院的级别,应当是中级人民法院管辖。就地域而言,本案为涉及不动产的案件,所以是不动产所在地的法院管辖,综合来看,应当是市政府所在地的中级人民法院管辖。

(3)《土地管理法》等法律未对此种情形下的起诉期限作出特别规定,故应适用《行政诉讼法》第38条第2款规定的经过复议后起诉期的计算标准的一般起诉期限。因为本案是经过复议起诉的,应适用复议后起诉期限。某村应当在收到省政府复议决定书之日15日内向法院起诉。

3.【答案】 作为第三人,甲公司有权提出与本案有关的诉讼主张。乙公司经合法传唤无正当理由不到庭,不影响法院对案件的审理。

【考点】 第三人的诉讼地位与不出庭的后果

【设题陷阱与常见错误分析】 题干中明确交代了甲公司和乙公司的地位为第三人,本题实际上是在考核对行政诉讼第三人地位的理解和认识。行政诉讼第三人与民事诉讼第三人有所不同,行政法中的第三人均为有独立请求权的第三人,如果考生按照民诉第三人的知识来分析本题,就很容易出现方向上的偏差,比如,有考生认为甲公司无权提出诉讼主张。行政诉讼中的第三人具有独立的诉讼利益,既不依附原告也不依附被告,可以提出自己的请求。所以,法院判决第三人承担义务或者减损第三人权益的,第三人有权依法提起上诉,第三人也可以申请法院执行生效判决,申请法院调取证据等,拥有和行政诉讼的原告、被告同样的诉讼地位。不过,第三人虽然有独立的诉讼地位,也可以放弃自己的诉讼权利,第三人经合法传唤无正当理由拒不到庭,或者未经法庭许可中途退庭的,不影响案件的审理。

4.【参考答案】 法院应不予认可。发放第1号《国有土地使用权证》的行为不属于本案的审理裁判对象,但构成本案被诉行政行为的基础性、关联性行政行为,根据《关于审理行政许可案件若干问题的规定》第7条规定,法院对此行为不予认可。

【考点】 行政许可案件的审理

【设题陷阱与常见错误分析】 本问应该是本题中难度最大、错误率最高的一问,本题原告只诉了2

号《国有土地使用权证》,但是1号《国有土地使用权证》的合法性与2号《国有土地使用权证》之间其实是有着密切的联系的。对于1号《国有土地使用权证》当事人没有起诉,但是作为被诉行为关联行为法院是否可以司法审查呢?

审理对象的一般规则为"诉什么,审什么,判什么"。在题干里出现有关联性的多个行政行为时,当事人选择的诉讼请求会直接影响到审理对象与裁判内容。唯一的例外是,在《关于审理行政许可案件若干问题的规定》中规定的,前置性行政许可之间存在连带审查问题。《最高人民法院关于审理行政许可案件若干问题的规定》第7条规定:"作为被诉行政许可行为基础的其他行政决定或者文书存在以下情形之一的,人民法院不予认可:(一)明显缺乏事实根据;(二)明显缺乏法律依据;(三)超越职权;(四)其他重大明显违法情形。"

前置性行政许可,指当事人在办理当前许可事项时,必须持有的上一环节的许可证件。表面上这是两个独立的行政许可类型,但前一个许可是后一个许可的事实基础,是发放后一个许可的证据前提。该法条制定时,最高院的主流观点认为不能机械地理解不告不理原则,从定纷止争的目的出发,审查被诉行政行为的合法性离不开对关联行政行为的判断,主张法官可以判断关联行政行为。对关联行政行为判断的标准是重大且明显违法。因为根据行政行为理论,对无效的行政行为任何人都可以判断甚至可以抗拒,法官当然也可以对无效的行政行为作出判断。所以,如果1号《国有土地使用权证》的合法性如题干所说明显缺乏事实根据的话,那法院对它的效力是不予认可的。因此,一旦作为被诉具体行政行为前提性、基础性的其他行为存在明显重大违法,法院应当不予认可。

5.【参考答案】按照《行政强制法》第四章的规定,市政府采取强制执行措施应当事先催告当事人履行义务,当事人有权陈述申辩,行政机关应当充分听取当事人意见,书面决定强制执行并送达当事人,与当事人可达成执行协议。不得在夜间或法定节假日实施强制执行,不得对居民生活采取停水、停电、停热、停气等方式迫使当事人执行等程序和执行原则。

【考点】行政机关强制执行程序

【设题陷阱与常见错误分析】本问考查行政机关强制执行的原则和程序,难度不大,考生基本均可得分。

6.【参考答案】法院应当视情况采取适当的审理方式,以避免泄露涉及商业秘密的政府信息。法院应当撤销或部分撤销不予公开决定,并判决市国土局在一定期限公开。尚需市国土局调查、裁量的,判决其在一定的期限内重新答复。

【考点】政府信息公开行政案件的审理方式与判决

【设题陷阱与常见错误分析】本问考查法院对政府信息公开行政案件的特殊的审理方式与判决,考生对于特殊内容没有掌握,极容易丢分。信息公开案件,往往会涉及国家秘密、商业秘密、个人隐私等内容,所以,与一般的行政案件原则上应公开审理不同,法院审理政府信息公开行政案件,应当视情况采取适当的审理方式。判决形式的内容也是来源于当年新法内容,《关于审理政府信息公开行政案件若干问题的规定》第9条第1款规定:"被告对依法应当公开的政府信息拒绝或者部分拒绝公开的,人民法院应当撤销或者部分撤销被诉不予公开决定,并判决被告在一定期限内公开。尚被被告调查、裁量的,判决其在一定期限内重新答复。"总的来看,2012年的案例是在考查深度和广度上在近些年来行政法的主观题中最大的一道。

六、2011年

【案情】

经工商局核准,甲公司取得企业法人营业执照,经营范围为木材切片加工。甲公司与乙公司签订合同,由乙公司供应加工木材1万吨。不久,省林业局致函甲公司,告知按照本省地方性法规的规定,新建木材加工企业必须经省林业局办理木材加工许可证后,方能向工商行政管理部门申请企业登记,违者将受到处罚。1个月后,省林业局以甲公司无证加工木材为由没收其加工的全部木片,并处以30万元罚款。期间,省林业公安局曾传唤甲公司人员李某到公安局询问该公司木材加工情况。甲公司向法院起诉要求撤销省林业局的处罚决定。

因甲公司停产,无法履行与乙公司签订的合同,乙公司要求支付货款并赔偿损失,甲公司表示无力支付和赔偿,乙公司向当地公安局报案。2010年10月8日,公安局以涉嫌诈骗为由将甲公司法定代表人张某刑事拘留,1个月后,张某被批捕。2011年4月1日,检察院以证据不足为由作出不起诉决定,张某被释放。张某遂向乙公司所在地公安局提出国家赔偿请求,公安局以未经确认程序为由拒绝张某请求。张某又向检察院提出赔偿请求,检察院以本案应当适用修正前的《国家赔偿法》,此种情形不属于国家赔偿范围为由拒绝张某请求。

【问题】

1. 甲公司向法院提起行政诉讼,如何确定本案的地域管辖?
2. 对省林业局的处罚决定,乙公司是否有原告资格?为什么?
3. 甲公司对省林业局的致函能否提起行政诉讼?为什么?
4. 省林业公安局对李某的传唤能否成为本案的审理对象?为什么?李某能否成为传唤对象?为什么?
5. 省林业局要求甲公司办理的木材加工许可证属于何种性质的许可?地方性法规是否有权创设?
6. 对张某被羁押是否应当给予国家赔偿?为什么?
7. 公安局拒绝赔偿的理由是否成立?为什么?
8. 检察院拒绝赔偿的理由是否成立?为什么?

【解析】

1.【答案】由某省林业局所在地法院管辖。

【考点】地域管辖

【设题陷阱与常见错误分析】由某省林业局所在地法院管辖。《行政诉讼法》第18条:"行政案件由最初作出具体行政行为的行政机关所在地人民法院管辖。经复议的案件,复议机关改变原具体行政行为的,也可以由复议机关所在地人民法院管辖。"本案原告诉的是省林业厅的处罚行为,不属于特殊管辖的三种情形,所以,地域管辖法院是省林业厅所在地的法院。题目只问了地域管辖的问题,却有些同学画蛇添足地回答了级别管辖,认为应该由林业厅所在地的中级法院来管辖本案,反而将答案回答错误,对本题的得分会构成影响。按照《行政诉讼法》的规定,对县级以上地方人民政府所作的行政行为提起诉讼的案件,应当由中院管辖。要注意该法条的政府是专指一般权限政府(县政府、市政府和省政府),而省林业厅属于政府的工作部门,所以,被告是省林业厅,如果在没有其他因素的情况下,是由基层法院管辖该诉讼案件的。

2. 没有。因为乙公司与省林业局的处罚行为无直接的、实质性的利害关系,对甲公司不履行合同及给乙公司带来的损失,乙公司可以通过对甲公司提起民事诉讼等途径获得救济。

【考点】原告资格

【设题陷阱与常见错误分析】由于《行政诉讼法》没有直接规定本情况原告资格的判断,考生需要对"法律上利害关系"有较为深入的理解才可以作答,所以,很多考生出现判断失误,但其实关于这种直接利害关系的判定,司法考试并非首次考查,在2006年85题和2009年46题等题目均反复考查过。

甲和乙之间签订了民事买卖合同,后由于某种原因,行政机关对甲作出 A 行为(如下图所示),相对人甲一定有权起诉,现在要思考的是,合同关系的相对方乙是否具有法律上的利害关系,可否有权对 A 行政行为提起行政诉讼呢?这个问题需要分情况分析。我们主要考虑两个标准:

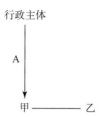

第一,行政机关在作出 A 行政行为的时候,是否需要考虑乙的利益,进而判断乙的权益是否受到行政行为的实质影响;

第二,乙是否只能告政府。如果乙只有行政诉讼或复议的公法救济途径,从法律制度设计的角度来看,乙只有唯一的救济途径,如果剥夺了它唯一的行政救济的机会,那么乙就会走投无路,不符合"有权利,必然有救济"的法律原理。所以,在乙只能告政府的情况下,乙有权起诉。我们来通过例子分析。

【例1】省林业局以甲公司无证加工木材为由没收其加工的全部木片,并处以 30 万元罚款。因甲公司停产,无法履行与乙公司签订的合同,乙公司要求支付货款并赔偿损失,甲公司表示无力支付和赔偿,对省林业局的处罚决定,乙公司是否有原告资格?为什么?

答:乙公司没有对罚款行为提起行政诉讼的原告资格,乙公司与省林业局的处罚行为无直接的、实质性的利害关系。第一,行政机关在作出对甲公司行政处罚决定的时候,只需要考虑甲公司是否从事了违法行为,无须征求乙公司意见,也无须考虑乙公司利益,一个成熟的企业的合同相对方何止成千上万,怎么可能逐一考虑其合同相对方的利益呢?第二,对甲公司不履行合同及给乙公司带来的损失,乙公司可以通过对甲公司提起民事诉讼等途径获得救济,而不需提起行政诉讼。

【例2】甲从乙处购得一辆轿车,但未办理过户手续。在一次查验过程中,某市公安局认定该车系走私车,予以没收。甲作为相对人自然有权起诉,卖方乙是否有权对于没收行为提起行政诉讼呢?

答:乙有权对于没收行为提起行政诉讼。第一,行政机关没收甲的车辆,首先需要认定该车辆是走私车还是进口车,对于该认定只能征求负责销售车辆的乙的意见,查阅其报关手续等进口凭证。公安局对该车辆是走私车的认定,使得乙与没收行为产生了必然的、实质的利害关系,甲可以凭借该认定,要求乙承担相应的民事赔偿责任,乙的权利义务与被诉具体行政行为产生了直接、必然的关联。第二,乙利益受损,缺乏其他的救济途径。乙不可能对甲提起民事诉讼,如果剥夺了乙向政府提起行政诉讼的起诉机会,那么乙的冤屈却无法得以伸张,有悖于"有权利,必然有救济"的现代法治理念。

3. 不能。因为致函是一种告知、劝告行为,并未确认、改变或消灭甲公司法律上的权利义务,是对甲公司的权利义务不产生实际影响的行为。

【考点】具体行政行为的特征和受案范围

【设题陷阱与常见错误分析】本问难度不大,只要对于具体行政行为的处分性有基本了解,均可以轻松应对。题干材料已清楚交代省林业局向甲公司致函的内容,为"告知按照本省地方性法规的规定,新建木材加工企业必须经省林业局办理木材加工许可证后,方能向工商行政管理部门申请企业登记,违者将受到处罚。"从内容上可见,该致函并未确认、改变或消灭甲公司法律上的权利义务,而是告知信息、进行劝导的行政指导行为,并不具有任何的处分性和强制力,所以,该行为本质不是具体行政行为,自然不属于行政诉讼的受案范围。

4.(1)不能。因为本案原告的诉讼请求是撤销省林业局的处罚行为,传唤行为由省林业公安局采取,与本案诉求无关,不能作为本案审理对象。

(2)不能。因为根据《治安管理处罚法》的规定,治安传唤适用的对象是违反治安管理行为人,李某并未违反治安管理规定,故省林业公安局不得对李某进行治安传唤。李某与本案诉求无关,不能作为本案审理对象。

【考点】 传唤和审理对象

【设题陷阱与常见错误分析】(1)行政诉讼的审理范围围绕着被诉行政行为的合法性而展开,"诉什么、审什么、判什么"是行政诉讼一以贯之的逻辑线索,基于原告起诉,法院应始终以被诉行为行政审查并作出裁判。本案中,原告起诉的对象是行政处罚,所以,法院的审查对象也只能是该行政处罚,省林业公安局对李某的传唤不能成为本案的审理对象。有考生因为没有关注当事人的诉讼请求而失分。

(2)考生因为传唤和询问的细节知识没有掌握而失分。传唤对象应为违反治安管理行为人,根据《治安管理处罚法》第82条的规定:"需要传唤违反治安管理行为人接受调查的,经公安机关办案部门负责人批准,使用传唤证传唤。"而询问的对象可能是违法行为人,也可能是证人或受害人。《治安管理处罚法》第85条规定:"人民警察询问被侵害人或者其他证人,可以到其所在单位或者住处进行;必要时,也可以通知其到公安机关提供证言。"本题材料已明确指出,省林业公安局对李某的传唤是询问甲公司木材加工情况,而不是李某本身的违法行为。

5. 属于企业设立的前置性行政许可。《行政许可法》第15条第2款规定:"地方性法规不得设定企业或者其他组织的设立登记及其前置性行政许可。"故而该省的地方性法规无权创设该类许可。

【考点】 前置性行政许可和行政许可的设定

【设题陷阱与常见错误分析】从省林业局致函内容来看,省林业局要求凡办理新建木材加工的企业应先办理木材加工许可证,而后才能向工商行政管理部门申请企业登记。因此,木材加工许可证属于设立木材加工企业的前置性行政许可。前置性行政许可,指当事人在办理当前许可事项时,必须持有的上一环节的许可证件。表面上这是两个独立的行政许可类型,但前一个许可是后一个许可的事实基础,是发放后一个许可的前提。比如,甲煤炭生产企业在申请市场准入时,首先要取得《安全生产许可证》,证明自身符合了安全生产条件后,才能领取《工商营业执照》开展生产经营活动,于是,《安全生产许可证》是《工商营业执照》的前置性许可。如果地方性法律文件设定上位法不存在的前置性许可,实际上是增加工商营业执照的获得条件,属于抵触上位法的情况,因而被《行政许可法》所禁止。

6. 应当。因为根据《国家赔偿法》的规定,对公民采取逮捕措施后,决定撤销案件、不起诉或者判决宣告无罪终止追究刑事责任的,国家应当承担赔偿责任。

【考点】 国家赔偿的范围

【设题陷阱与常见错误分析】对于错捕、错判采用了结果归责的归责原则,也就是"没罪关了就要赔"。题干中,公民采取逮捕措施后,检察院以证据不足为由作出不起诉决定终止追究刑事责任的,受害人自然有取得国家赔偿的权利。

7. 不能成立,因为2010年4月29日修订的《国家赔偿法》已经取消了确认程序,尤其是取消司法赔偿的确认程序。

【设题陷阱与常见错误分析】2010年修改的《国家赔偿法》已经取消了确认程序,本问考查考生对于修改内容是否了解。因为2010年4月29日修订的《国家赔偿法》已经取消了确认程序,尤其是取消司法赔偿的确认程序。马怀德教授认为:"确认程序成为'与虎谋皮'的程序,是申请国家赔偿时很难跨越的'鬼门关',几乎所有的刑事案件都卡在这个确认程序上。而通不过这个确认程序,就进入不了国家赔偿的程序。此次《国家赔偿法》修正案取消了确认程序是重要的变化。受害人可以直接向赔偿义务机关提出申请。不管赔偿义务机关是否作出赔偿的决定,整个程序都可以继续往下走,受害人可以向赔偿义务机关的上级机关申请复议,还可以继续向中级法院的国家赔偿委员会申请二次复议,等于降低了国家赔偿的门槛。"①

8. 不能成立,按照《国家赔偿法》检察院应当履行赔偿义务。

【设题陷阱与常见错误分析】张某在向检察院提出赔偿请求,检察院以本案应当适用修正前的《国家赔偿法》,此种情形不属于国家赔偿范围为由拒绝张某提出的赔偿请求。然而,如前所述,本案中的侵权行为持续到2010年12月1日以后,按照最高人民法院的司法解释,应当适用修正后的《国家赔偿法》。因此,显然检察院拒绝赔偿张某的理由不能成立。

七、2010年

【案情】

近年来,为妥善化解行政争议,促进公民、法人或者其他组织与行政机关相互理解沟通,维护社会和谐稳定,全国各级人民法院积极探索运用协调、和解方式解决行政争议。2008年,最高人民法院发布《关于行政诉讼撤诉若干问题的规定》,从制度层面对行政诉讼的协调、和解工作机制作出规范,为促进行政争议双方和解,通过原告自愿撤诉实现"案结事了"提供了更大的空间。

近日,最高人民法院《人民法院工作年度报告(2009)》披露:"在2009年审结的行政诉讼案件中,通过加大协调力度,行政相对人与行政机关和解后撤诉的案件达43280件,占一审行政案件的35.91%。"总体上看,法院的上述做法取得了较好的社会效果,赢得了公众和社会的认可。但也有人担心,普遍运用协调、和解方式解决行政争议,与《行政诉讼法》规定的合法性审查原则不完全一致,也与行政诉讼的功能与作用不完全相符。

【问题】

请对运用协调、和解方式解决行政争议的做法等问题谈谈你的意见。

答题要求:

1. 题观点明确,逻辑严谨,说理充分,层次清晰,文字通畅;
2. 不少于500字。

【解析】

用协调、和解方式解决行政争议是达到法律效果、社会效果和政治效果良好统一的司法改革举措。

调解要保证能达到良好的法律效果。法律效果是指案件裁判结果要符合法律的规定和精神,各级法院在调解过程中需要促使司法行为更加规范,强化法律统一适用,正确运用司法政策,规范行使自由裁量权。调解要确保法律裁判的结果应该能够被当事人和社会公众准确地估计到,这是对形式正义的基本追求。尝试运用和解和调解化解行政争议,但同时要保持一定的警惕,要克服把和解和调解转化成为"和稀泥"和无原则调处的倾向,更要避免把它们演化成为对原告的压制和对法治放弃的做法。

调解有利于社会公平正义的实现,能够达到良好的社会效果。调解必须达到法理与情理的相互统一,法理为情理提供正当性支持,以情理强化法理施行的社会效果。在司法和执法过程中,既要遵循法律、法规的相关规定,也要参考其他社会规范,同时适当考虑人民群众的普遍性情感,既要维护执法的严肃性,又要考虑社会现实状况和人民群众的接受程度。要妥善、恰当地解决法治实践中可能存在的局部性、个别性的"合理不合法"或"合法不合理"的问题,在不违反法律基本原则,不损害法律权威的前提下,能动地运用法律技术和法律手段,兼顾法理与情理的要求,寻求相关利益的平衡与妥协,使这类特殊问题的解决更趋于实质上的公正。

总之,调解制度是法院运用政策考量、利益衡平、柔性司法等司法方式履行司法审判职能,只要在

---

① 《〈国家赔偿法〉的"鬼门关"跨越》,载 http://news.163.com/08/1028/10/4PB7E8PE00011SM9.html

法律的轨道内,符合法律的要求,就有助于达到法律效果和社会效果的完美统一。

【设题陷阱与常见错误分析】对于论述题,考生可以从不同的论证角度入手,只要论证有力量、逻辑严谨,均可得分。从司法部国家司法考试中心出版的书籍来看,本题可以从"行政诉讼的和解与调解、撤诉、合法性审查原则与行政诉讼本质"的角度回答,也可以从"司法、执法、法律价值"的角度回答。也就是说考生从行政法的角度切入,或者法理学的角度切入都可以得分,如果从法理角度切入,具体的答题点可以选择司法功能、法律的价值(公平和效率)、当代中国司法的特点、法律与社会发展等方面选择作答。但回答时必须紧扣"运用协调、和解方式解决行政争议的做法"这一论题。

八、2009年

【案情】

高某系A省甲县个体工商户,其持有的工商营业执照载明经营范围是林产品加工,经营方式是加工、收购、销售。高某向甲县工商局缴纳了松香运销管理费后,将自己加工的松香运往A省乙县出售。当高某进入乙县时,被乙县林业局执法人员拦截。乙县林业局以高某未办理运输证为由,依据A省地方性法规《林业行政处罚条例》以及授权省林业厅制定的《林产品目录》(该目录规定松香为林产品,应当办理运输证)的规定,将高某无证运输的松香认定为"非法财物",予以没收。高某提起行政诉讼要求撤销没收决定,法院予以受理。

有关规定:

《森林法》及行政法规《森林法实施条例》涉及运输证的规定如下:"除国家统一调拨的木材外,从林区运出木材,必须持有运输证,否则由林业部门给予没收、罚款等处罚。"

A省地方性法规《林业行政处罚条例》规定:"对规定林产品无运输证的,予以没收。"

【问题】

1. 如何确定本案的地域管辖法院?如高某经过行政复议再提起诉讼,如何确定地域管辖法院?
2. 如高某在起诉时一并提出行政赔偿请求,法院应如何立案?对该请求可否进行单独审理?
3. 省林业厅制定的《林产品目录》的性质是什么?可否适用于本案?理由是什么?
4. 高某运输的松香是否属于"非法财物"?理由是什么?
5. (1)法院审理本案时应如何适用法律、法规?理由是什么?

(2)依《行政处罚法》,法律、行政法规对违法行为已经作出行政处罚规定,地方性法规需要作出具体规定的,应当符合什么要求?本案《林业行政处罚条例》关于没收的规定是否符合该要求?

【解析】

1.【答案】按照《行政诉讼法》的规定,当事人直接提起行政诉讼,由最初作出具体行政行为所在地的法院管辖。本案的被诉行政行为由乙县林业局作出,故乙县法院具有管辖权。如高某经过行政复议提起行政诉讼,复议机关所在地或原机关所在地的法院有管辖权。

【考点】管辖

【设题陷阱与常见错误分析】本题的考点为行政诉讼的管辖。《行政诉讼法》第15条规定:"行政案件由最初作出具体行政行为的行政机关所在地人民法院管辖。经复议的案件,也可以由复议机关所在地人民法院管辖。"因此,如果直接起诉,乙县法院具有管辖权。如高某经过行政复议提起行政诉讼,复议机关所在地或原机关所在地的法院也有管辖权。本题当年真题还涉及了级别管辖的问题,但由于行政诉讼法修改,给级别管辖的确定带来了一些障碍,所以,笔者已经将本题题干稍加修改,不然的话,本问的答案就超出了一般真题的字数。级别管辖的问题,事实上取决于复议机关是谁,以及复议后被告是谁两个问题。《行政诉讼法》第15条规定:"对国务院部门或者县级以上地方人民政府所作的行政行为提起诉讼的案件……",这里的政府专指一般权限政府,不包括地方政府所属的工作部门。如果复议机关当事人选择的是市林业局,则无论复议结论如何,被告均不会超出市林业局和县林业局的范围,管辖法院均为基层法院。但如果当事人选择的复议机关是县政府,那在复议改变或维持的情况下,按照新的行政诉讼法,复议维持被告为县林业局和县政府,则管辖法院以原机关来确定,为基层法院。复议改变被告为县政府,则管辖法院应当是中院。如果复议不作为,当事人选择起诉原机关的原行为,管辖法院为基层法院,如果起诉的是复议机关的复议不作为,则管辖法院为中院。

2. 根据《行政赔偿规定》的相关规定,法院应当对撤销没收决定请求与赔偿请求分别立案。可以根据具体情况对行政赔偿的请求进行单独审理或对二项请求合并审理。

【考点】 一并提出行政赔偿请求的程序

【设题陷阱与常见错误分析】《行政赔偿规定》第28条规定:"当事人在提起行政诉讼的同时一并提出行政赔偿请求,或者因具体行政行为和与行使行政职权有关的其他行为侵权造成损害一并提出行政赔偿请求的,人民法院应当分别立案,根据具体情况可以合并审理,也可以单独审理。"本题中,高某在提起诉讼时一并提出行政赔偿请求,法院应分别立案,对其可以进行单独审理或合并审理。

3. 省林业厅制定的《林产品目录》是根据地方性法规授权制定的规范性文件,在行政诉讼中不属于法院应当依据或者参照适用的规范,但可以作为证明被诉行政行为合法的事实依据之一。

【考点】 行政诉讼法律适用

【设题陷阱与常见错误分析】 省林业厅制定的《林产品目录》属于规章以下的其他规范性文件,不能作为审判的依据或参照。但是,《行政诉讼法解释》第62条规定:"人民法院审理行政案件,适用最高人民法院司法解释的,应当在裁判文书中援引。人民法院审理行政案件,可以在裁判文书中引用合法有效的规章及其他规范性文件。"可见,它可以作为证明被诉行政行为合法的事实依据之一。有考生对于规范性法律文件的制定主体这一基础问题不熟悉,没有正确识别该抽象行政行为的法律性质,进而出错。还有一些考生是平时没有精确区别"依据"、"参照"和"参考"适用的对象和具体内涵,考场上无法作答。

4. 高某运输的松香不是"非法财物"。因为高某具有加工、收购、销售松香的主体资格,也向甲县工商局缴纳了松香运销管理费,因此对该批松香享有合法所有权,不能将该批松香认定为"非法财物"予以没收。

【考点】 没收非法财物

【设题陷阱与常见错误分析】 非法财物指的是直接用于违法行为,且属于本人所有的物品。如某地下工厂因为制造假烟而被查处,为制造假烟而购置的设备或准备的原料就是非法财物。本问因为考生没有关注到题干中"工商营业执照载明经营范围是林产品加工,经营方式是加工、收购、销售"这一有效信息,答题出现了偏差。

5.(1)《森林法》及《森林法实施条例》均未将木材以外的林产品的无证运输行为纳入行政处罚的范围,也未规定对无证运输其他林产品的行为给予没收处罚。A省地方性法规《林业行政处罚条例》的有关规定,扩大了《森林法》及其实施条例关于应受行政处罚行为以及没收行为的范围,不符合上位法。根据行政诉讼法律适用规则,法院应当适用《森林法》及《森林法实施条例》。

(2)按照《行政处罚法》的规定,法律、行政法规对违法行为已经作出行政处罚规定,地方性法规需要作出具体规定的,必须在法律、行政法规规定的给予行政处罚的行为、种类和幅度的范围内规定。本案《林业行政处罚条例》关于没收的规定超出了《森林法》及《森林法实施条例》行政处罚行为、种类和幅度的范围,不符合有关要求。

【考点】 行政处罚的设定

【设题陷阱与常见错误分析】 在行政处罚的设定中,下位法在上位法范围内作出具体规定要求,下位法的具体规定必须符合上位法规定的给予行政处罚的行为、种类和幅度。本问的核心在于判断题干中A省地方性法规《林业行政处罚条例》不符合上位法《森林法》及《森林法实施条例》的规定，扩大了上位法规定的处罚范围，违法的无证运输由运输木材扩展到运输木材以外的林产品，所以，《林业行政处罚条例》不能适用。本题命题角度较为新颖，许多考生无法有效发掘题干中的有效信息，进而导致答题时未能切中要害。但实际上，根据本书多次重复过的一条应试技巧"题干中出现具体的法条名称及内容，必然有其价值"，否则，命题人完全没有必要在题干中交代这120字，考生若能以这样的思维为切入口，仔细对比上下位法，便很容易回答正确了。